法者，尺寸也，绳墨也，规矩也，
衡石也，斗斛也，角量也，谓之法。

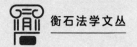衡石法学文丛

行政规范性文件
司法审查的制度建构

以司法审查强度为论域

穆美丽 ◆ 著

中国政法大学出版社

2020·北京

图书在版编目（ＣＩＰ）数据

行政规范性文件司法审查的制度建构:以司法审查强度为论域/穆美丽著. —北京:
中国政法大学出版社, 2020. 12
ISBN 978-7-5620-9724-2

Ⅰ. ①行… Ⅱ. ①穆… Ⅲ. ①行政诉讼法－研究－中国 Ⅳ. ①D925. 304

中国版本图书馆CIP数据核字(2020)第220996号

书　名	行政规范性文件司法审查的制度建构:以司法审查强度为论域 XINGZHENGGUIFANXING WENJIAN SIFA SHENCHA DE ZHIDU JIANGOU
出版者	中国政法大学出版社
地　址	北京市海淀区西土城路 25 号
邮　箱	fadapress@163.com
网　址	http://www.cuplpress.com (网络实名：中国政法大学出版社)
电　话	010－58908466(第七编辑部) 010－58908334(邮购部)
承　印	北京朝阳印刷厂有限责任公司
开　本	720mm×960mm　1/16
印　张	15.5
字　数	215 千字
版　次	2020 年 12 月第 1 版
印　次	2020 年 12 月第 1 次印刷
定　价	75.00 元

目 录

绪　论

一、研究的背景

作为行政法领域的焦点，行政规则已然成为当下社会治理的重要方式。但其中数量最大且与公民切身利益息息相关，频繁活跃于执法一线的行政规范性文件的现状，令人们不禁产生法律治理被行政规则治理取代的担心。

事实证明，人们的忧虑并非空穴来风。行政规范性文件在实际运行中的确问题较多。首先，有的行政规范性文件的制定过程本身就存在着规范事项不清的情况。现实中，行政规范性文件所涉内容林林总总，无所不包。在法无授权即禁止的行政法领域，此时的行政权却似乎没有运行的边界。这与行政法治精神严重不符。其次，行政规范性文件并没有统一而权威的程序立法。当我们对漫天飞舞、内容奇葩、数目惊人的行政规范性文件司空见惯时，那些缺乏程序调整尤其是未受到正当法律程序规束的违法行政规范性文件正悄然侵蚀着政府的公信力。再次，众多与法律规范抵触、冲突的行政规范性文件对我国法制的统一造成很大破坏。最后，对于行政规范性文件落实过程中的监管问题，我国一直以来倚重的是来自权力机关和行政机关的监督，然而其实效并不理想，甚至流于形式。

章剑生教授指出，"'行政权必须受到法律约束'意味着行政权必须依法行使并受到司法审查"。2014年修订的《中华人民共和国行政诉讼法》（以下简称《行政诉讼法》）确立了行政规范性文件的附带审查制度。于此，在传统监督模式外，司法审查的方式为行政规则治理的正当化以及公民权益的有效保障注入了新的活力。然而，对于司法审查的保障机制及如何进行纵深方向审查的问题现行《行政诉讼法》并未规定。现有的研究成果也主要集中于是否应将行政规范性文件纳入司法审查的受案范围以及应当独立审查还是附带审查的问题上。对行政规范性文件司法审查的强度及具体制度设计的议题在学理上还缺乏充分研究，更谈不上深入论证。而行政法的研究是否发达，则取决于其研究对象所涉具体问题的广度和深度。就司法审查而言，它涉及的核心问题是行政权与司法权的横向受案范围和纵向审查强度。从域外行政法治的研究和经验看，对审查强度的关注在 20 世纪 50 年代后就有特别进展。《美国联邦行政程序法》第 706 条还专门规定了事实审查的三重强度标准。英国法官则在个案中通过法律解释技术的娴熟运用调整着审查强度的宽严程度。在拥有高强度审查权的行政法院国家，随着法律对行政约束的松动，行政机关获得了大量裁量权。相应地，基于不确定法律概念和判断余地现象，法国和德国的行政法院出现了审查松动的趋势。虽然，各国对审查强度在立法、司法和学术讨论中尚未形成共识，但该问题已经引起世界各国的高度重视。在行政作用不断加强、人权保障的主张日益高涨的时代，研究如何使法院在不同场合下区分情况对行政权给予或强或弱的监督问题，不仅是行政法成熟和完善的重要标志，也是我国行政法学者的光荣使命。因此，以审查强度为论域，对行政规范性文件司法审查具体制度的建构展开探析就成为一项兼具理论和实践意义的重大课题。

二、研究的意义

现行《行政诉讼法》虽确立了行政规范性文件的附带审查制度，但具体应当进行何种程度的审查，以及如何进行的问题则在立法和实务中并未得到明确和应有的关注。学界对审查强度的思考在整体上仍比较匮乏、粗疏，难以为丰富活泼的司法现实提供有效指引。于此，本书以问题为导向，围绕司法审查强度这个轴心，对我国附带审查具体制度的建构展开专门研究。在致力于回应亟待化解的困境中，本书的探讨产生了一定的理论和实践意义。

第一，经验主义认为制度并不是起源于人类的理性设计，而在于"成功且存续下来的实践"。理性主义则主张只有通过人类理性设计一个完整的目标，制度才能完善。于此，哈耶克在《自由秩序原理》中主张，应尽量放弃对理性的过分崇拜，为避免激变式革命所带来的巨大且不必要后果，应采用渐进改革的理念。本书的研究旨在建构契合我国实际的行政规范性文件司法审查的基本理论和制度框架，从而化解实践中的困惑，并为附带审查制度良好、有效的运行提供指引。此外，本书还希冀通过对效力层级最低的行政规范文件司法审查经验的积累，逐步为其他抽象行政行为在未来的监督奠定基础，而非一蹴而就、不分情况地就整个抽象行政行为司法审查的制度建构进行探讨。故此，为防止激变可能带来的不安定和无序，本书在理论研究和制度设计上遵循的是"渐进的改革，终极的法治"之理念。

第二，关于国外行政行为司法审查制度、经验介绍的文献在我国可谓琳琅满目。但细致考察来看，相关介绍和分析目前尚多停留于就国外谈国外，从而依其例，展开我国行政行为司法审查制度的建构与完善。这种简单化的研究方法实为不妥。因为它没有着眼、落脚于对我国行政规范性文件司法审查这个实际问题的思考与探究。这会导致对国外经验的僵化理解，从而使得优秀文化、制度与经验在我国被生搬硬套后反倒成为新问题的端口。因此，本书专章对建构司法审查具体制度的本土情况给予检视。同时，为避免思路的偏狭与视野的局限，本书精心选取相关域外经验给予考察、借鉴，以期在行政规范性文件司法审查制度的建构与完善过程中立足本国、远瞻国际。

第三，在理论界与立法部门出于不同立场对行政规范性文件的概念给以界定的背景下，本书结合我国现行法秩序下法院地位的"制度现状"，从实质标准的角度提出了司法审查视角下行政规范性文件的应有内涵。同时，基于学界的一般分类，以及行政规范性文件在我国政府执法过程中形式多样且纵横交错的复杂样态，本书也对司法审查中行政规范性文件的主要类型进行了初步厘定。此外，考虑到建构具体保障机制有助于附带审查的顺利进行，且公开、明确的审查程序建制更有助于司法正义的实现，以及不过问审查强度的制度建构很容易在权利保障和权力监督方面流于表面的可能，本书对附带审查横向层面的具体制度建构和纵向层面的审查强度问题展开了系统性探讨。

三、研究现状

（一）关于行政规范性文件司法审查的研究

1989 年《行政诉讼法》制定过程中，立法者就曾对行政诉讼的受案范围有过广泛争论。最终，法律将之限定在具体行政行为的范畴。直到 20 世纪 90 年代后，抽象行政行为不可诉的理念才受到普遍质疑。然而，学界的研究也主要集中于"抽象行政行为"这个宏观概念可诉性及可行性的论证。对于更为具体的"行政规范性文件"的研究则相对较少。虽然现行《行政诉讼法》确立了行政规范性文件的附带审查制度，有关该主题的研究也如雨后春笋般大量涌现。但不足的是，对司法审查的具体保障机制，尤其是结合司法审查强度给予阐述的成果仍不多见。

作为较早涉猎抽象行政行为司法审查的毕业论文，赵保庆博士的《行政行为的司法审查》[1]也并未对该主题进行专门论述。相关研究还包括中国政法大学郝明金的博士论文《行政行为可诉性研究》[2]等。当时的学术研究整体上都较为保守。当然，这与行政诉讼制度尚未被人们普遍了解，且与思想、组织、人员、经验的准备还不充分的现实条件有关。而较早且较权威的专著是叶必丰教授和周佑勇教授合著的《行政规范研究》[3]。它对"行政规范"进行了界定，并以三章内容专门对行政规范性文件的种类、结构和效力分别给予了研究。其中，其他规范性文件类型[4]的整理

---

[1] 赵保庆："行政行为的司法审查"，中国社会科学院 2002 年博士学位论文。
[2] 郝明金："行政行为可诉性研究"，中国政法大学 2004 年博士学位论文。
[3] 叶必丰、周佑勇：《行政规范研究》，法律出版社 2002 年版，第 27~67 页。
[4] 其他规范性文件类型主要有 4 类：第 1 类是没有立法权的国家机关包括权力机关、行政机关、司法机关所制定的规范性文件。第 2 类是有立法权的国家机关制定、发布的不属于法的范畴的规范性文件。第 3 类是社会团体、企事业组织的规定、章程等内部纪律性文件。第 4 类是政党的文件。

为后期相关研究奠定了坚实的基础。对于行政规范性文件的监督方式，该论著观点鲜明且分析透彻。作者指出，1989 年《行政诉讼法》并未赋予相对人针对行政规范性文件的司法救济权。这使得比权力机关更有能力、有条件，比行政机关更公正的法院的监督优势得不到发挥。在对行政规范性文件监督路径的比较中，作者进一步指出：司法审查才是"最完全、最彻底的监督方式"[1]。

　　随着时势推移，人们开始认识到应逐步扩大行政诉讼的受案范围。尤其是在《中华人民共和国行政复议法》（以下简称《行政复议法》）将行政规定纳入复议范围后，抽象行政行为的司法审查也成为学界讨论的又一个热点，相关的学术成果也逐渐增多。刘德兴教授在《抽象行政行为应纳入行政诉讼受案范围》[2]一文中从法理、文本规定以及行政权运行的现状，论证了将抽象行政行为纳入行政诉讼受案范围的必要性。原安徽省人民政府法制办的陆维福博士在《对规范性文件审查应当从行政复议延伸到司法审查》[3]一文中，具体表达了行政规范性文件司法审查是大势所趋且具有可行性的观点。[4]王敬波教授则在《论我国抽象行政行为的司法监督》[5]一文中对具体步骤给以细化。王敬波教授主张先对行政规范性文件进行司法审查，随着经验的积累再进一步将规章纳入司法审查。刘松山教授在《人民法院的审判依据》[6]中强调："规章以下的各类规范性文件既不能因为位阶低就可以恣意违反法律而得不到应有监督，也不能因为位阶

---

　　〔1〕　叶必丰、周佑勇：《行政规范研究》，法律出版社 2002 年版，第 233 页。

　　〔2〕　刘德兴、黄基泉："抽象行政行为应纳入行政诉讼受案范围"，载《现代法学》2000 年第 3 期。

　　〔3〕　陆维福："对规范性文件审查应当从行政复议延伸到司法审查"，载《学术界》2005 年第 2 期。

　　〔4〕　相关研究还包括：王红卫、廖希飞："行政诉讼中规范性文件附带审查制度研究"，载《行政法学研究》2015 年第 6 期；程琥："新《行政诉讼法》中规范性文件附带审查制度研究"，载《法律适用》2015 年第 7 期；郭百顺："抽象行政行为司法审查之实然状况与应然构造——兼论对行政规范性文件的司法监控"，载《行政法学研究》2012 年第 3 期，等等。

　　〔5〕　王敬波："论我国抽象行政行为的司法监督"，载《行政法学研究》2001 年第 4 期。

　　〔6〕　刘松山："人民法院的审判依据"，载《政法论坛》2006 年第 4 期。

低的原因使其即使符合法律，也不能在案件处理中得到应有的适用。"〔1〕最高人民法院审判员阎巍在《从"陈爱华案"反思我国规范性文件的规制与监督》〔2〕一文中更深刻地分析了立法监督缺乏明确的审查启动机制、体制衔接机制，且有启动迟滞、过于宏观的监督特点，指出行政机关因存在既当运动员又当裁判员的体制障碍等问题也造成了行政规范性文件的监督缺乏实效。他认为："通过立法机关和行政机关自身监督制约规范性文件的制度基本处于闲置和休眠状态，没有发挥出其应有的作用"。〔3〕进而，他不仅支持司法审查的进路，还认为不能直接判定或宣布规范性文件是否合法有效的监督力度显然过于薄弱。〔4〕

（二）关于司法审查强度的探讨

早在 20 世纪 50 年代后，域外对司法审查强度的关注和研究就有了特别的进展。昂格尔教授在《现代社会中的法律》一书中也早已注意到了世界各国司法权伴随行政权扩张而扩张的趋势。自奥托·巴巧夫和乌勒等行政法学家分别提出"不确定法律概念"后，以德国为首的大陆法系国家即在不确定法律概念和法院对其审查强度的理论研究方面也更为丰硕和细腻。"二战"后，一直存在正当性危机的违宪审查制度也得到了西方各国

---

〔1〕 刘松山："人民法院的审判依据"，载《政法论坛》2006 年第 4 期。相关论文还包括：叶金青："税收规范性文件复议审查：理念、功能与制度调适"，载《兰州学刊》2016 年第 7 期；张倩："《行政诉讼法》的变与不变——以司法审查为侧重"，载《学习与实践》2016 年第 1 期；王欢："抽象行政行为司法审查制度探析"，载《湖南社会科学》2011 年第 4 期；夏雨："行政诉讼中规范性文件附带审查结论的效力研究"，载《浙江学刊》2016 年第 5 期；叶必丰："行政规范法律地位的制度论证"，载《中国法学》2003 年第 5 期；郑全新、于莉："论行政法规、规章以外的行政规范性文件——由'王凯锋事件'引起的思考"，载《行政法学研究》2003 年第 2 期；程竹汝："行政法治必须解决的一个关键问题——论对抽象行政行为的监督"，载《政治与法律》2005 年第 1 期，等等。

〔2〕 阎巍："从'陈爱华案'反思我国规范性文件的规制与监督"，载《法律适用》2015 年第 4 期。

〔3〕 阎巍："从'陈爱华案'反思我国规范性文件的规制与监督"，载《法律适用》2015 年第 4 期。

〔4〕 相关研究还包括：张浪："论司法审查中谦抑与能动的共治——兼论对行政规范性文件的审查"，载《苏州大学学报（哲学社会科学版）》2012 年第 5 期；祁晓茹："试论对抽象行政行为的司法审查"，山东大学 2008 年硕士学位论文，等等。

的推崇。其理论的争议焦点也由违宪审查的存废转向了法院介入立法机关的程度问题。而对于并不存在正当性危机的司法审查制度而言，人们在"二战"后的聚焦点也已明显从受案范围等外围问题转向了行政行为司法审查的纵深方向。如今，在欧盟法中，可以折射出司法权与行政权各自边界的、与合理性原则在解决裁量实质问题上有异曲同工之妙的比例原则早已在20世纪70年代初，便从原先控制执行层面的裁量领域逐渐拓展到了对政策性措施的普遍适用。并且，当比例原则已经成为整个欧盟法律体系的一般性法律原则时，[1]其所具有的灵活多元的审查强度特质也越发受到学理界与实务界的青睐。在我国，随着对审查标准传统的"平面式"研究日益狭隘化的趋势，从纵向层次探究"立体式"审查强度的理论正越来越受关注。然而，这仍然无法改变我国对审查强度尚处整体性匮乏的研究状态。司法部门所重视的问题也常集中在受案范围宽窄以及行政审判的困境与出路等事项中。具体到合理性审查原则，我国司法审查实践的运用也非常有限，理论研究也多浮于浅表的宏观价值肯定。诚如余凌云教授所言，与英国法院可以对所有裁量进行司法审查并发展出一套灵活多样、伸缩自如的合理性审查标准体系相较，无论哪一点，我国的行政法理论与实践都需要进一步完善。[2]

在为数不多的有关审查强度的研究成果中，杨伟东教授的《行政行为司法审查强度研究——行政审判权纵向范围分析》专著实属难得。作者精辟地分析到：司法最终原则和行政自主性原则其实并不冲突。行政自主原则并不排除司法机关的监督，只是要求司法机关的尊重和有限度的审查。司法最终原则也并非要侵害行政权的领域，只是对行政权进行合法性的监督。司法审查强度就是在行政与司法的关系中找寻而来的。且与立法的"形成余地"相比，行政自主的"形成余地"主要关涉的是法律与技术、法律与管理关系的冲突与协调，而非民主与政治事项的协调。因此，行政

---

[1]　蒋红珍、王茜："比例原则审查强度的类型化操作——以欧盟法判决为解读文本"，载《政法论坛》2009年第1期。

[2]　余凌云："英国行政法上的合理性原则"，载《比较法研究》2011年第6期。

权宜受到更大范围和程度的制约。此外，针对我国行政诉讼的实际情况，作者主张要重塑法院对法律适用问题的权威。同时，降低法院对事实问题的审查标准。茅铭晨教授在《行政行为可诉性研究——理论重构与制度重构的对接》一书中指出，正是学界对法治条件下行政行为都应当是可诉的法治属性这一认识的保守与不足，才导致了"行政行为"概念在行政诉讼实践中被任意拿捏，从而才产生了我国特有的"可诉行政行为"与"不可诉行政行为"的区别。也正由此，带来了行政诉讼受案范围狭窄、我国司法权对行政权制约程度不足等问题。[1]作者认为，理论研究的跟进与司法实践中法官积极能动性的发挥，是实现行政诉讼制度立法原意以及深度发展最本真的方法。王宝明教授等合著的《抽象行政行为的司法审查》[2]一书则直接表达了应当加强司法审查强度的态度。纵观世界各国司法审查程度由合法性审查到以合法性审查为主、合理性审查为辅的变迁过程，作者认为人们对司法权的控制在不断深化，司法能动主义作用凸显。此外，作者指出，法国行政法院在行政裁量权控制方面受到各国高度评价、称颂的重要原因是通过法官对行政行为是否合理的判断从而达到以司法权制约行政权的效果。对于我国的司法审查制度，作者主张，应当在尊重行政机关的基础上，加强司法对行政行为的审查强度，赋予司法机关较多的司法变更权。第十三届全国人民代表大会宪法和法律委员会副主任委员江必新在《司法审查强度问题研究》[3]中认为，司法审查强度的理论基础是有限审查原则。原因在于法官理性的有限性、行政管理的专业性以及司法资源的有限性。此外，江老师认为合法性与合理性的审查标准及二者的关系集中体现着审查强度的内涵与外延的发展。

对此，我国学界和实务界经历了一个不断深入的探讨过程。早期的行政法教材是排除合理性审查标准的。从实务部门工作人员的认知中即可得知：全国人大原常委会副委员长王汉斌指出，人民法院是对具体行政行为

---

〔1〕 茅铭晨：《行政行为可诉性研究——理论重构与制度重构的对接》，北京大学出版社2014年版，第114页。

〔2〕 王宝明等：《抽象行政行为的司法审查》，人民法院出版社2004版。

〔3〕 江必新："司法审查强度问题研究"，载《法治研究》2012年第10期。

合法性的审查。此外，全国人大常委会法制工作委员会原主任，也是行政诉讼法起草工作的负责人之一的顾昂然认为，对于行政裁量权运用的当与不当，因为行政管理情形的复杂性，应当由行政机关自己解释、判断。同时，由于行政管理范围广且专业性强，法院工作人员不可能具有各个方面的行政专业知识，因而，法院对适当性进行审查是不可能也是不合理的。同时，他认为由法院进行适当性审查相当于增加了一个行政层次，有可能妨碍有效的行政管理。随着时代的发展，关于合法性审查标准的质疑和反思越来越多。[1]应松年教授在 1994 年中国政法大学出版社出版的《行政诉讼法学》一书中认可了合理性审查标准，但明确指出它应只限于行政处罚显失公正的情形。罗豪才教授则在 1996 年北京大学出版社出版的《行政法学》中进一步明确，"滥用职权"和"显失公正"的规定是合理性审查的两种情况。虽然，主张只进行合法性审查的研究仍不在少数，[2]但目前，理论界和实务界的通说是合法性审查是原则，合理性审查是例外。[3]笔者认为，那种将事实问题的合理性都交给行政机关自主决定的观点值得商榷。根据域外经验，行政自主性事项并不能完全排除法院的监督，这只是一个监督限度的问题。并且，是否有司法干预行政的嫌疑是需要有明确而详细的论证的。解志勇教授认为，我国单一的合法审查标准无法覆盖行

[1] 相关研究还包括：卜晓虹："行政合理性原则在行政诉讼中之实然状况与应然构造——论司法审查对行政自由裁量的有限监控"，载《法律适用》2006 年第 1 期；张东煜："论行政审判中的合理性审查问题"，载《法学评论》1993 年第 3 期；蔡伟："对合法性审查原则的再审视——兼论对行政行为的合理性审查"，载《宁夏社会科学》2005 年第 6 期。有作者还从纵向维度的审查强度对行政合理性审查标准进行了类型化区分，参见谭炜杰："行政合理性原则审查强度之类型化——基于行政诉讼典型案例的解析与整合"，载《法律适用》2014 年第 12 期。

[2] 甘文："WTO 与司法审查"，载《法学研究》2001 年第 4 期；郭百顺："抽象行政行为司法审查之实然状况与应然构造——兼论对行政规范性文件的司法监控"，载《行政法学研究》2012 年第 3 期；赵竹茵："抽象行政行为司法审查范围探析"，中国政法大学 2005 年硕士学位论文；贾志敏："论抽象行政行为的司法审查"，内蒙古大学 2005 年硕士学位论文。

[3] 焦洪昌："依法行政与宪政的关系"，载《北京教育（高教版）》2004 年第 3 期；马怀德、刘东亮：《行政诉讼证据问题研究》，载何家弘主编：《证据学论坛》（第 4 卷），中国检察出版社 2002 年版，第 220~221 页；吴偕林："论行政合理性原则的适用"，载《法学》2004 年第 12 期；高秦伟："政策形成与司法审查——美国谢弗林案之启示"，载《浙江学刊》2006 年第 6 期，等等。

政争议的范围，更难以回应行政行为不合授权法目的、有违法律原则和精神等的质疑。因此，解老师主张抛弃单一的合法性审查观念，增加合理性审查形态、合行政法目的审查形态及危险性审查形态。[1]在我国合法性审查标准与合理性审查标准的争论中，茅铭晨教授的见解鞭辟入里。他指出，我国行政诉讼制度中的合法性审查是狭义化的、最低层次的法治标准，并不能全面反映现代国家对行政法治的要求。进而，作者深入评析到：我国《行政诉讼法》对"滥用职权"与"明显不当"审查标准的确立就是合理性审查的要义。只是由于二者在实践中并未得到细化和较好的运用，以及缺少合法性审查的立法规定，才造成了人们对不审查合理性问题的误解。

（三）关于域外行政行为的司法审查

迪特里奇·科拉德表示："在经过无限制的延误之后，民法法系与普通法系现在已经出现了这个确信无疑的事实：如果不发展完全意义上的，包括了无论字面上怎样称呼的司法控制的行政法，那么，一个国家就不可能建立起一种现代的公共行政，更不可能维护法治原则。"[2]章剑生教授也从世界范围内行政法起源及法制史的研究中发现："'行政权必须受到法律约束'意味着行政权必须依法行使并受到司法审查"。他指出："没有司法审查制度，也没有正当法律程序理念的'行政法'，充其量只是一种国家的'统治工具'。"[3]反观美国政府行为无往而不在审查之中的"审查假定原则"，以及德国法院通过对"行政争议"的化解从而追求行政法院对行政行为全面监督的做法，可以说明的是，域外有关司法审查的理念和制度源远流长且愈益精细。陈丽芳教授在其著作《非立法性行政规范研究》[4]中专门对国外行政行为司法审查的制度进行了考察。作者指出，抽象行政行为是各国司法审查的共同对象，且各国司法审查所秉持的价值都指向人权

〔1〕 解志勇：《论行政诉讼审查标准——兼论行政诉讼审查前提问题》，中国人民公安大学出版社 2009 年版，第 155~226 页。

〔2〕 ［德］迪特里奇·科拉德："绪言"，载［印］M. P. 赛夫：《德国行政法——普通法的分析》，周伟译，山东人民出版社 2006 年版，第 3~4 页。

〔3〕 章剑生：《现代行政法总论》，法律出版社 2014 年版，第 23 页。

〔4〕 陈丽芳：《非立法性行政规范研究》，中央党校出版社 2007 年版，第 227~237 页。

保护。王宝明等合著的《抽象行政行为的司法审查》[1]对国外司法审查制度进行了较为全面的介绍和深入的分析。关于英国，作者不仅谈及了合法性、合理性和程序正当性的司法审查标准，管辖法院级别较高且较集中的现象，以及撤销或无效宣告的司法裁判，还特别指出，在英国加入欧共体、《欧洲人权公约》与《欧洲联盟条约》后，其议会主权原则受到极大动摇。在议会法律也需要受制于欧盟法，且需要接受司法审查的同时，英国法院也会千方百计运用各种解释技巧扩大越权原则的适用范围。这些机制都提升了英国司法审查的力度。对于司法审查功能更为强大的美国，该著作重点介绍了美国对事实审查和法律审查的区分。并指出，法官对司法审查强度或标准的选择还要取决于法规的性质以及是否经过正式的法律程序等因素。在法国，比较有特色的是其司法审查强度依据行政案件分为三种情形。一是行政机关没有任何裁量权的，法院严格审查。二是行政机关有绝对裁量权的，法院几乎不能审查。三是行政机关有一定裁量权的，法院还是可以有效控制。在德国，学者们一致认为行政法官对行政命令的合法性有充分的审查权。彭镡在其硕士学位论文《行政规范性文件审查制度研究》[2]中，着重介绍了美国宽严有别且多元化的审查标准。他指出，美国的审查标准区分为事实标准、法律标准和程序标准。且基于多样的行政规则，法院的审查标准也各有差异。如对于非正式程序制定的行政规则，主要审查事实问题，看其有无对裁量权的滥用；对于政策性规则，法院则比较尊重行政机关的专业判断，但并不完全放弃审查。因为，在程序上，法院依旧应当审查行政机关是否随意而行。另外，作者指出法国是根据条例的类型确定审查标准的。对于条例违法的裁判，法院也会根据性质和程度的不同给予撤销或无效的裁决。笔者认为，相比大陆法系法院对行政行为较强的审查态势和较统一的审查标准，英美法系的态度更为灵活多样，审查标准也更为多元和富有弹性。此外，对审查主体、管辖法院、审查标准以及裁判方式给以专题研究的代表性硕士论文还包括褚宏岩《论我国对

---

[1]　王宝明等：《抽象行政行为的司法审查》，人民法院出版社 2004 版，第 90～130 页。

[2]　彭镡："行政规范性文件审查制度研究"，南昌大学 2013 年硕士学位论文。

抽象行政行为的司法审查》[1]、胡娜娜《论我国抽象行政行为的司法审查》[2]等。

对于抽象行政行为的合法性判断论题,一般认为法院应当拥有最大的权威。因为司法机关不仅地位超脱,也更有条件履行监督职能。现代法治国家几乎无一例外地对政府的行政行为实行了全方位的规制。与国内对抽象行政行为的审查监督,尤其是对更为具体的行政规范性文件司法审查进路的研究和制度建构相较,域外对行政规则、命令、条例的司法审查在理论和实践上都已非常深入。此外,我国当下的研究多是对域外经验的介绍,尚缺乏对本国问题和实际的热切关注和深入反思。

四、研究的思路与方法

(一)研究思路

我国《行政诉讼法》以法律的身份明确了行政规范性文件的附带审查制度。那么,法院对于行政规范性文件当进行何种程度的审查以及如何建构相关制度则将问题进一步引向纵深。于此,本书以审查强度为论域,对行政规范性文件司法审查具体制度的建构进行了研究。

首先,本书描述了行政规范性文件审查监督机制不甚理想的现状。并对倚重传统监督方式的理念给以反思。本书指出:司法审查是监督行政规范性文件不可缺少的重要保障。但现行《行政诉讼法》所确立的附带审查也存在排除受案范围、缺乏具体保障机制等突出问题。于此,本书在对行政规范性文件司法审查的前提与立场等基本问题给以阐述后,先从理论视角探讨了司法审查强度的论题。概言之,审查强度的内涵和意义为何?我国行政行为司法审查强度的基本原则是什么?以及影响审查强度的主要因素有哪些?进而,本书对与审查强度密切相关的本土司法审查制度给以检视。最后,为回应理论要求、解决制度困境,本书尝试勾勒一幅以审查强度为基础的司法审查具体制度的图景。本书期待行政规范性文件的司法审

[1] 褚宏岩:"论我国对抽象行政行为的司法审查",中国政法大学 2007 年硕士学位论文。
[2] 胡娜娜:"论我国抽象行政行为的司法审查",郑州大学 2012 年硕士学位论文。

查能在各项保障机制的生成、协调中实现良好运行的目的。

（二）研究方法

（1）案例分析法。为了客观、准确地呈现《行政诉讼法》修订前后行政规范性文件司法审查的真实样态，同时与人大监督和行政监督的传统模式给予比较，并为本书提供扎实的事实依据，增强本书观点的可靠性。本书对截止到 2020 年 8 月 1 日的北大法宝案例库中的相关案件进行"地毯式"搜索，并对 280 件行政规范性文件案例依照"不予审查""较浅程度审查"和"较深程度审查"进行了类型化处理。本书指出：除传统监督模式外，司法审查是对行政规范性文件不可缺少的重要保障。

（2）规范分析法。法学研究离不开规范分析的方法。了解最高人民法院对司法审查权创设及适用规则的解释性文件，以及我国有关行政规范性文件司法审查的最新立法动态是进行研究的前提。本书对其制度的现状与问题、各类法律文本对之概念的界定，以及司法审查具体机制如管辖、审查标准、裁判等方面的立法规定进行了梳理。此外，本书还考察了域外国家与 WTO 组织的有关规定。在对比中，本书指出了我国司法审查立法层面的不足，并以此为基础展开有理有据的依法论述。

（3）比较分析法。对于行政行为司法审查的理论和实践，两大法系代表国家的公民拥有将国家行政措施提交法院广泛审查之权利。而在我国尚未形成整体性研究的司法审查强度问题上，域外的相关探讨也有重大进展，其不仅论述丰硕且观察亦至为细腻。然而，我国行政行为的司法审查自 1989 年《行政诉讼法》颁布之日起就被限定于"具体行政行为"的范畴。对于现行《行政诉讼法》确立的附带审查制度，尤其是从纵深层面论说相关的制度建构问题在我国还是一个较新的领域。因此，借鉴域外的理论和制度，不仅可以为我国司法审查具体制度的建构搭设论说的平台，还可以起到开阔视野、创新思路的作用，而不落入盲人摸象的境地。需要强调的是，分析域外制度并不是要以其为基准校正我国的做法，而是将其作为一个参照，从而使我国的研究更为开放且契合国情。

第一章

行政规范性文件司法审查制度建构的紧迫性

随着传统禁止授权原则的衰落，行政规则在行政国家兴起的过程中日益膨胀。其中，活跃于执法一线的行政规范性文件，不论是在沟通宏观层面的法律与政策问题，还是在满足与治理公民生活的微观需求和秩序中，都发挥着不可替代的中枢和导引功能。然而，行政规范性文件本身在制定过程中存在着"权力无边界、程序不规范、主体常越界、落实无监管"的尴尬局面。而"文山"泛滥现象早已是司空见惯。诸如僭越法律底线的"出格文"、公权打劫的"创收文"、部门本位和部门利益化导致的"掐架文"不仅影响了文件的权威性，更降低了行政效率，削弱了政府的公信力。[1]与此同时，来自权力机关和行政机关的监督效果却并不理想。但现行《行政诉讼法》对行政规范性文件附带审查制度的确立又为问题的解决带来了新的机会和前景。本书认为，传统模式之外，以审查强度为论域，展开行政规范性文件司法审查保障机制的研究与建构是我国当下工作和未来修法的重点。

第一节　内外环境：司法审查与其他监督方式

博登海默说："如果包含在法律规则部分中的'应然'内容仍停留在

---

〔1〕　周琳、朱翊："全国压缩文件190万，泛滥'文山'下多少越权错位？"，载人民网，http://politics. people. com. cn/n/2014/1102/c70731-25956372. html，最后访问时间：2020年7月21日。

纸上，而并不对人们的行为产生影响，那么法律只是一种神话，而非现实。"[1]行政规范性文件正是对上位法或上级行政规范性文件还未规定，或虽有规定但不够具体的相关事项的补充与细化。它是将纸面上的法律转化为具体现实关系的中枢。可以说，行政规范性文件点燃了法的生命。本质上讲，执行行政规范性文件就是在执行法律。然而，面对数量远远超过法律规范[2]且存在诸如不履行集体讨论程序就公布实施、以内部"通知"方式下发本应公开的文件、违法增加当事人义务或克减其权利等程序和实体问题的行政规范性文件，其监督方式则多是地方层面的立法调整和一定程度上处于虚置的传统审查。与行政处罚、行政许可等具体行政行为受到《中华人民共和国行政处罚法》（以下简称《行政处罚法》）、《行政许可法》等众多立法调控，以及行政诉讼制度与行政复议制度高密度、强效果的监督相较，作为具体行政行为执法依据，并涉及不特定多数人利益且可反复适用的行政规范性文件的监督事业则远未被重视。因此，如果我们不对《行政诉讼法》确立的附带审查制度在审查强度和保障机制方面给以积极推进的话，那就可能面临只要违法行政规范性文件不被权力机关或相应行政机关给以撤销与追究，它们"恣意横行"的局面就难以遏制。现实中，行政规范性文件常常打着执行法律的名义，凌驾于法律之上；一些行政机关往往通过制定行政规范性文件的途径来炮制出对付法律、法规、规章和上级政策的所谓对策的情况也将愈演愈烈。

---

　　〔1〕　〔美〕E·博登海默：《法理学：法律哲学与法律方法》，邓正来译，中国政法大学出版社 2004 年版，第 255 页。
　　〔2〕　以北京市为例，截至 2013 年，该市地方性法规 141 部，政府规章 253 部，市政府所属部门和区县政府制发的行政规范性文件则约 8000 件。可以看出，非正式的法律渊源在数量上是正式的法律渊源的 20 多倍。如果再加上区县政府部门和乡镇政府的行政规范性文件，这个数字又会被放大更多倍。参见李富莹："加强行政规范性文件监督的几点建议"，载《行政法学研究》2015年第 5 期。

一、审查强度不足与保障机制的欠缺——以 280 件行政诉讼案例为分析样本

对于行政规范性文件的司法审查权和适用规则的问题，最高人民法院早在 2000 年始即通过一系列司法解释等文件进行了逐步明确和细化。[1] 2014 年修订的《行政诉讼法》则是在原有依职权审查的基础上，增设了依申请审查的方式。这种保障机制在很大程度上减少了行政诉讼法官对行政规范性文件不愿审、不敢审的现象。[2] 然而，合理的管辖规定、深层次的审查标准以及有力的审查结果等司法审查具体运行机制的缺失，仍无法克服法官回避审查或不经审查直接适用，以及流于形式的较浅程度审查或虽程度较深但因尚未形成统一的审查模式而可能导致实践中各行其是等问题。可以说，必要保障机制的缺乏使得行政规范性文件的司法审查在程序和诉讼结果方面的或然性增加。这不仅不利于司法统一和公平正义的实现，也会造成法官个案审查强度的失范。为了客观、准确地对该现象予以描述，本书通过北大法宝案例库，以"规范性文件审查"为搜索内容，在"全文"（含标题和文书正文）中通过"精确"匹配方式，搜集了截止到 2017 年 8 月 21 日含有"规范性文件审查"内容的裁判文书共计 269 份，其中有 2 份文书因出处不同而实际为同一份裁判文书，故实际为 268 份裁判文书。另外，排除与主题关系不大的 17 件案例后为 251 份。另，本书又以"公报案例""典型案例""参阅案例""经典案例"和最新的 20 篇"法宝推荐"案例为限，搜集了截止到 2020 年 8 月 1 日含有"规范性文件审查"内容的裁判文书共计 29 份[3]。于此，本书专门对该 280 份行政规范

---

〔1〕 由《最高人民法院关于执行〈中华人民共和国行政诉讼法〉若干问题的解释》（已失效）第 62 条第 2 款规定，可以推导出人民法院对行政规范性文件的审查权；《最高人民法院关于裁判文书引用法律、法规等规范性法律文件的规定》第 6 条则进一步明确了法院对行政规范性文件的审查权；《最高人民法院关于审理行政案件适用法律规范问题的座谈会纪要》之相关内容是对司法审查权力运行规则的规定。

〔2〕 黄学贤："行政规范性文件司法审查的规则嬗变及其完善"，载《苏州大学学报（哲学社会科学版）》2017 年第 2 期。

〔3〕 原本是 32 份，但有 3 件案例与前述 251 份案例重合，故新增案例实际为 29 件。

性文件司法审查裁判文书给以梳理、进行审查强度的类型化分析，并形成了行政规范性文件审查强度占比图（如图1所示）。

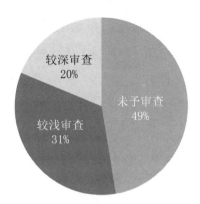

较深审查
20%

未予审查
49%

较浅审查
31%

图1　行政规范性文件审查强度占比图

笔者发现：未予审查案例137个，占比49%；较浅审查案例87个，占比31%；较深审查案例56个，占比20%。其中，法院不予审查的裁判主要有以下几种情况：一是原告提出附带审查请求的时间不符合法律规定，即非在开庭前提出或无正当理由在庭审中提出。二是原告起诉不符合法定条件，故皮之不存毛将焉附。通过对137份裁判文书的梳理分析，笔者将具体的理由归纳为以下几种情形：（1）原告诉求超过诉讼时效。（2）原告所诉行政行为不属行政诉讼受案范围，行政规范性文件的附带审查亦自然不被法院过问。（3）原告要求附带审查的行政规范性文件内容不具体、不明确。（4）原告在庭审中撤回了附带审查的请求。（5）对行政行为的起诉尚不成立，则对规范性文件的附带审查也就无所依附。（6）公民、法人或者其他组织仅请求进行规范性文件审查的，不属于人民法院行政诉讼的受案范围。公民、法人或者其他组织申请行政机关进行规范性文件审查后对行政机关的答复不服提起诉讼的，亦不属于人民法院行政诉讼的受案范围。（7）原告针对具体行政行为提出的诉求已在另案中进行，故在本案中提起附带审查规范性文件的做法不符合法律规定。（8）原告起诉时提出的多项诉讼请求，涉及多个行政行为、不同被告及多种法律关系，同时还分别属于不同级别的人民法院管辖，其起诉不符合法定受理条件。（9）原告关于被诉行政行为的诉请被驳回，原告附带提起的规范性文件审查诉请亦应一并驳回。三是法院直接、单独地以尚未进行合法性判断的行政规范性文件作为被诉行政行为合法的依据予以适用。四是法院将未进行合法性判断的行政规范性文件作为法律规范的辅助性依据予以适用。

法院对行政规范性文件进行"较浅"审查的情形主要有：一是法院对行政规范性文件是否是所诉行政行为的依据进行审查，从而判断是否需进一步深入。二是法院对行政规范性文件的性质进行审查，并对实质属于党委文件，或是具体行政行为的文件不再深入。三是对作为前提的、原告所诉的行政行为如行政复议行为、政府性信息公开答复行为、针对拆迁纠纷的行政裁决行为等，涉及复议机关的附带审查行为或者其他相关如上级行政机关的审查行为进行程序上合法性审查。四是二审法院对一审法院应给予行政规范性文件附带性审查而未予审查的判决纠正，责令一审法院重审。五是法院对行政规范性文件的合法性判断限于是否与上位法冲突或是否违背禁止性规定。六是对于不予审查的情况，给以学理性分析说明，如对规范性文件为何不属于人民法院直接审查的对象等进行说理。

法院对行政规范性文件进行"较深"审查的情形主要有：一是对附审行政规范性文件的合法性进行审查，包括制定主体及其权限、行政规范性文件涉及的行政事项、制定程序、有无增设行政相对人的义务或减损行政相对人的权利、行政规范性文件有无公开或告知相关主体等；二是对附带审查行政规范性文件是否符合当地客观实际、在相关法律规定滞后社会发展或出现法律空白及漏洞的个案情形下，所附带审查行政规范性文件是否与相关政策相契合等合理性审查。

下文中，笔者将从不予审查、较浅程度审查和较深程度审查三个维度，以8则代表性案例展开阐述。笔者希冀说明的是：数量庞大且涉及不同领域、影响深远的行政规范性文件，如果缺少相应的配套立法和明确的制度性建构，那么，司法审查就会有流于形式而难以发挥应有的监督功能的倾向。甚至，在依职权审查的方式中，违背规定的不予审查现象还会大量出现。

（一）不予审查情形——以"吉某仁等诉盐城市人民政府行政决定案"等案例[1]为分析样本（见表1）

1. 基本案情

为解决农村公交延伸入城而引发的农村公交与城市公交之间的矛盾问题，2002年8月20日，盐城市人民政府对该市的公交运营范围进行了界定，并形成了在城市规划区运营的公交线路免交规费的《盐城市人民政府第13号专题会议纪要》（以下简称《会议纪要》）。而作为与《会议纪要》有利益关系的个体运输户吉某仁等四位原告认为，《会议纪要》属于违法行政决定行为。因其对盐城市的城市公交运营范围进行了界定，造成未经交通部门批准的盐城市公共交通总公司的5路和15路客运线路与经批准经营的原告客运线路重叠，从而形成不正当竞争导致原告经营利益受损。于是，四原告向江苏省盐城市中级人民法院提起诉讼。法院认为盐城市人民政府的《会议纪要》是法定权限之内的行政行为并不违背相关的法律、法规。原告不服，提出上诉。

2. 法院裁判

江苏省高级人民法院认为：在我国交通管理的事项中，我国一直存在建设行政主管部门和交通行政主管部门双重管理并分割城乡客运市场的问题。在有权机关未对此给以统一之前，各部门应当在尊重现状的基础上依法履行各自的法定职责。因此，盐城市人民政府对城市公交营运范围作出界定的《会议纪要》不具有排除交通部门对所管辖道路管理的效力。申言之，在由交通部门修建、养护的道路上行使的公共汽车都应当接受交通部门的管理并办理相应手续。根据《公路养路费征收管理规定》第9条、第10条规定，《公路运输管理费征收和使用规定》的相关规定，以及《关于规范公路客货运附加费增加公路建设资金的通知》，盐城市公共交通总公司的5路、15路公交车不仅应当依法缴纳养路费、运输管理费，还应当依法缴纳公路客货附加费。江苏省高级人民法院认为，对于上述费用的征收及依法免征的权力归交通部门拥有。其他任何行政机关都无权对应缴纳规

---

[1]　《最高人民法院公报》2003年第4期（总第84期）。

费的单位作出免交规费的决定。最终，江苏省高级人民法院作出撤销盐城市人民政府《会议纪要》第5条关于在规划区内开通的城市公交线路免交有关交通规费的决定。[1]

3. 案例评析

本案中，二审法院推翻了一审法院判决，并以相关部委规章及未直接判断合法与否的《关于规范公路客货运附加费增加公路建设资金的通知》这一行政规范性文件为依据，认为《会议纪要》作出的免征规费的规定超越了法定职权，应当依法予以撤销。本书只从法律适用的效果分析并认为：这种将行政规范性文件单独作为依据从而判定行政行为违法的做法显然是把行政规范性文件视为行政诉讼的当然法源予以适用了。如此，传统法源理论受到了挑战，且司法解释所明确了的法院对行政规范性文件的审查权及规则也受到了违背。类似的情况还出现在"邱某吉等不服厦门市规划局规划行政许可案"[2]中。依照建设部等七个部委联合发出的《关于整顿和规范房地产市场秩序的通知》（以下简称《通知》），在城市规划行政主管部门批准房地产开发项目规划方案变更之前应当进行听证。厦门市中级人民法院根据《行政许可法》第2条、第46条规定认为，三原告与被告的规划调整存在重大利益。但被告未依法依规举行听证即作出同意局部施工图调整的批复存在程序错误。这种为增强裁判理由的说服力而将尚未进行"合法有效性"审查的七部委《通知》作为法律的辅助性依据在裁判理由中予以引用的做法虽未对裁判结果产生影响，但法院对行政规范性文件援引前提之合法性确认的缺失意味着法官对行政规范的依赖和审查意识的匮乏。虽然，现行《行政诉讼法》附带审查制度的确立一定程度上有助于遏制回避审查、不审查的现象，但缺乏必要保障机制的司法审查并不能防止"未经审查直接适用"情形在法院依职权审查方式中的出现。在"杨某谦等诉厦门市同安区人口和计划生育局行政决定案"[3]中，为生育

---

[1] 《最高人民法院公报》2003年第4期（总第84期）。

[2] （2008）厦行初字第6号。

[3] （2009）厦行终字第107号。

二胎，2006 年 10 月 27 日，具有城市户籍的原告杨某谦通过投靠父母的方式将户口重新迁入农村。2008 年 11 月 6 日原告以其是农村人口并根据《福建省人口与计划生育条例》规定，向被告厦门市同安区人口和计划生育局申请再生育一胎。在被拒绝后，杨某谦将同安区人口和计划生育局告上法庭。而厦门市中级人民法院则在当事人对福建省人口和计划生育委员会所作的《农村人口生育政策适用的规定》《〈农村人口生育政策适用的规定〉补充说明》的规定有异议且未进行合法性审查的情况下即对其予以直接适用，并作出了"驳回上诉，维持原判"的裁决。这类依赖行政规范常常无视行政规范性文件司法审查规则要求的做法使得司法监督在一定程度上也被虚置。与之有关的司法审查强度问题更无从谈起。通过司法参与积极促成行政决策的反思，并为公民提供更深层次救济的美好愿景更是不易实现。

表 1　不予审查的具体情形举例

案件名称	案件所涉及的行政规范性文件	审查、适用情况
吉某仁等诉盐城市人民政府行政决定案	《关于规范公路客货运附加费增加公路建设资金的通知》	江苏省高级人民法院在未引用其他上位法规范的前提下，直接、单独地将未进行合法性审查的《行政规范性文件》作为被诉行政行为合法的依据予以适用
邱某吉等不服厦门市规划局规划行政许可案	《关于整顿和规范房地产市场秩序的通知》	厦门市中级人民法院在可以依据《行政许可法》对案件作出裁判的情况下，为增强裁判理由的说服力，在对七个部委《联合发布的通知》未作"合法性审查"的前提下将其作为法律规范的辅助性依据予以适用
杨某谦等诉厦门市同安区人口和计划生育局行政决定案	《〈农村人口生育政策适用的规定〉补充说明》	厦门市中级人民法院在当事人对行政规范性文件有异议的情况下，仍然无视司法审查权的运行规则，并对行政规范性文件给以直接适用

（二）较浅程度审查情形——以"张某著诉芜湖市人事局公务员招考行政录用决定案"等案例[1]为分析样本（见表2）

1. 基本案情

2003 年 6 月，大学毕业后一直未找到正式工作的原告张某著参加了安徽省芜湖市国家公务员招考，并以笔试、面试均名列第一的成绩得到参加录用体检的机会。为谨慎起见，张某著先自行就医进行了体检，且体检结果为"一、五阳"，肝功能正常。但在由芜湖市人事局组织安排的体检中张某著被诊断为"乙肝两对半小三阳"。根据《安徽省国家公务员录用体检实施细则（试行）》的规定，医院作出了"不合格"的体检评价。之后，在芜湖市人事局组织安排的由解放军第八六医院进行的复检中，虽然该院出具了"一、五阳"的结论，但仍作出了"不合格"的报告。据此，安徽省芜湖市人事局口头通知了张某著不予录取的结果。在反复向芜湖市人事局咨询均未得到满意答复之后，张某著向安徽省人事厅申请了行政复议。然而，安徽省人事厅以不对体检结论负责为由作出不予受理决定书。万般无奈之下，张某著走上了状告芜湖市人事局的诉讼之路。

2. 法院裁判

法院认为，《安徽省国家公务员录用体检实施细则（试行）》是安徽省人事厅及卫生厅在《国家公务员暂行条例》及《国家公务员录用暂行规定》的授权目的和范围下制定的国家行政机关招录公务员的统一标准。"一方面，该规范性文件并没有与上位法冲突。另一方面，它也没有突破高位阶法的禁止性规定。"[2]依照行政诉讼法司法解释的规定，该规范性文件合法有效，法院可以参考适用。另，由芜湖市人事局组织安排的解放军第八六医院体检行为的法律后果应由委托人承担。因此，由芜湖市人事局作出的不准予张某著进入考核程序的具体行政行为缺乏事实证据应予撤销。鉴于 2003 年安徽省国家公务员招考工作已结束，原有职位已录取排名

---

[1] （2003）新行初字 11 号。

[2] （2003）新行初字 11 号；胡锦光："乙肝歧视第一案与宪法救济"，载《宪政与行政法治评论》2005 年第 0 期。

第二的考生，不具有可撤销的内容，故法院最终作出确认被告具体行政行为违法的认定。

3. 案例评析

作为中国"乙肝歧视第一案"，本案原告张某著认为，将参加公务员考试的人简单用乙肝患者和非乙肝患者的标准给以区分的行政规范性文件是对宪法平等规定的违反，同时也是对公民人格尊严与劳动权等基本权利的剥夺。本案的诉讼引发了一系列包括《传染病防治法》《公务员录用体检的通用标准（试行）》等在内的修改法律的活动。[1]原告张某著也被中央电视台《今日说法》栏目举办的"2004 年度法治人物"评选为"十大法治人物"。

从本案引发的社会效果看，它是成功的。但，从原告要求审查《安徽省国家公务员录用体检实施细则（试行）》合法性的主要诉求看，一审法院则采取了模糊的态度，回避了案件争议的焦点。可以说，就职于国家单位、成为一名国家公职人员在传统文化中是一件值得满堂欢庆的事。尤其是，对于尚处于为衣食奔波、毕业 3 年一直未找到正式工作的普通公民而言。这件公布于媒体、被炒得沸沸扬扬的案件也将乙肝感染者张某著推到了舆论的风口浪尖。一定程度上，对于张某著未来的生活无疑是雪上加霜。本案中，法院并未对规范性文件的合法性进行深入分析即以"不冲突"和"未突破高位阶法"规定为由作出相应判决，而没能对其展开深入审查，除与我国以司法解释性文件明确司法审查权规定的刚性不足，以及司法审查强度意识和技术的薄弱密切相关外，更与司法审查本身尚未形成统一的制度性规定与建构有关。

与此审查强度类似的案例还包括"陈某文、陈某云诉南华大学颁发毕业证、学位证案"。[2]该案中，法院也以被告南华大学根据《教育部关于当前加强高等学校学历证书规范管理的通知》（教学［2002］15 号）、湖

---

〔1〕 柳经纬："当代中国法治进程中的公众参与"，载《华东政法大学学报》2012 年第 5 期。

〔2〕 （2005）衡中法行终字第 77 号。

南省教育厅《关于进一步完善"专本沟通"试点工作的通知》（湘教通〔2004〕127号）及湖南省教育厅《关于进一步完善"专本沟通"试点工作的补充通知》（湘教通〔2004〕217号）的相关规定并未与上位法相冲突为由，认为南华大学的行为既与事实相符也不违反法律规定，遂判决维持了南华大学向原告颁发毕业证和学位证书的具体行政行为。

在曹某不服海南省公安厅公务员录用案中，曹某认为海南省公安厅的《公安机关录用人民警察体检项目和标准》对于转氨酶参考值的规定构成歧视而不合法，且海南省公安厅《2004年上半年全省统一招警体检工作方案》中"体检后不复检"的内容违反了《国家公务员（机关工作人员）录用体检办法》第15条对需要复查方能准确作出判断的规定，[1]海口市中级人民法院认为《公安机关录用人民警察体检项目和标准》并没有与宪法和法律等上位法相抵触。且《2004年上半年全省统一招警体检工作方案》是在《公安机关录用人民警察体检项目和标准》对体检结果是否应当或必须复检并未进行规定的情况下设定不予进行复检的，并不违反《公安机关录用人民警察体检项目和标准》的规定。

这些案例的共同点在于法院审查了行政规范性文件的合法性但程度较浅。事实上，这种不抵触、不违反上位法的标准只是将"上位法"限定于直接、明确的上位法规范，忽视了"法规范的等级结构理论"[2]的法理基础，即行政规范性文件之所以合法是因为其在宪法及"基础规范"调整下的整体法秩序中，它是由另一合法的高位阶规范所创设的，而这一高位阶规范又是由更高层级的规范所授权的。详言之，行政规范性文件是否合法不仅是要得到上位法的创设或授权，还在于它应合乎整体法秩序的要求。一直以来，我国法院对合法性之"法"内涵和范围的理解、适用仍不统一。从这个意义上说，立法不明确、相应制度建构未跟进也正是限制审查强度空间的重要因素。这种难以从法院裁判得出合理解释的较浅审查模式

---

〔1〕（2005）海中法行终字第19号。

〔2〕 Hans Kelsen, *Pure Theory of Law*, trans. , Max Knight, University of California Press, 1967, pp. 233-236.

会令人怀疑法院是否在依法履行审判职责。从司法能动主义的角度看，在行政诉讼的疆域下，法院不仅应当是行政法治和公民权利的守护者，还应当是行政决策的参与者以及良好行政的促进者。[1]因此，只有拥有一套程序明确、标准清晰并区分审查强度的司法审查技术，行政诉讼制度创设的根本目的才有可能从实质意义上得以真正成就。

表 2　较浅程度审查的具体情形举例

案件名称	案件所涉及的行政规范性文件	较浅程度的审查理由
张某著诉芜湖市人事局公务员招考行政录用决定案	《安徽省国家公务员录用体检实施细则（试行）》	新芜区人民法院认为，该规范性文件是在上位法与高位阶法的规定内作出的，并未与上位法冲突或对禁止性规定有突破
陈某文、陈某云诉南华大学颁发毕业证、学位证案	《教育部关于当前加强高等学校学历证书规范管理的通知》、湖南省教育厅《关于进一步完善"专本沟通"试点工作的通知》及湖南省教育厅《关于进一步完善"专本沟通"试点工作的补充通知》	蒸湘区人民法院经审理认为，上述规范性文件虽不属于正式的法律渊源，但其并不与《教育法》《高等教育法》相冲突……被告所为一方面基于事实，另一方面也并不违反法律规定
曹某不服海南省公安厅公务员录用案	《公安机关录用人民警察体检项目和标准》、海南省公安厅《2004 年上半年全省统一招警体检工作方案》	海口市中级人民法院认为，《公安机关录用人民警察体检项目和标准》并没有与宪法和法律等上位法相抵触。且《2004 年上半年全省统一招警体检工作方案》是在《公安机关录用人民警察体检项目和标准》对体检结果是否应当或必须复检并未进行规定的情况下设定不予进行复检的，并不违反该规定

---

〔1〕　俞祺："上位法规定不明确之规范性文件的效力判断——基于 66 个典型判例的研究"，载《华东政法大学学报》2016 年第 2 期。

（三）较深程度审查情形——以华源公司诉国家工商总局商标局商标行政纠纷案（以下简称华源公司案）等案例[1]为分析样本（见表3）

1. 基本案情

2012 年 12 月 14 日，为配合第 10 版《商标注册用商品和服务国际分类》修改文本的实施，原国家工商行政管理总局商标局（以下简称商标局）在《关于申请注册新增零售或批发服务商标有关事项的通知》（以下简称《新增服务商标的通知》）中设置了"受理新增服务项目过渡期"的规定。具体内容为：一是，第 4 条将 2013 年 1 月 1 日至 1 月 31 日规定为注册申请的过渡期。期间提出的有关注册申请事项视为同一天申请。二是，第 3 条规定了过渡期内商标专用权的初步审定使用在先、当事人协商及抽签方式确权的原则。[2]2013 年 1 月 4 日，华源公司向商标局提出商标注册申请。另外两家公司易心堂公司、健一网公司也分别于 1 月 11 日、1 月 28 日向商标局提出国际分类同类，类似群组相同的商标注册申请。因原告与另外两家公司对近似且均未使用的注册商标在过渡期内的申请属同一天情况，商标局遂作出《商标注册同日申请协商通知书》（以下简称《协商通知书》）。根据《中华人民共和国商标法实施条例》（以下简称《商标法实施条例》）第 19 条、《新增服务商标的通知》第 4 条规定，商标局要求各方当事人先自行协商并最终保留一方的申请。若协商不成则商标局将通知各方以抽签方式确定一个申请人。

华源公司认为：《新增服务商标的通知》第 4 条将 2013 年 1 月 1 日至 1 月 31 日提出的注册申请均"视为同一天"的过渡期规定，是对《中华人民共和国商标法》（以下简称《商标法》）第 31 条在同等情况下所确立的"初步审定并申请公告在先的商标"规定的违反，遂向北京知识产权法院提起撤销商标局依此作出的《协商通知书》，并依据《新增服务商标的通知》第 4 条提出对商标局进行合法性审查的诉讼请求。

---

[1]（2015）京知行初字第 177 号。
[2] 王天华："框架秩序与规范审查——'华源公司诉商标局等商标行政纠纷案'一审判决评析"，载《交大法学》2017 年第 1 期。

2. 法院裁判

根据各方当事人的诉辩主张，法院认为案件争议的焦点在于《新增服务商标的通知》第4条对于过渡期的规定以及《协商通知书》是否合法。对于前者，审判委员会认为应当着重从下述四个方面进行审查：一是主体是否合法；二是商标局是否超越法定权限；三是规定在内容上是否合法；四是规定在制定时是否履行了法定程序或者遵循了正当程序的要求。因华源公司对程序合法性不持异议，法院即将审查的重点放置于前三个方面。

法院认为：（1）《商标法》第2条第1款规定，商标局主管全国商标注册和管理工作；1981年《关于加强法律解释工作的决议》第3条规定，国务院主管部门有权解释法律法令如何具体应用；1999年《关于行政法规解释的通知》第2条规定，行政主管部门有权解释行政工作中具体应用法规，作为全国商标注册和管理工作的主管部门，为实现对新增服务项目的管理，商标局设置的过渡期是其行使职权的表现。从形式上看主体合法。（2）法院认为，立法行为与行政主体对法律的解释有本质的区别。后者不得"设定"新的权利义务，只能是对依法设定的权利义务及其实施方式等的具体化。而《新增服务商标的通知》关于过渡期的规定是对《商标法》第31条"同一天"概念的重新定义。因而，商标局所引发的权利义务变更的做法是超越法定权限的表现。（3）判断规范性文件内容是否合法的关键，主要从其具体规定是否符合上位法、制定目的是否正当、是否符合法律的基本原则、是否有事实依据等角度进行审查。[1]结合本案情况，法院认为《新增服务商标的通知》第4条将31个自然日视为"同一天"并规定以协商、抽签方式确认商标专用权的规则是对《商标法》"同一天"的具体规定以及"申请在先"之使用原则的违反。综上，审判委员会认定《新增服务商标的通知》第4条对过渡期的规定不合法。并撤销了被告商标局依据《新增服务商标的通知》作出的《协商通知书》。

3. 案例评析

作为2014年修订的《行政诉讼法》实施以来对行政规范性文件附带

---

[1] （2015）京知行初字第177号。

审查的第一案，华源公司案的意义巨大。一方面，通过对商标局发布的《新增服务商标的通知》第 4 条关于过渡期合法性的否定，[1]法院及时、有力地对现实存在并可能长期发生的该类商标申请活动给予调整，确保市场秩序的合法与合理。虽然，纠正违法行为、回归法治轨道的过程会产生成本，但为使法律正常运行所带来的付出也是法安定性、确定性和权威性得以成就所必须担负的代价。另一方面，该案也是 2014 年修订的《行政诉讼法》颁布实施后建构行政规范性文件审查架构的典范。它不仅公开了法院的判断过程，引发了学界和实务部门对行政规范性文件附带审查的广泛讨论和关注，还在诸如合法性判断要件在主体、权限、内容和程序方面的形成，立法与行政解释区分之"新的权利义务"标准的确立，以及从是否有事实依据以及实质合法如目的是否正当等角度判断行政规范性文件内容合法方面取得了成果。该案例所汇集的智慧和经验为后期同类案件的审查提供了方向和指引。

与现行《行政诉讼法》实施前得到较深程度司法审查的《最高人民法院公报》案例"陈某华诉南京市江宁区住房和城乡建设局不履行房屋登记法定职责案"[2]（以下简称陈某华案）相较，华源公司案既体现了经典审查模式的老情况，也展示了其异于传统审查的新思路，如表 3。

表 3　陈某华案与华源公司案审查模式的对比

比较项	老情况	新思路
审查方式	法院依职权审查，是一种主动审查的方式	《行政诉讼法》第 53 条增设了法院依公民、法人或者其他组织申请审查行政规范性文件的方式

〔1〕 郭京霞、司品华："北京知产法院认定商标局相关文件规定不合法"，载《人民法院报》2015 年 12 月 9 日，第 3 版。

〔2〕《最高人民法院公报》2014 年第 8 期（总第 214 期）。

比较项	老情况		新思路
争议焦点	司法部、建设部《关于房产登记管理中加强公证的联合通知》是否合法	商标局发布的《新增服务商标的通知》第4条有关过渡期的规定是否合法	
审查标准	1. 制定主体是否合法的标准：根据相关法律法规规定，被告区住建局是依法负责其辖区内登记工作的房屋登记主管部门	1. 制定主体是否合法的标准：《商标法》第2条第1款规定，"国务院工商行政管理部门商标局主管全国商标注册和管理的工作"……《新增服务商标的通知》也明确规定了设立过渡期是为了保护商标权利人和维护市场秩序。可见，该规定是对商标注册和管理工作的细化，属于商标局的职权范围。商标局作为全国商标注册和管理工作的主管部门，属于制定《新增服务商标的通知》第4条关于过渡期的规定的形式上的合法主体	法律依据更具体、明确；法理分析更深入
	2. 职权行使是否合法的标准：行政机关必须依法行使行政职能，而不应在法律法规的规定之外创设新的权力对相对人的合法权利进行限制或剥夺	2. 职权行使是否合法的标准：根据《中华人民共和国立法法》（以下简称《立法法》）第45条规定、1981年《关于加强法律解释工作的决议》第3条规定，立法行为与行政主体对法律如何具体应用的解释存在着本质的区别。行政	将基本法理与法条、案件事实统筹结合，夹叙夹议，阐述细致、鞭辟入里

比较项		老情况	新思路
审查标准	2. 职权行使是否合法的标准：行政机关必须依法行使行政职能，而不应在法律法规的规定之外创设新的权力对相对人的合法权利进行限制或剥夺	主体对法律如何具体应用的解释属于对法律的应用、执行行为，其权限仅在于如何将依法设定的权利义务及其实施方式等进行具体化，而不得"设定"新的权利义务。而《商标法》第 31 条中的"同一天"指的是"同一个自然日"……《新增服务商标的通知》第 4 条将 31 个自然日视为同一天的过渡期规定实质上是对权利义务的"设定"。因此，商标局的该项规定超越了法定权限	将基本法理与法条、案件事实统筹结合，夹叙夹议，阐述细致、鞭辟入里
	3. 内容是否合法的标准：行政机构在法律法规之外创设新的权力干涉相对人合法权利的行使或要求其履行非法定的义务的，法院不予支持	3. 内容是否合法的标准：判断规范性文件的内容是否合法，应当主要从以下几方面分析。第一，具体规定是否与上位法相符；第二，制定目的是否是正当的；第三，与法律的基本原则是否相符；第四，有没有事实依据；第五，目的与手段是否相称等层面展开……因此，商标局关于过渡期的规定在内容上符合《商标法》第 31 条规定的主张，本院审判委员会不能接受	法院细化、丰富了内容合法性的审查标准，并在使其更具可操作性的同时，也在一定程度上提升了司法审查的强度。另外，从"制定目的"的"正当"性及法律的基本原则等视角对行政规范性文件的合法性给以考量的做法也契合了实质合法审查的发展趋势。此外，华源公司案还明确了事实依据的标准。北京知识产权法院还对行政规范性文件的程序审查问题予以回应。它指出，过渡期的规定虽体现了商标局

续表

比较项	老情况		新思路
审查标准	3. 内容是否合法的标准：行政机构在法律法规之外创设新的权力干涉相对人合法权利的行使或要求其履行非法定的义务的，法院不予支持	3. 内容是否合法的标准：判断规范性文件的内容是否合法，应当主要从以下几方面分析。第一，具体规定是否与上位法相符；第二，制定目的是否是正当的；第三，与法律的基本原则是否相符；第四，有没有事实依据；第五，目的与手段是否相称等层面展开……因此，商标局关于过渡期的规定在内容上符合《商标法》第 31 条规定的主张，本院审判委员会不能接受	对实质正义的追求与力求实现商标申请有序状态的美好愿景，但是，没有程序正义作保障，法的安定性、确定性和权威性将难提及。此外，对于被告以《新增服务商标的通知》是征求了包括相关司法机关在内的多个组织或专家意见而形成的较合理、权威文件的主张，法院也给以回复并认为，前述组织或个人并无审查前述规定是否合法的义务与职责，其意见与观点并不能证明该规定在内容上必然是合法的
是否对行政规范性文件作出合法性判定	本案中，《关于房产登记管理中加强公证的联合通知》不属于正式法源的范畴，其规范的内容不得与《物权法》等具有法律效力的规定相抵触……行政机构据此干涉相对人权利的行使或要求其非法定义务的履行的，法院不予支持。故被告要求原告必须出示遗嘱公证书才能办理房屋转移登记的行为与法律法规相抵触。从而，依据上述联合通知作出的不予办理房屋所有权转移登记的具体行政行为违法	综上，商标局是制定《新增服务商标的通知》第 4 条关于过渡期形式意义上的合法主体，但该规定却超越了其法定权限，且其在内容上也不符合《商标法》第 31 条的规定。鉴此，审判委员会作出《新增服务商标的通知》第 4 条关于过渡期的规定不合法的决议……因此，法院依法不将其作为认定本案被诉《协商通知书》合法的依据	在陈某华案中，对于《关于房产登记管理中加强公证的联合通知》的违法性问题，法官并未给以明确，显得比较保守。而是直接对以其为依据作出的行政行为进行违法性判定。而华源公司案中，法院不仅直接作出了《新增服务商标的通知》第 4 条关于过渡期的规定不合法的决议，还进一步明确不将其作为认定被诉行政行为合法的依据。可以说，后者的审查较前者更直接、明确且有力

从表3的对比中，我们可以发现，现行法确立的附带审查仍然遵循着原有审查模式的轨迹。只是后者通过司法实践的能动性进一步发挥了行政诉讼监督行政之功能，[1]比前者更为深入和明确。然而，行政规范性文件附带审查的突破仍是很有限的。正如王天华教授所言，行政规范性文件的司法审查对于我国而言不啻为一种"履新"。司法审查的目的与范围、方式与深度（或曰密度）尚须在实践中摸索。进言之，面对内容庞杂、数量巨大且与公民合法权益息息相关的违法行政规范性文件，如果我们还是一味地倚重趋于虚置[2]的人大监督和行政监督方式，而无视司法审查过去以来虽然有限但成效明显的监督，且我们若仍停滞于排除受案范围的、缺乏必要保障机制的行政规范性文件附带审查的话，可以预知的是，行政规范性文件司法审查具体制度本身的运行就困难重重。而欲达成《行政诉讼法》从实质上解决涉及行政规范性文件的行政争议、为公民合法权益保驾护航并规范政府行为的期许将可能落空。于此，在传统监督模式外重新审视司法审查的进路，并以司法审查强度为主轴，推开受案范围之门，致力于建构与审查强度密切相关的行政规范性文件司法审查保障机制的研究极具理论和实务意义。

二、其他监督方式不理想

作为行政领域的焦点，行政规范性文件不仅在数量上远远超过我国各层次与各类型法律规范。在现实作用的发挥上，行政规范性文件也是无可计数的具体行政行为得以执行的直接依据。可以说，随着行政国家的蓬勃发展，行政规则之治已然是国家治理现代化的一大特色。行政规范性文件的存在是现实的，也是必然的。尽管行政规范性文件在制定程序上的随意

---

〔1〕 徐肖东："行政诉讼规范性文件附带审查的认知及其实现机制——以陈爱华案与华源公司案为主的分析"，载《行政法学研究》2016年第6期。

〔2〕 实际上，传统监督模式仍发挥着不可替代的重要作用。但从违法行政规范性文件受监督并得以有效处理的数量看，传统模式的力量远不足够甚至一定程度上差强人意。以此谓之"虚置"。

性备受批评，"但我们无法从制度上把它消灭，而只能对它予以规范。今天的问题是如何对它予以规范"。[1]因此，研究采用何种方式可以更有效地监督行政规范性文件并救济相对人合法权益不仅是完善行政法制理论的需要，在现行《行政诉讼法》确立了行政规范性文件的附带审查制度后，它也更是我们重新审视司法审查地位以及解决司法实务部门亟需的重大课题。然而，多年的监督实践所证明的是：司法审查之外的其他监督机制在面对行政规范性文件侵犯相对人合法权益时出现不同程度的保护乏力甚至形同虚设的状况。[2]甚至有学者感慨：在法律法规、规章及行政规范性文件频现冲突、打架的现象之下，这些年来没有几件法律规范是被其他机关宣布违法而予以撤销的。此时，在备案审查和行政复议的传统监督模式外，司法审查的功能是否应被正视和强调的问题值得思考。其实，问题本身早已在操作性较差的人大监督机制和正当性受质疑的行政自我监督过程中有了答案。

（一）人大监督

1. 现行法律的相关规定

《中华人民共和国宪法》（以下简称《宪法》）第 67 条、第 104 条分别规定了全国人民代表大会常务委员会、县级以上的地方各级人民代表大会常务委员会这个主体，依照是否与宪法法律相抵触或不适当的标准，行使对各级政府制定的决定和命令的撤销权。

《中华人民共和国地方各级人民代表大会和地方各级人民政府组织法》（以下简称《组织法》）第 8 条、第 9 条、第 44 条分别规定了县级以上地方各级人民代表大会，乡、民族乡、镇的人民代表大会，县级以上的地方各级人民代表大会常务委员对本级人民政府不适当的决定和命令享有撤销权。

《中华人民共和国各级人民代表大会常务委员会监督法》（以下简称

---

[1]　姜明安主编：《行政法与行政诉讼法》，北京大学出版社、高等教育出版社 2011 年版，第 176 页。

[2]　陈党、胡茜茜："行政规定的司法审查与救济方式"，载《理论导刊》2012 年第 10 期。

《监督法》）第五章对"规范性文件的备案审查"作出专门规定。其中，第 29 条、第 30 条分别对县级以上地方各级人民代表大会常务委员会审查、撤销本级人民政府发布的不适当的决定、命令的程序和"不适当"的具体标准作出规定。在程序上，《监督法》要求由省、自治区、直辖市的人民代表大会常务委员会这个主体参照《立法法》作出具体规定。在"不适当"的具体情形上，《监督法》认为包括：违法限制权利或增加义务；同法律法规规定相抵触以及其他不适当的情况。

2. 人大监督机制的问题

我国依法构建了行政规范性文件的权力机关备案审查机制。但该制度存在如下问题。

（1）立法过于宏大而空泛、备案审查机制难以操作。首先，对于报备到各地方人大常委会办公室的行政规范性文件，接下来具体应由哪个机构负责登记、存档以及审查，这些工作在立法上并未明确。其次，立法并未对各级人大常委会的主动审查进行规定。这是造成行政规范性文件常是一备了之而得不到实质性审查的原因。再次，立法并未统一赋予公民审查建议权。即便有地方对此给以保障性立法，但也未能规定人大常委会对公民审查建议的答复期限，以及公民对此不满的救济方式。没有相应制度保障的审查建议权很容易沦为口号性的宣传。最后，对于人大常委会的备案审查，立法并没有具体规定相应的启动、审查、处理和公告程序。此外，对于怠于履行或不履行的责任规定的缺失也使得权力机关的备案审查实际效果不佳。有调研显示，在合肥、淮南、马鞍山等地方人大常委会的备案审查中，纠错率几乎为零。[1]

（2）人大通过听取政府工作报告的形式来检验行政机关依法行政情况，无法实现对行政规范性文件微观的具体监督，只能是宏观层面的审查。

（3）权力机关的监督基本属于政治范畴。它是人大对行政规范性文件合理性、可行性的审查。亦即行政机关对权力机关所承担的是政治责任而

---

[1] 张娟："论行政规范性文件立法备案制度的问题与完善"，载《新疆大学学报》2010 年第 3 期。

非法律责任。因而，行政机关之行政行为是否依法而为、行政机关是否遵循了法治行政的原则无从追问。

（4）权力机关的会议制无法实现对行政规范性文件的常态监督。人大的会期间隔长、繁琐且人大并非专门判断黑白对错的机构等，这些都是行政规范性文件监督机制启动难的缘由。[1]

（5）部门规范性文件要向本级人民政府或上一级主管部门备案，它们仍属同一系统内的运作，也遵循同样的标准。但政府级别的规范性文件则存在双重备案的问题，即不仅要向上一级政府备案，也要向本级人大常委会备案。如此，有可能出现同一政府规范性文件需要遵守两种性质的备案程序，甚至有可能使同一政府文件遭遇两种不同的备案审查结果。[2]

一些西方国家，虽然也存在国会、议会对行政规则合法性的事前监督，但实践证明，国会或议会根本无法预见行政管理过程中所出现的各种状况，且囿于其自身人员、精力、时间、专长以及程序等资源和能力的限制，面对数目浩繁，日益专业化、技术化的行政活动，要求国会或议会承担审查行政规则合法性的任务存在着巨大的现实障碍。反过来，司法监督不仅是用强权制约行政权不合法甚至滥用的有力方式，还是被公民信赖的权利救济与公正维护的最后一道防线。

3. 权力机关与司法机关监督职责的合理划分

（1）监督职权的重合问题。建立起法院对违法行政规范性文件的审查制度，并不是要排除其他机关的监督而唯独承认法院对行政规范性文件的专属审查处理权。在我国人民代表大会制度的政体下，权力间的界限并不绝对。且依照宪法法律的规定，权力机关有权审查行政规范性文件的合法性及合理性问题。但在各机关都有权审查行政规范性文件的情况下，尤其是现行《行政诉讼法》对行政规范性文件的附带审查作出规定后，可以预见的是：一旦法院和人大这两个机关对同一文件都有审查权，结果不一致

---

〔1〕　参见张运萍："行政规范性文件附带审查制度之缺陷与完善"，载《探索与争鸣》2009年第5期。

〔2〕　孔繁华："行政规范性文件法律监督机制探究"，载《法学杂志》2011年第7期。

的情形将是难以避免的。根据我国的政体逻辑，权力机关所作出的审查结论应当高于司法机关。如此又可能对司法最终原则和司法权威产生不良影响。于此，如何解决在行政规范性文件审查方面进行分工这一问题就相当重要。

（2）来自英国议会共和制的启示。此处着重介绍的是同属议会共和制且对于委任立法议会和法院都有权实施监督的英国经验。实际上，英国议会对委任立法的合法性审查基本是由法院依据越权原则来承担的。英国内阁对议会负责并不意味着议会可代法院进行司法审查。议会主要审查的是委任立法的"政策性和妥当性"。诚如狄勃洛克所言："依我看，那种认为不必对中央政府官员们的行为和部门的行为进行司法复审，因为他们依他们的职能是对议会负责的，是一种不能令人信服的说法。就效率和政策而言，他们是对议会负责，就此而论，议会是唯一的法官，但就他们的行为的合法性而言，他们对法院负责，就此而论，法院是唯一的法官。"[1]

（3）监督职责的合理划分。鉴于我国人民代表大会的政治体制与权力分工协作的基本运行规律，对于行政规范性文件审查监督在权力机关和司法机关方面的体制设计可以参考英国经验。申言之，将合法性判断交由法院，将适当性、可行性的审查交由权力机关行使。同时，权力机关仍然可以依法享有对行政规范性文件的审查撤销权。如此，权力机关的审查成为一种高悬的引而不发的利剑，实际的审查权则由人民法院行使。因为，"人民议会应该控制什么是一回事，而它应该自己做什么则是另一回事……只有它能做好的工作它才应当承担起来。至于其他的工作，设法让别人将宜由其负责的工作做好，而非由人民议会去从事该项工作才是其正当的职责所在。"[2]当法院对行政规范性文件制定主体的法律责任进行追究后，也并不影响权力机关要求违法行政规范性文件制定主体对政治责任的承担。

---

[1] ［英］威廉·韦德：《行政法》，徐炳等译，中国大百科全书出版社1997年版，第34页。参见刘松山："违法行政规范性文件之责任追究"，载《法学研究》2002年第4期。

[2] ［英］J. S. 密尔：《代议制政府》，汪瑄译，商务印书馆2007年版，第70页。参见刘松山："违法行政规范性文件之责任追究"，载《法学研究》2002年第4期。

（二）行政监督

1. 现行法律的相关规定

《宪法》第 89 条、第 108 条分别规定了国务院和县级以上地方各级人民政府享有对各部委、地方各级国家行政机关及其所属工作部门和下级人民政府所发布的不适当命令、决定或指示的改变或撤销权。《组织法》第 59 条则进一步肯定了县级以上的地方各级人民政府对所属各工作部门、下级人民政府所发布不适当决定、命令的改变或者撤销权。

2. 行政机关备案审查机制的问题

自 2002 年《法规规章备案条例》实施以来，地方各级人民政府依据其第 9 条规定创设行政规范性文件备案审查的现象蔚然成风。近年来，党中央国务院也将行政规范性文件备案审查的制度建设视作全面深化改革、推进依法治国的一项重要举措。党的十八届三中全会提出要健全行政规范性文件的备案审查制度。党的十八届四中全会则着重强调了要将所有规范性文件纳入备案审查范围，并对违宪违法的规范性文件给以撤销和纠正。[1] 2004 年《全面推进依法行政实施纲要》明确要求政府法制机构对行政规范性文件要"有件必备、有备必审、有错必纠"。2010 年《国务院关于加强法治政府建设的意见》就健全行政规范性文件的制定程序、强化行政规范性文件的备案审查，以及加强对行政规范性文件的清理等方面作出专门规定。《国务院办公厅关于全面推行行政规范性文件合法性审核机制的指导意见》在进一步肯定规范性文件合法性审查的重大法治意义的同时，又试从顶层设计角度进一步明确了规范性文件合法性审核的范围、主体、程序、职责和责任等制度内容，为行政法治实践中统一规范性文件的审查尺度提供了规范参考。

虽然，行政规范性文件备案制度的建立将行政规范性文件正式纳入了权力机关和行政机关监督的常态视野之中。但来自人大监督机制的问题同样也困扰着行政机关的备案审查制度。

---

〔1〕 "中共中央关于全面推进依法治国若干重大问题的决定"，载人民网，http://cpc.people.com.cn/n/2014/1029/c64387-25927606.html，最后访问时间：2020 年 6 月 6 日。

（1）从宏观上，行政监督的立法规定亦如人大监督的规定一样存在许多问题：一方面，抽象行政行为的监督究竟依照什么标准、程序，在什么时限内进行监督？监督不当造成的侵权应当如何救济尚未明确。另一方面，如果相应的行政机关不履行该法定职责的后果是什么等问题也未规定。在各地普遍建立的行政规范性文件备案审查机制中，以上"顽疾"也较为常见。这种缺乏利害相关人积极参与且无具体程序保障的监督规定，导致备案制度的形同虚设。多年来，不同程度的备而不审、审而不纠问题普遍存在。

（2）从微观上，面对数目庞大的行政规范性文件，作为备案审查的主体，因其专职人员少、精力不足或没有审查处理的决定权等缘故，导致我国虽有大量违法规范频繁出台，但罕有受监督处置的案例发生。此外，现行立法并未对行政机关是否及时、认真履行法定职责或不作为等情况作出责任性规定。笔者认为，缺失外部监督机制、完全依靠国家机关自觉履行职责的逻辑不合情理。权力本身具有无限扩张的特质和滥用、腐败的倾向。正如孟德斯鸠的经典论述"有权力的人们使用权力直到遇到有界限的地方方才休止"。

（3）在行政规范性文件备案审查的反馈与公开机制上，因缺乏对反馈和公开时机的明确规定，以及对反馈和公开的内容、标准、过程等可操作性的说明，使得备案审查过程中的部分违法规范常借助于非正式沟通的内部机制得以解决。因而，希冀通过备案审查的方式对合法权益受到行政规范性文件直接影响的、也是最容易发现问题所在的相对人给予救济的目的常常落空。与此同时，因考虑到各地备案机关所面临的不同问题，本着方便其工作的原则，各地关于行政规范性文件在备案范围、审查依据和工作程序方面的规定也显示出很大的灵活性。在中央层面缺乏统一、明确的备案原则性要求下，这种地方规定的弹性空间也在一定程度上加剧了行政规范性文件备案审查制度的乱象。

3. 复议制度的不足

1999年《行政复议法》第7条赋予公民、法人或其他组织对国务院部门、县级以上人民政府及工作部门和乡镇人民政府规定提起附带审查的权利。同时，该法又在第 26 条规定了复议机关对行政规定的间接处理程序，即有权处理的，复议机关应在法定时限内依法处理；无权处理的，复议机关应在法定时限内转送有权机关处理。自此，确立了行政系统内对抽象行政行为进行审查与监督的行政附带审查制度。

1999 年《行政复议论》虽然为行政规范性文件的附带审查提供了路径，但因复议机关和行政规范性文件的制作发布主体同属行政系统，自己做自己案件的法官在形式上至少有违自然公正原则。即便决心自我纠错以至于自我革命，也难免存在对自身错误审查不全面、不客观的问题。尤其是行政复议的附带审查本身尚且问题诸多。首先表现在提起规范性文件行政复议只能依附于具体行政行为的规定；其次是对具体行政行为申请行政复议的提起时间和过程限制；最后是在提起主体上限定为被具体行政行为侵害的行政相对人。申请人提起附带审查后，后续还将面临规范性文件复议主持机关难以识别、结论含糊不清以及复议过程与时间缝隙等问题。[1]此外，强调复议审查的方式与我国加入 WTO 的承诺宗旨不契合——在《中国入世议定书》中，与我国《行政诉讼法》直接相关的是司法审查制度的承诺，包括对行政行为的审查坚持司法最终原则，给予当事人最后上诉至司法机构的机会，以及审查机构独立于行政机关。更为尴尬的是，下级行政规范性文件违法的依据可能来自于复议机关本身制定的规范性文件。可见，期待依靠复议制度监督行政规范性文件的合法性也存在诸多不足。

第二节　路径选择：传统监督模式外，助力司法审查制度的落实

英国著名思想家洛克在其代表性政治论著《政府论》中指出，纠正滥用职权强有力的办法是用强力对付强力。[2]对行政规范性文件的权力机关

---

〔1〕　叶金育："税收规范性文件复议审查：理念、功能与制度调适"，载《兰州学刊》2016年第 7 期。

〔2〕　［英］洛克：《政府论》（下篇），叶启芳、瞿菊农议，商务印馆 1964 年版，第 98 页。

监督、行政机关监督以及法院的监督模式就是为防止权力滥用，以强权对付强权的表现。章剑生教授指出，"'行政权必须受到法律约束'意味着行政权必须依法行使并受到司法审查"。我国 2014 年修订的《行政诉讼法》最终确立了行政规范性文件的附带审查制度。在行政法治和人权的保障上，我国又迈进了重要的一步。可以说，行政行为应受到法院审查的理论不仅是现代法治行政的基本要求，同时也为世界各发达国家的行政法治所践行。[1]于此，在行政法治全球化的浪潮中，仍将抽象行政行为排除于行政诉讼受案范围的正当性需要论证。否则，我国将处于法治文明与道义的压力之中。

我国 1999 年《宪法》第 5 条增加了依法治国、建设法治国家的规定。治国方略的重大转变以及"法治国家"目标在根本法上的首次明确意义巨大。其中，国家行政机关必须遵守宪法法律从而依法行政是"法治国家"的基本要义。考虑到在国家公权力系统中，最直接也最有可能给公民合法权益造成重大损害的便是行政权的情况。笔者认为，建设法治国家必先建设法治政府，将行政权纳入法治的轨道，防止权力滥用。而行政诉讼就是法院对行政机关行政行为是否合法的专门审查机制。当行政规范性文件的传统监督模式面临着诸多困境之时，2014 年修订的《行政诉讼法》确立了行政规范性文件的附带审查制度，这为行政行为审查监督的有效运行、为依法行政和建构法治政府的期待带来了重大机遇。

一、与人大监督相较

在给付行政的时代下，面对数量异常庞大、事后发生且情况复杂的行政行为，若过分强调法律的事先控制不仅不太现实，还往往会影响到行政执法的效率和行政裁量权的正常运行。尤其是涉及政策性判断及专业化、技术化行政问题时，立法部门是无力插手的。而现行《行政诉讼法》确立的附带审查制度则是立法者借法律大修的时机，为有效化解纠纷、遏制违法行政规范性文件形势而作出的大手笔。它为问题的解决带来了更新更有力的方式。

---

〔1〕 王欢："抽象行政行为司法审查制度探析"，载《湖南社会科学》2011 年第 4 期。

二、与行政监督相较

虽然，根据《立法法》规定，具有法源地位的行政规则只是行政法规与规章，行政规范性文件本身并非我国的正式法律渊源。在行政法学的研究范围内，通说也将行政规范性文件排除在行政立法之外。[1]但行政规范性文件也是政府机关应对突发事件、迅速填补法律空白的重要执法方式。在实践中它是执法者最权威、最灵活有效的直接依据。然而，与行政立法相比，行政规范性文件在制定主体、适用领域以及程序上都缺乏规范，[2]不似行政立法一般具有更严格的内容要求和公开、民主的程序保障。现实中，违法行政规范性文件对我国法制的统一与公民的合法权益构成了极大威胁。若将此行政规范性文件的监督重任交与同属一个系统并实行上下级领导的行政机关，不仅难以让人信服，还无法避免诸如上级行政机关的错误无人纠正、违法行政规范性文件被庇护等行政机关自我监督所具有的问题。诚如反腐专家李永忠先生对同体监督的制度性缺陷所作之评价："再锋利的刀刃，也砍不了自己的刀把儿。同体监督是一种无效、低效，成本很高的监督，必须往异体监督的方向发展。"[3]尤其是面对"复议机关在审理案件中依法审查处理规范性文件合法性的案例和报道也似乎没有"[4]的现实情况下，笔者认为，地位中立、程序严谨的法院模式的优势是不言而喻的。

综上，与立法机关与行政机关的监督相比，法院对行政规范性文件的监督不仅具有现实条件与天然的正当性，从形式来看，也是公民渴望实现公平、公正的理想选择。博登海默曾指出，如果没有一个能像法院一样公

---

〔1〕　应松年主编：《依法行政教程》，国家行政学院出版社 2004 年版，第 82 页；刘莘：《行政立法研究》，法律出版社 2003 版，第 6 页；姜明安主编：《行政法与行政诉讼法》，北京大学出版社、高等教育出版社 2018 年版，第 174 页。

〔2〕　沈亚萍："行政规则研究"，吉林大学 2015 年博士学位论文。

〔3〕　李克难："李永忠：解读中纪委机构调整"，载《凤凰周刊》2014 年第 11 期。转引自刘振洋："论国家监察体制重构的基本问题与具体路径"，载《法学》2017 年第 5 期。

〔4〕　刘家海："行政诉讼审查标准体系的重构——以行政规范性文件的效力与司法适用为视角"，载《上海政法学院学报（法治论丛）》2010 年第 6 期。

正的机构去审查政府官员行动的话，那么任意滥用行政权力的现象就无法防阻。在全面推进依法治国的基本方略下，司法机关的地位不容忽视。法治的信仰不应成为口号、标语。正如伯尔曼的精辟论断——法律必须被信仰，否则它将形同虚设。笔者认为，对于行政规范性文件的审查监督，传统模式之外我国应当积极推动司法审查制度的落实。

三、司法审查：监督行政规范性文件的重要机制

在行政国家的时代背景下，作为现代社会治理重要方式的行政规则被视为现代政府最伟大的发明之一。[1] 行政规则的制定和实施不仅缓解了人大繁重的立法压力，还化解了事前立法调整事后执法的僵局。但需要警记的是，孟德斯鸠在其巨著《论法的精神》中阐释了不受制约的权力必然产生腐败的道理。因此，在政府治理仍然需要依靠政策指令给予辅助的时代，尤其是对于曾在计划经济时期，政策享有至高地位，"政策高于法律，政策才真正具有最高权威"，甚至"政策的强化造成法律形同虚设"的我国而言，[2] 如何在权力机关监督和政府自我监督不甚理想的情况下，驯服传统上强势的行政权从而保障公民权益这个根本就成为行政法学理论研究的重要课题。

"行政是国家利益的代表，司法则是权利的庇护者。"[3] 正义精神的诠释也只有在司法过程中方才得以淋漓尽致的展现。夏勇先生认为，正义与法官是同一个词。[4] 此外，与旨在维护法制统一和政令畅通的立法机关、政府内部监督不同，笔者认为，立足于保护公民权利、监督行政机关依法

〔1〕 Richard J. Pierce, *Administrative Law Treatise*（Supp. 1970），p. 283. See Mark Seidenfeld, "Substituting Substantive for Procedural Review of Guidance Documents"，90 Tex. L. Rev. 331（2011）. 转引自陈良刚："行政规则司法审查研究——美国联邦法院的经验与启示"，中国政法大学 2014 年博士学位论文。

〔2〕 蔡定剑、刘丹："从政策社会到法治社会兼论政策对法制建设的消极影响"，载《中外法学》1999 年第 2 期。

〔3〕［德］拉德布鲁赫：《法学导论》，米健、朱林译，中国大百科全书出版社 1997 年版，第 100 页。

〔4〕 夏勇：《人权概念起源》，中国政法大学出版社 1992 年版，第 31 页。

行使职权的司法审查是避免法律治理沦陷，并使行政规则治理获得正当性不可缺少的重要保障。

第一，设置行政诉讼制度的目的之一就是要对行政行为的法律效力进行判断，以法律规则规制行政权力，促使行政权力的合法化运作。"行政机关是法律的产儿"[1]意指行政机关以及行政权都来自于法律的创设与授权。因而，行政机关的行政行为必须从属和受制于法律的拘束，即行政行为必须有法可依且不得与法律规定相悖。所谓"无法律即无行政。"[2]然而，为行政职权的运行设定了框架与标准的法律并不能确保行政机关会依法行政。所以，针对行政行为合法与否进行审查监督的行政诉讼制度得以建立。对行政规范性文件的司法监督是行政诉讼制度设置的应有之义。

第二，从行政行为司法审查的法理之维审视，司法审查制度也并不是万能的。为防止司法对行政的过分干涉，保持宪政机制的平衡，各法治国家纷纷设置了司法监督行政的界限。反过来，不得不承认的是，具有政治属性的行政行为，若对其不予司法监督的话，该行政行为就很可能处于政治而非法律的支配之下。司法机关监督机制的存在不仅可以对偏离法律运行轨道的行政行为给予纠正，还从心理上约束着行政机关的工作人员，使其谨慎对待权力和职责。

第三，我国行政诉讼法始终存在将抽象行政行为排除于受案范围的规定。即便 2017 年《行政诉讼法》也仍以第 13 条对此给以确认。然而，2014 年《行政诉讼法》和 2017 年《行政诉讼法》也都分别以第 53 条和第 63 条规定了参照规章审理行政案件的做法。这就是说，法院有权审查和评判规章的合法性，并对不合法的规章不予适用，而将合法有效的规章作为裁判的依据。实际上，我国法院也发挥了审查规章及其以下行政规范性文件的重要作用。这种立法与实践在一定程度上的不协调与 20 世纪 80 年代我国公法思潮在学理与实践运行中的矛盾现象类似——在规范主义和功能

---

〔1〕　[美]伯纳德·施瓦茨：《行政法》，徐炳译，群众出版社 1986 年版，第 141 页。

〔2〕　李树忠：《国家机关组织论》，知识产权出版社 2004 年版，第 32 页。

主义这两种思想中，可以说，我国公法学者对规范主义更为熟稔。但从现实环境和理论影响来看，功能主义在我国则更受青睐。[1]因此，在行政规范性文件审查监督的路径选择中，除了人大监督与行政监督外，我们还应当结合《行政诉讼法》的立法目的与第53条行政规范性文件的附带审查、第64条对违法行政规范性文件不予适用的规定综合考虑，并在动态、宏大的司法实践中，以系统、开放的态度理解立法的精神和意旨。而不应将《行政诉讼法》狭隘化。因为，在理念上重视司法审查的进路并积极发挥司法能动性是追寻具有极强现实关怀的现实中的公法，而非规范性的、大写的、语言哲学意义上之公法的合理态度。[2]

第四，美国著名行政法学家伯纳德·施瓦茨指出：缺少独立的司法监督、仅凭行政官员的自我约束本身就是与法治相矛盾的。[3]作为社会正义的最后防线，司法救济可谓是保障公民合法权益免受公权力侵害的有效机制。因此，西方各国普遍确立了司法最终的原则。从各国如美国的行政法官、英国的行政裁判所和韩国的行政审判委员会等公共行政的运作机制看，行政裁决的司法化倾向也已非常普遍。甚至有美国学者撰文称行政机关应成为现代美国的"普通法院"。[4]此外，根据法律运行论的原理，法的运行是由法律的产生、成长、实现、维护、修改或再生等环节构成的"生命周期"。[5]行政规范性文件作为连接法律规范与行政执法的桥梁，被认为是"实现"法律运行的环节。而司法审查则是促使行政规范性文件合法合规的有效手段。因此，法院监督行政规范性文件的机制不仅是顺应世界潮流的表现，还是净化行政规范性文件现存环境，进而支持"法律实

---

〔1〕 朱维究、徐文星："英国公法传统中'功能主义学派'及其启示——兼论二十一世纪'统一公法学'"，载《浙江学刊》2005年第6期。

〔2〕 [英]马丁·洛克林：《公法与政治理论》，郑戈译，商务印书馆2002年版，第87页。

〔3〕 [美]伯纳德·施瓦茨："行政法体系的构成"，刘同苏译，载《法学译丛》1989年第3期。

〔4〕 Sunstein, "Is Tobacco a drug? Administrative Agencies as Common Law Courts", *Duke Law Journal*, Vol. 1998, No. 4. 转引自张运萍："行政规范性文件附带审查制度之缺陷与完善"，载《理论月刊》2009年第5期。

〔5〕 刘俊祥：《抽象行政行为的司法审查研究》，中国检察出版社2005年版，第128页。

现"、维持法律生命周期的需要。

第五，在民主制度对预期政策效果的功能中，没有公民的参与，公共偏好就难以转化为公共政策。[1]可见，对公民意见和利益的重视与吸收是促使预期政策达成的重要因素。具体到司法监督机制，无论是受到具体行政行为侵害还是抽象行政行为不利影响的行政相对人，他们都是维护自身合法权益从而监督行政机关依法行政的最佳代表和利益主体。因此，一定程度上说，可以为公民诉求提供场所的司法程序不仅能给予相对人一种公正、可行的救济途径，还起到了传导民意的间接作用。司法审查制度也是民主法制发展的内在要求和必然趋势。[2]此外，对于比具体行政行为危害面更大、更可持续且容易引发群体性事件的行政规范性文件，若不能提供类似如法院一般及时、正义的救济渠道，那么，不仅广大公民的合法权益将受到侵害、社会秩序也可能受到严重冲击，同时也无法克服行政规范性文件对我国法制统一的破坏。面对行政侵权的救济方式问题，除了权力机关和行政机关的监督外，法治实践的普遍共识是：司法审查是实现正义的最权威方式。[3]

第六，建构行政规范性文件的司法审查制度也有利于《行政诉讼法》与《行政复议法》的衔接。2017年《行政诉讼法》颁布实施前，法院并不能"名正言顺"地展开抽象行政行为的司法监督。这一现实直接导致《行政诉讼法》与《行政复议法》第7条规定的脱节，即如果复议机关对行政规范性文件进行处理后，当事人对该复议决定不服的，法院并不能提供司法救济。这严重违背了司法最终以及现代行政救济法"有权利就有救济"的理念。此外，我国台湾地区的学者认为，在救济力度上，行政权可能对其国民带来的危险有多大，所给予的行政救济便有多强。[4]因此，《行政诉讼法》对行政规范性文件的审查不仅要回应行政规定复议后的司

〔1〕　[日] 猪口孝、[英] 爱德华·纽曼、[美] 约翰·基恩编：《变动中的民主》，林猛等译，吉林人民出版社2011年版，第4页。

〔2〕　王保成："一般行政规范性文件质量监控制度研究"，载《现代法学》2003年第5期。

〔3〕　江必新：《法治政府的制度逻辑与理性构建》，中国法制出版社2014年版，第171页。

〔4〕　廖义铭：《行政法基本理论之改革》，翰芦图书出版有限公司2002年版，第247页。

法救济问题，还当挖掘司法审查强度的空间。《行政诉讼法》对行政规范性文件附带审查的规定在力度和范围上虽然存在不足，但至少为其他抽象行政行为的司法审查作了铺垫，且具有开启我国法院审查抽象行政行为先河的重大意义。[1]

第三节　行政规范性文件附带审查制度的瓶颈

一、行政规范性文件附带审查制度的总体评价

2017 年《行政诉讼法》和最高人民法院 2018 年施行的相关司法解释都为行政规范性文件司法审查制度的依法展开提供了强大依据。此举不仅使得有法律之实而无法律之名的"隐形法律"被明确纳入司法审查的程序中，在法官对违法行政规范性文件之审查意识的提升、审查勇气的鼓舞方面也颇具意义。然而，我国《行政诉讼法》所确立的相关规定与法院有效审查行政规范性文件的实际需求之间还有很大距离。

具体表现为：一是，2017 年《行政诉讼法》第 2 条诉权的内容并不包括行政机关的立法行为。行政规范性文件的审查只是附带性的，不作判决。二是，2017 年《行政诉讼法》仍以第 13 条第 2 项规定明确将行政规范性文件在内的所有抽象行政行为排除于司法审查的受案范围外。三是，2017 年《行政诉讼法》第 70 条第 5 项"滥用职权"的底线——任何颠覆性的扩张理解都有违立法初衷和现有制度框架，这透露出对"合法性"审查原则理解的严格限制倾向。同时，该条第 6 项"明显不当"的规定也因考虑到合法性原则的统帅地位，要求对明显不当不可作过宽理解，而仅将其限定于被诉行政行为结果畸轻畸重的情形。四是，《行政诉讼法》第 70 条第 3 项违反法定程序方面，有意见认为该标准过低还应当确立正当程序标准。但立法者认为，作为一个学理概念，正当程序标准是一项对行政机关要求较高且会形成较大司法裁量空间的标准。程序观念和制度在我国的

---

[1]　朱思懿："'滥用职权'的行政法释义建构"，载《政治与法律》2017 年第 5 期。

确立和成熟需要一个循序渐进的过程，步子不宜太大。因而，2017年《行政诉讼法》最终未采纳该方案。五是，考虑到宪法法律赋予各级政府及其人大常委会、人民代表大会对行政机关及其部门所发布的不适当决定、命令的撤销权和改变权的情形，2017年《行政诉讼法》第64条作出了经法院审查认为不合法的行政规范性文件，不作为认定行政行为合法的依据并向制定机关提出处理建议的规定。可见，对于不合法的行政规范性文件，司法机关是不可以自己撤销更不可能自行改变的，而是通过司法建议这种我国所特有的间接形式建议制定机关修改或废止。

二、附带审查文本规定的应然样态

在理想情况下，一旦在立法上明确了某一制度后，为保障法律的落实和制度的运作，首先在立法上就需要配套相应规定对此给以协调和支持。然而，2017年《行政诉讼法》虽然确立了行政规范性文件的附带审查制度，但是反观法律全文，有关行政规范性文件司法审查的内容也只有第53条"规范性文件的附带审查"和第64条"规范性文件审查和处理"这两条规定。

依照行政行为司法审查的原理，作为行政机关行政权运行方式之一的行政规范性文件也应当受到司法监督。而不论监督的方式是附带审查还是独立审查，在立法上明确审查的程序是规范并指引司法权运行、确保法制统一的题中之义。因此，笔者建议在行政规范性文件附带审查的文本规定中应有如下基础要素。

一是，明确《行政诉讼法》第一章"总则"第2条"诉权"规定的"行政行为"包括行政规范性文件。同时，在第6条明确行政规范性文件的"合法性审查原则"，并可在未来的司法解释中释明合法性审查既包括形式合法性审查也包括实质合法性审查的意涵。二是，欲建构司法的直接审查程序，就需要删除第二章"受案范围"中第13条对"具有普遍约束力的决定、命令"的列举。三是，打开行政规范性文件司法审查的受案范围后，就须在第三章"管辖"的一般性规定外，重点对与审查强度密切相关的行政规范性文件的级别管辖问题给以明确。其中，包括对具有"重大、复杂"情形的行政规范性文件、第 24 条下级法院申请上级法院指定管辖的行政规范性文件，以及其他宜纳入跨行政区域管辖的重大行政规范性文件给以具体配置。四是，除《行政诉讼法》第 53 条和第 64 条的规定外，还当继续丰富第六章"起诉和受理"的相关内容。五是，在第七章"审理和判决"的相关内容中，将第 70 条第 3 项"违反法定程序的"修改为"违反正当程序的"。未来，应当在立法上明确法院对行政规范性文件的裁判权，并对判决类型作出相应规定。包括对合法行政规范性文件采用第 69 条"驳回原告的诉讼请求的判决"，对违法行政规范性文件采用第 70 条"撤销判决"、第 74 条"确认违法判决"以及第 75 条"确认无效判决"。

三、排除受案范围的附带审查难题

（一）能否回应权利保护与权力监督的关切？——与"规定"[1] 的行政附带审查相较

抽象行政行为能否纳入行政复议受案范围是《行政复议法》制定过程中争议最大的问题之一。然而，为对公民权利实施有效救济，基于地方政府或部门受利益驱动、利用行政规范性文件乱发文件、谋取不当或违法利益的严峻形势，结合我国已有的监督和备案审查制度很难发挥实效的客观实际，从监督行政机关依法行使职权的角度考虑，最终，1999 年《行政复议法》作出了突破性改革——对部分抽象行政行为即规章以下之行政规范性文件给以行政附带审查。此外，不容忽视的另外一个亮点在于——《行政复议法》第二章"行政复议范围"分别以第 6 条、第 7 条列举了可以复议的事项，并以第 8 条对不宜复议的事项作出排除规定。正是在行政复议受案范围的前提下，复议机关方得以对行政行为的合法性作出或宽或严的界定。行政复议兼具合法性与合理性审查的功能，在受案范围的立法规定下，行政规范性文件的合理性问题也有被司法"过问"的可能。这个过程表明："只有在受案范围之内的行政行为被申请行政复议之后，才存在行

---

[1] 本书所指的"行政规范性文件"在《行政复议法》中称为"规定"。

政复议审查范围问题。"〔1〕

参照《行政复议法》将行政规范性文件先纳入受案范围再直接进入实体审查的思路和经验,〔2〕作为相互补充、彼此衔接的行政救济制度——《行政诉讼法》对行政规范性文件的附带审查力度显然不足。现有的研究成果也仍主要集中在是否应将行政规范性文件纳入司法审查的受案范围,以及应当独立审查还是附带审查的问题上。〔3〕至于对行政规范性文件直接审查程序的建构以及区分审查强度的法技术探讨在学理上还缺乏充足的研究和论证。于此,司法实务中普遍存在的畏难情绪与无所适从也就可想而知。相较 1999 年颁布实施的行政附带审查制度,时至今日,仍将行政规范性文件排除于受案范围并欠缺审查强度探讨的司法附带审查制度,能否回应权利保护与权力监督的关切令人质疑。

(二) 司法的间接审查可有进步? ——与 "规定" 的间接审查程序相较

《行政诉讼法》第 2 条之诉权规定虽然将具体行政行为修改为行政行为,但第 13 条明确排除了作为行政行为之一的行政规范性文件的受案范围。然而,《行政诉讼法》又以第 53 条之附带审查的规定将行政规范性文件纳入了司法调整的程序中。遗憾的是,该法再未对行政规范性文件的附带审查制度在立法中作出配套规定。换言之,这种类似于《行政复议法》第 7 条和第 26 条规定所初步建构的,并未对 "处理" 程序作直接、详细立法的间接审查模式能否承载保护、救济公民权益,规范行政行为依法运行,以及救济与规范的程度又如何呢? 这一系列问题都关系到这一制度的实效性。

与《行政复议法》早在 1999 年即作出了最具有创设性的行政间接审查改革相较,从对行政争议解决的全面性和有效性更被期待的行政诉讼制度的角度来看,它不仅承继了行政间接审查模式所带来的问题,还在受案

---

〔1〕　这里的审查范围即指审查强度。参见姜明安主编:《行政法与行政诉讼法》,法律出版社 2006 年版,第 302 页。

〔2〕　张春生主编:《中华人民共和国行政复议法释义》,法律出版社 1999 年版,第 3~5 页。

〔3〕　王红卫、廖希飞: "行政诉讼中规范性文件附带审查制度研究",载《行政法学研究》2015 年第 6 期。

范围的规定上不及当年行政复议在此制度方面的革新力度。期待在未来修法的重大时机中，行政规范性文件的审查方式能有所突破。

（三）司法的间接审查能否促进附带审查制度的有效运行

《行政诉讼法》第53条增加了对行政规范性文件一并审查的规定。虽然《宪法》《组织法》及有关法律早以文本方式明确了权力机关和行政机关对行政规范性文件的监督。然而，自1987年建立备案制度以来，通过有关机构统计，到2001年底通过备案审查的两万件行政规范性文件也只有四百余件得到了一定程度的纠正。[1]15年间2%的纠错比例也并未因现有备案制度的完备化得到根本改善。一些地方、部门乱发文件、乱收费、乱集资，以权谋私等侵犯公民合法权益的问题仍然严重。面对形势严峻的违法行政规范性文件，不论是人大监督机制的备而不审，还是政府备案制度的审而不纠，其实际作用都不理想。2014年，立法者、法学家与实务部门工作者终于在《行政诉讼法》修改过程中形成了司法审查的共识，并认为要纠正违法和不当的具体行政行为，有必要从源头开始将作为其依据的行政规范性文件给予审查以正本清源。

对行政规范性文件进行司法审查是我国行政法治的进步。然而，未言明管辖法院、审查标准以及对违法行政规范性文件裁判等问题的间接审查程序存在司法审查强度难被论及，相关法操作技术更难以得到成熟化的历练等问题。仅靠《行政诉讼法》第53条和第64条的简单规定仍旧无法从实质上解决现实问题。诚如朱苏力教授所言："原则性规定本身不能帮助人们如何着手解释我们面临的问题……一般原则并不能决定如何处理具体案件。"[2]因此，为避免行政规范性文件流于形式化的表面审查，如何完善与建构现有附带审查制度，在此之下又如何理解与操作、如何审查与适用，同时审查到什么程度，这些问题值得深思。

（四）行政规范性文件范围的厘定看似宽泛实则狭窄

虽然，《行政诉讼法》第13条将行政规范性文件排除于受案范围，但

---

〔1〕 宋大涵主编：《法规规章规范性文件备案工作实用手册》，中国法制出版社2003年版，第7页。

〔2〕 苏力："论法院的审判职能与行政管理"，载《中外法学》1999年第5期。

第 53 条对司法审查程序中的行政规范性文件进行了初步厘定。但这种制定主体的标准使得行政规范性文件的范围存在看似广泛实则狭隘的问题。依据不同标准，行政规范性文件可区分为不同类别。如根据适用对象、调整范围，可以分为外部规则和内部规则；根据行政规范性文件的创制依据，可以分为依职权行政规则和依授权行政规则；根据是否具有法定解释权，则可进行法定解释性文件和自主解释性文件的区分。行政规范性文件的效力也依其性质的不同而有不同。现行法则采用制定主体的分类方法将附带审查的行政规范性文件明确为：国务院部门和地方人民政府及其部门制定的规范性文件。然而，此种界定标准仍然无法解决司法审查中行政规范性文件的鉴别问题。可以说，在内容和形式上行政机关所制发的行政规范性文件包罗万象、千差万别。例如，《党政机关公文处理工作条例》就列举了针对一定范围内公布的应当遵守或周知的"通告"、适用于记载会议主要情况以及议定事项的"纪要"等 15 种类型。故此，法律文本根本无法将公法意义上的行政规范性文件罗列完全，相反，还可能产生挂一漏万的效果。如类似于准规章性质的行政规范性文件这种非传统意义上的行政机关文件，就有可能借此逸脱于司法监督的范畴。再如，地方政府为统一所属机关及工作人员对法律法规规章及行政规范性文件的认识而制发的规范性文件也有可能发生外部法律效力。最常见的例证即是对公民权利义务发生影响的政府部门内部的会议纪要。将行政规范性文件排除于司法审查受案范围的《行政诉讼法》第 13 条规定，不仅不利于有关行政规范性文件范围问题的科学化及合理化研究，更不利于法院对行政规范性文件有力监督的落实。

（五）形式合法审查的强度能否有突破

《行政诉讼法》第 6 条规定了司法审查的合法性原则。修法中，专家学者们对日益扩张的行政权也给予警惕，对它给相对人合法权益可能带来的巨大威胁广为关注，并最终达成了行政诉讼应当逐步向监督和制约裁量权方向发展的共识。第 70 条"滥用职权"的规定及增列"明显不当"作为撤销判决或者重作判决的情形即是最好的注解。一方面，《行政诉讼法》

第70条第5项"滥用职权"的规定再次表明立法对极不合理之行政行为——行政机关作出行政行为虽然在其权限范围内,但是行政机关不正当行使职权,违反了法律授予这种权力的目的[1]——进行司法审查的主张。滥用职权是对主观上存有严重过错、表面上合法但实质极不合理的行政裁量权的描述。可喜的是,现行法在坚持原有形式合法审查标准的前提下,兼顾了灵活的实质合法性标准:在回应行政行为对合法性诉求的实践需求上,赋予"法"内涵更为开放的解读。但遗憾的是,现行法并未确立合理性审查标准,且合法性审查仍局限于形式法治的范畴。另一方面,考虑到机械的合法审查标准已不能适应实践要求,但合理性审查又会偏离我国诉讼制度的定位,《行政诉讼法》在坚持原则和推动行政争议的实质性解决中作出努力。第70条第6项新增了"明显不当"的规定。将行政机关行使裁量权过程中极端不合理的情形划入合法性审查范围,并将明显不当的行政行为作为撤销判决或重作判决的情形之一。不足的是,"明显不当"的适用被限定在被诉行政行为结果畸轻畸重的狭窄空间内。

---

〔1〕 黄学贤、杨红:"行政诉讼中滥用职权标准理论研究与实践的学术梳理",载《上海政法学院学报(法治论丛)》2017年第4期。

第二章

行政规范性文件司法审查的前提与立场

　　最高人民法院原副院长江必新认为，将抽象行政行为纳入行政诉讼受案范围不仅不与现行法律制度冲突，反而有助于完善我国的监督制度。[1]为回应权利保护与权力监督的关切，同时避免流于形式的表面审查，本书认为，将行政规范性文件纳入受案范围的立法呼吁是建构司法审查具体保障机制，并提升审查强度的重要因素。而在尝试建构我国行政规范性文件司法审查基础框架的初始，一个直接影响行政审判正确性，并从宏观上关乎行政权与司法权的关系能否得到妥当处理的基本而重要的问题，即司法审查视野下行政规范性文件的准确定位就是本书重点探讨的对象。为全面、正确地把握行政诉讼场域中的行政规范性文件的内涵及主要类型，本书分别从学理和立法规定的视角对其给予比较，并结合我国现行法秩序下法院地位的"制度现状"，抛开我国传统的"行政职权——法律渊源"的形式标准，从实质标准入手，将那些虽不具有法规范外在形式但实际影响着相对人权利义务的所有行政规范性文件纳入司法审查的范畴。此外，本书还具体探讨了授权组织、国务院以及地方政府部门制定的行政规范性文件与司法审查的关系。紧接着，本书以法院审查监督为落脚点，对我国学理和实务中存在的行政规范性文件抽丝剥茧、大致归类。然而，当我们对行政规范性文件司法审查的基本问题及具体技术给予探讨时，如果忽视了法院审查行政行为时所秉持的价值立场，那么，我们所建构的行政规范性文件司法审查制度将可能是僵化的、缺乏弹性的，只有形式而无实质的空

---

　　[1]　江必新主编：《中国行政诉讼制度的完善：行政诉讼法修改问题实务研究》，法律出版社 2005 年版，第 47 页。

架子。因此，本书于本章最后对行政规范性文件的司法哲学进行了研究。本书认为，只有法官根据个案综合情况，对行政规范性文件司法审查的价值立场给予灵活而适当的调整，才能在接近个案正义、保障公民权利并监督行政权规范运行的轨道上践行法治。

第一节　受案范围：突破附带审查瓶颈的前提

对于上文提到的"排除受案范围的附带审查难题"，笔者认为，化解症结的途径在于推开行政规范性文件司法审查的受案范围之门。这不仅是建构直接审查程序的司法审查保障机制的需要，也是完善司法审查制度、提高审查强度的要求。

一、将行政规范性文件纳入受案范围的正当性

第一，受案范围的排除规定与《行政诉讼法》第1条监督行政机关依法行使职权之立法目的不符。因为，行政规范性文件是抽象行政行为中被最频繁使用，并与相对人关系最直接的行政机关行使职权的表现形式。将它排除在受案范围外，也就意味着法院对行政机关职权行为的监督是不全面的、有缺漏的。且《行政诉讼法》第13条对抽象行政行为受案范围的排除也与《行政诉讼法》第2条赋予行政相对人之诉权的法理，以及第53条附带审查的立法规定相悖。透过这几个立法条文，我们可以清晰地看到立法文本之间以及立法和法理之间的不协调与脱节。

第二，根据《行政复议法》第6条、第7条对可复议事项的立法精神，行政规范性文件的附带审查也可遵循先打开受案范围，再决定要建构间接审查程序还是直接审查程序的思路，[1]如此以更好地促进行政救济制度之间的相互补充和彼此衔接。此外，排除受案范围的立法规定也与长久以来理论界对抽象行政行为包括行政规章、行政法规之司法审查的普遍共

---

〔1〕　张春生主编：《中华人民共和国行政复议法释义》，法律出版社1999年版，第3~5页。

识不符。

第三，如何理解现行附带审查制度，如何对相关规定具体落实与操作等问题目前还普遍困扰着实务中的司法工作人员。《行政诉讼法》第 13 条对行政规范性文件受案范围的排除一定程度上不利于第 53 条附带审查规定的落实。因为，得不到司法审查的程序保障，换言之，尚未明确具体保障机制的司法监督可能会遭遇如程序的公开性和正当性的质疑以及审查强度等难题。如此，又怎能苛求法院对政府行政行为更有力的监督、对相对人更充分的救济呢？可以说，受案范围是建构直接审查程序、完善保障机制并提高审查强度的基础。

二、受案范围的解决是附带审查有效运行的关键

我国《宪法》第 41 条规定了受到国家侵害之公民的救济途径。同时，宪法对有关国家机关作出必须查清事实，负责处理的规定。[1]为推动《宪法》的实施，1989 年 4 月 4 日，第七届全国人大第二次会议通过了《行政诉讼法》，由此创设了人民法院通过审查行政机关行政行为合法性的方式，监督行政机关依法行使职权的行政诉讼制度，而将行政规范性文件纳入司法审查的受案范围，不但对更深层次的权利保护与权力监督意义重大，而且是助力附带审查制度良好、有效运行的关键。

第一，打开受案范围是实现司法审查视角下行政规范性文件内涵与范围合理化探讨的基础。否则，不可能触及司法审查程序的行政规范性文件，其基本理论及具体制度的研究和建构也将无以展开。

第二，没有受案范围，就不可能触及司法权对行政规范性文件这一行政权运行方式的审查强度问题。于此，如何保障没有区分审查强度的个案能对公民的不同权益和诉求给予切实到位的救济呢？

第三，取消《行政诉讼法》第 13 条第 2 项的排除规定是与《行政复议法》第 7 条允许对"规定"进行复议制度相衔接的要求。此外，《行政

---

〔1〕　吉敏丽、李浩栋："论地方立法质量跟踪评估的启动机制"，载《云南大学学报（法学版）》2011 年第 3 期。

复议法》第 7 条和第 26 条只是建立了对"规定"进行复议审查的雏形。这种不经过行政复议程序，而由申请人提起对"规定"的附带审查，再由行政机关对"规定"直接或者转交有权机关"处理"的方式太过模糊。可以说，缺乏具体制度创设的行政间接审查制度很难具有实际的效果。如果多年后的行政诉讼制度对此没有创新，仍承袭复议制度的老路，那么，《行政诉讼法》规定的行政规范性文件附带审查制度的意义又将如何？因此，打开行政诉讼受案范围，继而积极建构行政规范性文件司法审查的直接程序就成为行政诉讼制度突破困难、取得进展的关键。反过来，这也有助于对"规定"的行政间接附带审查程序的促进和完善。

三、未来修法需要完成的历史重任

在论证打开受案范围的正当性及其对附带审查有效运行的过程中，我们进一步了解到受案范围对审查强度和司法审查保障机制建构的意义。笔者认为，首先，打开受案范围须从落实诉权规定开始。亦即将《行政诉讼法》第 2 条关于诉权的规定中"行政行为"之内涵明确扩展至行政规范性文件。以此，在助力《行政诉讼法》扩大行政诉讼适用范围之修法目的落实的同时，从立法上解决司法实务中法院继续借"具体行政行为"这一概念排除本应受理事项的问题。其次，未来《行政诉讼法》的修改还应当取消第 13 条规定中有关行政规范性文件的内容。同时，将违法行政规范性文件造成具体行政行为侵害公民合法权益的内容列入第 12 条"受案范围"的规定中。最后，对于管辖、审查标准及司法裁判等与行政规范性文件有关的立法内容，也应在《行政诉讼法》的下一次修改中得到完善。

第二节 研究基础：司法审查场域中的行政规范性文件

一、行政规范性文件的理论及文本梳理

凯尔森在分析政治理论不能令人满意的现象时指出，"不同作者以同一名义对待不同的问题，甚至同一作者不自觉地在几个意义上使用着同一

个词"[1]是产生此问题的主要原因。所以，交代本书研究的基础——司法审查视野下的行政规范性文件至关重要。

（一）学理上的见解

理论上，行政规范性文件是具有行政主体资格的行政机关及授权组织为实施法律、执行政策而制定的，除行政法规、行政规章以外的普遍性规则的总称。它虽然没有法源地位，但对转型期的我国而言，基于政府治理面临的诸多新问题、新现象，考虑到立法程序的繁复性和安定性，以及我国政治、经济、文化发展的地区差异等因素，行政规范性文件不仅有助于发挥地方政府的创新性和积极性，帮助各级政府采取灵活多样的方式进行管理，它还可以为落实国家法律制定实施细则或变通规定，以使地方治理可以因时因地而发。此外，它也可以对国家法律的某些欠缺或原则之处给予补充和细化。相比行政立法的滞后性，面对日新月异的社会生活，行政规范性文件有利于行政机关及时适应形势变更，作出调整，以解决行政管理出现的新情况。[2]具体到行政规范性文件的概念，学界较权威的认定主要有以下几种。

（1）行政规范性文件是指行政机关制定、发布的行政法规、规章和其他具有普遍约束力的决定、命令的总称。其中，法规、规章为行政立法类抽象行政行为，后者即其他具有普遍约束力的决定、命令则只是普通的抽象行政行为。[3]

该观点的名称与本书所秉持的观点一致。一方面，它表达了该种行为是具有普遍效力并反复适用的"规范性"特征。另一方面，它指明了该种行为所作用的领域在行政权运行的范畴而非司法也非立法中。但不同的是，该观点还将行政法规、规章这种一般被视为行政立法的抽象行政行为包括在内。

---

〔1〕［奥］凯尔森：《法与国家的一般理论》，沈宗灵译，商务印书馆2013年版，第269页。

〔2〕何永红：《现代行政法》，浙江大学出版社2014年，第183~184页。

〔3〕肖蔚云、姜明安主编：《北京大学法学百科全书（宪法学行政法学）》，北京大学出版社1999年版，第572页；高一飞："警务公开的现状评估与完善建议"，载《贵州民族大学学报（哲学社会科学版）》2016年第5期。

（2）还有一种观点将抽象行政行为区分为"行政立法"和"其他行政规范性文件"。前者指称的是行政机关制定的行政法规和行政规章，后者则指没有行政法规、行政规章制定权的国家行政机关为实施法律、法规和规章而制定的具有普遍约束力的决定、命令、行政措施等。[1]

这一观点在名称上将抽象行政行为细化、区分为"行政立法"与"其他行政规范性文件"。本书所指的"行政规范性文件"属于后者。本书认为既然《立法法》已对行政立法活动给予专门命名，那么除此以外的抽象行政行为直接以"行政规范性文件"称谓更为简洁，也清楚明了。另外，该观点将享有法规规章制定权的主体排除在外，大大限缩了行政规范性文件在理论形态和实务形态中的范围。这与我国《宪法》第89条、第90条、第107条，以及《组织法》第59条言明的——国务院、各部、各委员会、县级以上地方各级人民政府，制作、发布决定、命令、行政措施等——规定不符。此外，这样的限定也与本书所主张的将各种虽不典型但已对公民权利义务产生实质影响的行政规范性文件纳入司法审查，以充分救济公民权利的观点有异。

（3）作为较早从行政法学角度研究本书所指称的"行政规范性文件"的专门性著作，叶必丰教授和周佑勇教授所著的《行政规范研究》一书认为：行政规范是为实施法律和执行政策，各级各类国家行政机关在法定权限内制定的，除行政法规和规章外具有约束力和规范体式的决定、命令等的总称。[2]

此名称可谓宽泛，然而其显著性欠缺。从命名看，可能会令人望文生义地联想到行政法领域的所有抽象行政行为，当然也可以被理解为其中的一部分。所以，该种称谓在指代上并不十分清楚。但在行政规范性文件制定主体的范畴上，该种分析则更为贴近现行法律的规定与执法实际。

综上，学界对行政规范性文件虽存在见仁见智的认识，但共识多于差异。

（1）相比行政立法行为，行政规范性文件的制定主体是最广泛的。可

---

〔1〕 应松年主编：《行政诉讼法学》，中国政法大学出版社2015年版，第261页。

〔2〕 叶必丰、周佑勇：《行政规范研究》，法律出版社2002年版，第33~34页。

以说，从国务院到乡镇人民政府等各级各类国家行政机关都是行政规范性文件的制定主体。而有权制定行政法规、行政规章的主体却属少数。

（2）行政规范性文件的效力级别与制定主体的级别相对应。因我国行政体制的层级多，在省级人民政府下面还分别有副省级、地市级、县级和乡镇级人民政府。而每一级政府都有制定各类行政规范性文件的资格，我国的行政规范性文件在效力上也体现为多层级且比较复杂的特征。因此，下级行政规范性文件的内容不得与上级行政规范性文件相抵触。

（3）行政规范性文件是对一定社会关系进行调整的。它旨在为不特定的人或事提供一种可以反复适用的普遍性行为准则，因而具有规范性。但在我国的法理和法律中，它并不属于法的正式渊源。相较行政立法而言，它的规范性程度最低。

（4）在制定依据、主要内容和程序上，行政规范性文件主要受《党政机关公文处理工作条例》规制。而行政立法的程序则严格受到《立法法》等法律规范的规定。具体内容及相关评析详见表4。[1]

表4 行政立法与行政规范性文件的对比和分析

比较项	行政法规和规章	行政规范性文件
制定依据	因其在内容上的重要性，由《立法法》《行政法规制定程序条例》《规章制定程序条例》加以规定	（1）主要由2012年发布并实施的《党政机关公文处理工作条例》规定。（2）自2002年《法规规章备案条例》实施以来，地方各级人民政府依据其第9条规定创设行政规范性文件备案审查的现象蔚然成风。（3）党和政府的重要会议和文件如党的十八届三中全会、四中全会以及《国务院办公厅关于全面推行行政规范性文件合法性审核机制的指导意见》（国办发〔2018〕115号）

---

［1］ 图表内容系笔者对《立法法》《行政法规制定程序条例》《规章制定程序条例》《党政机关公文处理工作条例》的规定整理而来。同时参见程琥："新《行政诉讼法》中规范性文件附带审查制度研究"，载《法律适用》2015年第7期。

比较项	行政法规和规章	行政规范性文件
主要内容及相关评析	《法规规章备案条例》第2条详细规定了备案法规、规章的具体范围。 第3条规定了完整细致的备案程序：包括报送备案的主体、备案内容、负责备案工作的主体。 第7条分别给予备案登记、不予备案登记、暂缓办理备案登记的处理规定。 第10条明确规定了国务院法制机构对是否超越权限等法规、规章的审查事项。 《规章制定程序条例》第2条规定了条例适用的范围，并明确不依照该条例制定的规章无效的法律后果。 第10条、第11条对报送制定规章之立项申请作出具体要求，如对拟确立的主要制度作出说明等。 第14条赋予规章起草主体邀请或委托相关专家、组织参加或起草的权利。 第15条规定了听取意见的多种形式，如书面、听证、论证或座谈等	《党政机关公文处理工作条例》主要是对行政规范性文件制作格式等形式性、技术性的规定，没有制作主体、权限、内容、程序、制定行政规范性文件依据的事实等方面的要求或限制，是非实质、非内容性规定，如， 第8条明确了决议、决定、命令、公报、通知、意见等公文种类。 第9条则是对公文发文字号、标题、紧急程度以及成文日期、页码等格式的规定。 第19条虽然规定了公文起草应当符合党的路线方针以及国家法律，所提出的措施应从实际出发、实事求是，内容要简洁、结构应严谨，有调查有研究并听取意见等，但规定过于原则，极容易流于形式。 第20条虽然规定了公文文稿签发前要进行诸如行文理由、依据是否充分正确，内容是否合法合规，是否经过充分协商以及格式是否规范等审核。但审核的标准仍旧原则性强而操作性差。 第六章则具体规定了公文办理即收文办理、发文办理和整理归档的流程。 第七章是对公文管理的规定。 可见，《党政机关公文处理工作条例》并没有内容上或程序上是否合法、科学等实质性的约束和评判标准。它主要是对公文种类、格式、行文规则以及公文的收发管理等的形式化规定

比较项	行政法规和规章	行政规范性文件
特殊程序要求	目前，关于行政立法的程序要求在《立法法》等相关法律规范中已有专门规定。所以，行政法规和规章应遵循更为严格和特殊的立法程序，如需要经过听证会、会议讨论通过；行政立法内容必须公布以便公众的遵守等	以往，行政规范性文件一般由行政首长批准通过即可，不对外公开。一般下达或发送给有关部门和一定范围的公众或在报刊上登载一则消息。 近年来，虽然关于行政规范性文件的制定在《党政机关公文处理工作条例》中也只是简单提及，对行政规范性文件的制定程序也并没有作出具体的规范。但自2002年《法规章备案条例》实施以来，地方各级人民政府依据其第9条——可以行政规范性文件与上位法抵触为由向国务院提出书面审查建议的规定，创设行政规范性文件备案审查的现象盛行。对于制定程序问题，目前只是缺乏权威而高层次的统一规范，各地各机关往往各行其是。 如今，行政规范性文件备案审查的制度建设已成为党中央国务院全面深化改革、推进依法治国的一项重要举措。2010年《国务院关于加强法治政府建设的意见》（已失效）要求对行政相对人权益产生直接影响的行政规范性文件，要公开征求意见、进行合法性审查和集体讨论，否则不得发布实施。《国务院办公厅关于全面推行行政规范性文件合法性审核机制的指导意见》（国办发〔2018〕115号）进一步明确了规范性文件合法性审核的范围、主体、程序、职责和责任等制度内容

（二）实定法上的规定

1.《宪法》的相关规定

《宪法》第89条第1项规定了国务院主体依法所规定与发布的是"行政措施""决定""命令"。第90条第2款规定了各部、各委员会依法发布的是"命令""指示""规章"。第107条规定了县级以上各级人民政府主体所依法发布的是"决定""命令"，并要求乡、民族乡、镇的人民政府负责执行本级人民代表大会的决议和上级国家行政机关的决定和命令。

可知，在名称上，我国《宪法》主要称之为"行政措施""决定""命令"。

2. 《组织法》的相关规定

《组织法》第59条第1项规定了县级以上各级人民政府这个主体所依法规定的是"行政措施""决定""命令"。可知，无论是名称还是制作、发布的主体，《组织法》与《宪法》的相关规定高度一致，并无太大不同。

3. 《行政复议法》的相关规定

《行政复议法》第7条第1款赋予公民、法人或者其他组织对国务院部门、县级以上各级人民政府及其工作部门，以及乡镇人民政府制定发布的"规定"的行政附带审查制度。可知，《行政复议法》不仅在称谓上与前者不同，在行政规范性文件的范围上也将国务院制定发布的文件排除在外。

4. 《行政诉讼法》的相关规定

《行政诉讼法》第13条第2项将抽象行政行为排除于人民法院的受案范围，并将本书所指的行政规范性文件称为"具有普遍约束力的决定、命令"。在制定主体上，《行政诉讼法》也将其定位于"行政机关"。而该法第53条则在附带审查的规定中将行政规范性文件指称为"规范性文件"，并在范围上排除了国务院所制定发布的规范性文件即规章的情形。

可知，在同一部法律规范《行政诉讼法》中，行政规范性文件的称谓也并不一致。另外，与《行政复议法》相同的是，其监督或救济的范围也排除了国务院所制定和发布的行政规范性文件。

综上，从高位阶的宪法、法律角度看，在行政规范性文件的范围和制作主体上，法律文本的规定和学界的主流认识基本一致。在范围上，它们都是指除行政立法以外的抽象行政行为。在制作主体上，它们都指向了各级各类国家行政机关。不同的是，宪法及相关法律对行政规范性文件的表述可谓五花八门。且从行政监督、救济的视角看，受到司法机关和复议机关审查的行政规范性文件不包括国务院层级的文件，见表5。

表 5　宪法、法律的相关规定

法规范名称	表述	制定主体/受监督范围
《宪法》	规定行政措施、发布决定、命令或指示	国务院及其各部委、县级以上各级人民政府
《组织法》	规定行政措施、发布决定和命令	县级以上各级人民政府
《行政复议法》	具体行政行为所依据的规定	国务院部门、县级以上各级人民政府及其工作部门、乡镇人民政府
《行政诉讼法》	具有普遍约束力的决定、命令或规范性文件	国务院部门和地方人民政府及其部门制定的规范性文件

5. 地方政府规章及规范性文件的相关规定及现实概况

上文是从宪法、法律的层面来分析行政规范性文件的。但这不足以刻画其在我国的实际样貌。于此，为全面而清晰地描述我国各地对行政规范性文件的认识和界定，笔者对实践中大量存在的、地方行政机关制定的规章及规范性文件给予筛选和整理，并将有关行政规范性文件界定的核心法条的内容在表 6 中给予列举。笔者发现：一是，在许多较新的省级人民政府、直辖市人民政府和省会城市制定的规章和规范性文件中，"行政规范性文件"的名称得到了普遍认可。二是，在学理范围上，地方政府规章和规范性文件的界定与高层次法律规定及学界的普遍认识一致，都是指规章之外的抽象行政行为。三是，在需要备案的范围上则区分为行政机关类行政规范性文件的备案，如北京市人民政府、上海市人民政府、乌鲁木齐市人民政府等相关规定。此外还包括对法律法规或规章授权组织类行政规范性文件的备案，如重庆市人民政府、天津市人民政府、浙江省人民政府、广州市人民政府、成都市人民政府、四川省人民政府、湖北省人民政府、青海省人民政府、甘肃省人民政府等相关规定。四是，在具体的备案范围上，各地做法并不一致，如北京市人民政府制定的行政规范性文件并不在备案规定中。而湖北省人民政府则要求本省各级人民政府，县级以上人民政府工作部门、法律法规授权实施公共管理的组织所制定的行政规范性文件都要备案。同时，对于制定机关是否以自己名义、行政规范性文件是否公开发布以及是否在"一定期限内"反复适用等情况，各地的规定也各不相同。此外，本书还通过表7对行政规范性文件制定主体多、涉及领域广泛庞杂、内容规定细致具体等实况给予反映。从中我们可以体会到：行政规范性文件的足迹遍布于国家的大政方针及公民生活的方方面面，并在其中发挥着直接而强大的作用。

表6　地方政府规章的相关规定

序号	实施日期	发布部门	文件名	行政规范性文件的内容要点
1	2019.12.01	天津市人民政府	《天津市行政规范性文件管理规定》	第2条 名称：行政规范性文件
				范围：除市人民政府规章外，由本市行政机关或者经法律、法规、规章授权的具有管理公共事务职能的组织依照法定权限、程序制定并公开发布，涉及公民、法人和其他组织权利义务，具有普遍约束力，在一定期限内反复适用的公文
				制定主体：本市行政机关或者经法律、法规、规章授权的具有管理公共事务职能的组织
2	2019.11.14	广州市人民政府	《广州市行政规范性文件管理规定》	第2条 名称：行政规范性文件
				范围：政府及其职能部门和法律、法规授权的具有管理公共事务职能的组织，根据法律、法规、规章和上级政府的命令、决定，依据法定职权和程序制定并公开发布的，涉及公民、法人和其他组织的权利、义务，在一定时期内反复适用，在所管辖区域内具有普遍约束力的文件

续表

序号	实施日期	发布部门	文件名	行政规范性文件的内容要点
2	2019.11.14	广州市人民政府	《广州市行政规范性文件管理规定》	制定主体：政府及其职能部门和法律、法规授权的具有管理公共事务职能的组织
3	2019.11.01	重庆市人民政府	《重庆市行政规范性文件管理办法》	第3条 名称：行政规范性文件
				范围：除政府规章外，由行政机关或者经法律、法规授权的具有管理公共事务职能的组织，依照法定权限、程序制定并公开发布，涉及公民、法人或者其他组织权利义务，具有普遍约束力，在一定期限内反复适用的公文
				制定主体：行政机关或经法律、法规授权的具有管理公共事务职能的组织
4	2019.08.01	上海市人民政府	《上海市行政规范性文件管理规定》	第2条 名称：行政规范性文件
				范围：除政府规章外，由行政机关依照法定权限、程序制定并公开发布，涉及公民、法人和其他组织权利义务，具有普遍约束力，在一定期限内可以反复适用的公文。行政机关内部执行的管理规范、工作制度等，不纳入规范性文件管理范围
				制定主体：行政机关

序号	实施日期	发布部门	文件名	行政规范性文件的内容要点
5	2019.07.11	贵阳市人民政府	《贵阳市行政规范性文件备案审查规定》	第2条 名称：行政规范性文件
				范围：各级人民政府和县级以上人民政府所属部门（包括工作部门、直属机构、办事机构、派出机关、法律法规授权管理公共事务的组织）依照法定职权和程序制定的、涉及管理相对人权利义务、具有普遍约束力、规范行政管理事务的各种文件
				制定主体：各级人民政府和县级以上人民政府所属部门（包括工作部门、直属机构、办事机构、派出机关、法律法规授权管理公共事务的组织）
6	2019.02.01	浙江省人民政府	《浙江省行政规范性文件管理办法》	第3条 名称：行政规范性文件
				范围：除政府规章外，由行政机关或者经法律、法规授权的具有管理公共事务职能的组织依照法定权限、程序制定并公开发布，涉及公民、法人或者其他组织权利义务，在本行政区域内具有普遍约束力，在一定时期内反复适用的公文
				制定主体：行政机关或者经法律、法规授权的具有管理公共事务职能的组织

续表

序号	实施日期	发布部门	文件名	行政规范性文件的内容要点
7	2019.01.01	武汉市人民政府	《武汉市行政规范性文件管理办法》	第2条 名称：行政规范性文件
				范围：除政府规章外，由本市各级人民政府（含开发区、风景区管委会，街道办事处），市、区人民政府工作部门或者法律、法规授权的具有管理公共事务职能的组织，依照法定权限、程序制定并公开发布，涉及公民、法人和其他组织权利义务，具有普遍约束力，在一定期限内反复适用的公文
				制定主体：本市各级人民政府（含开发区、风景区管委会，街道办事处），市、区人民政府工作部门或者法律、法规授权的具有管理公共事务职能的组织
8	2018.06.01	石家庄市人民政府	《石家庄市行政规范性文件管理规定》	第2条 名称：行政规范性文件
				范围：除政府规章外，行政机关及其法律、法规授权的具有管理公共事务职能的组织，依据法定权限和程序制定的，涉及公民、法人或者其他组织权利和义务，具有普遍约束力，在一定期限内反复适用并公开发布的文件
				制定主体：行政机关及其法律、法规授权的具有管理公共事务职能的组织

续表

序号	实施日期	发布部门	文件名	行政规范性文件的内容要点
9	2018.03.01	四川省人民政府	《四川省行政规范性文件管理办法》	第2条 名称：行政规范性文件
				范围：除政府规章外，行政机关和法律、法规、规章授权管理公共事务的组织依照法定权限和程序制定的，涉及公民、法人或者其他组织权利义务，公开发布并在一定期限内反复适用的，具有普遍约束力的行政公文
				制定主体：行政机关和法律、法规、规章授权管理公共事务的组织
10	2017.01.01	南宁市人民政府	《南宁市行政规范性文件管理办法》	第2条 名称：行政规范性文件
				范围：除政府规章以外，行政机关以及法律、法规、规章授权的具有管理公共事务职能的组织制定的，涉及公民、法人和其他组织权利义务，具有普遍约束力并可以反复适用的文件
				制定主体：行政机关以及法律、法规、规章授权的具有管理公共事务职能的组织

续表

序号	实施日期	发布部门	文件名	行政规范性文件的内容要点
11	2016.07.01	北京市人民政府	《北京市行政规范性文件备案规定》	第2条 名称：行政规范性文件
				范围：市人民政府工作部门、区人民政府及其工作部门、乡镇人民政府制定的，涉及公民、法人和其他组织权利和义务，具有普遍约束力的文件，不包括制定机关的内部工作制度、人事任免决定等不对外公布的文件
				制定主体：市人民政府工作部门、区人民政府及其工作部门、乡镇人民政府
12	2015.09.01	甘肃省人民政府	《甘肃省行政规范性文件管理办法》	第2条 名称：行政规范性文件
				范围：除政府规章外，本省各级人民政府及其所属工作部门、有关机构、中央在甘有关单位和法律、法规授权管理公共事务的组织，依据法定权限和程序制定的涉及行政管理相对人权利义务、具有普遍约束力的文件
				制定主体：本省各级人民政府及其所属工作部门、有关机构、中央在甘有关单位和法律、法规授权管理公共事务的组织

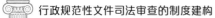

续表

序号	实施日期	发布部门	文件名	行政规范性文件的内容要点
13	2015.03.01	湖北省人民政府	《湖北省行政规范性文件管理办法》	第2条 名称：行政规范性文件
				范围：除政府规章以外，由本省各级人民政府，县级以上人民政府工作部门、法律法规授权实施公共管理的组织，依照法定权限和程序制定的，涉及公民、法人和其他组织权利义务，具有普遍约束力，在一定期限内反复适用的公文
				制定主体：本省各级人民政府，县级以上人民政府工作部门、法律法规授权实施公共管理的组织
14	2015.03.01	西宁市人民政府	《西宁市行政规范性文件制定和备案办法》	第2条 名称：行政规范性文件
				范围：行政机关和法律法规授权的组织制定的，涉及公民、法人或者其他组织权利义务，在一定期限内可以反复适用，具有普遍约束力的文件
				制定主体：行政机关和法律法规授权的组织
15	2014.03.01	青海省人民政府	《青海省行政规范性文件制定和备案办法》	第2条 名称：行政规范性文件
				范围：除政府规章外，行政机关和法律法规授权的组织制定的，涉及公民、法人或者其他组织权利义务，在一定期限内反复适用，具有普遍约束力的文件
				制定主体：行政机关和法律法规授权的组织

序号	实施日期	发布部门	文件名	行政规范性文件的内容要点
16	2012.06.01	太原市人民政府	《太原市行政规范性文件管理办法》	第2条 名称：行政规范性文件
				范围：市、县（市、区）人民政府及其工作部门和派出机关、法律法规授权的具有管理公共事务职能的组织在法定职权范围内依法定程序制定并公开发布的涉及公民、法人或者其他组织权利义务，具有普遍约束力，在一定期限内反复适用的文件
				制定主体：市、县（市、区）人民政府及其工作部门和派出机关、法律法规授权的具有管理公共事务职能的组织
17	2010.02.01	成都市人民政府	《成都市行政规范性文件管理规定》	第2条 名称：行政规范性文件
				范围：除政府规章外，行政机关和法律、法规、规章授权组织制定，涉及公民、法人或其他组织权利义务，在一定时期内反复适用，具有普遍约束力的行政公文
				制定主体：行政机关和法律、法规、规章授权组织

续表

序号	实施日期	发布部门	文件名	行政规范性文件的内容要点
18	2006.08.10	乌鲁木齐市人民政府	《乌鲁木齐市行政规范性文件管理规定》	第3条 名称：行政规范性文件
				范围：政府及其工作部门、直属机构根据法律、法规、规章和上级政府的命令、决定，依据法定职权和程序制定公布的，涉及公民、法人和其他组织权利、义务，在一定时期内反复适用，在所管辖区域内具有普遍约束力的文件
				制定主体：政府及其工作部门、直属机构

至于以地方规范性文件身份出现的行政规范性文件则数不胜数，如表7。

表7　地方规范性文件的相关规定列举

北京市人民政府法制办公室发布的 《2015年12月市人民政府备案登记的行政规范性文件目录》部分内容		
序号	报送备案的单位	关涉的领域（通过文件名称反映）
1	北京市安全生产监督管理局	《北京市安全生产监督管理局关于修订烟花爆竹经营许可有关事项的通知》
2	北京市发展和改革委员会	《北京市新能源小客车公用充电设施投资建设管理办法（试行）》
3	北京市环境保护局	《北京市环境保护局　北京市交通委北京市公安局公安交通管理局关于对黄标车采取交通管理措施的通告》

续表

	北京市人民政府法制办公室发布的《2015年12月市人民政府备案登记的行政规范性文件目录》部分内容	
序号	报送备案的单位	关涉的领域（通过文件名称反映）
4	北京市食品药品监督管理局	北京市食品药品监督管理局关于印发《北京市食品经营许可管理办法（暂行）》的通知
5	北京市民政局	《北京市民政局　北京市财政局　北京市卫生和计划生育委员会　北京市残疾人联合会关于促进家庭寄养儿童转收养工作的意见》等
6	北京市卫生和计划生育委员会	北京市卫生计生委关于印发《北京市卫生计生行政处罚裁量规则》和《北京市卫生计生行政处罚裁量细则》的通知
7	北京市文化局	北京市文化局关于印发《北京市惠民低价票演出补贴项目管理办法》的通知
8	北京市住房和城乡建设委员会	《北京市住房和城乡建设委员会关于进一步加强住宅工程预拌混凝土使用质量管理的通知》
9	中关村科技园区管理委员会	关于印发《中关村国家自主创新示范区企业改制上市和并购支持资金管理办法》的通知等
	2020年上海市教育委员会发布的《上海市教育委员会现行有效行政规范性文件目录》部分内容	
1	上海市教育委员会	《上海市〈教师资格条例〉实施细则》
2	上海市教育委员会、上海市物价局、上海市财政局	《关于上海市中等职业学校实行学分制收费的通知》
3	上海市教育委员会、上海市财政局	《上海市外国留学生政府奖学金管理办法》
4	上海市教育委员会	《上海市高校学生海外学习、实习项目管理办法》

续表

2020 年上海市教育委员会发布的《上海市教育委员会现行有效行政规范性文件目录》部分内容		
序号	报送备案的单位	关涉的领域（通过文件名称反映）
5	上海市教育委员会	《关于非师范毕业生和本市师范毕业生到中小学任教有关待遇处理意见的通知》
6	上海市教育委员会等四部门	《上海市家庭经济困难学生认定工作实施意见》
广州市人民政府法制办公室发布的《我市 2008 年度部门行政规范性文件目录》部分内容		
1	广州市发展和改革委员会	《广州市优先发展的高新技术产业化重点领域指南（2008—2010）》等
2	广州市经济贸易委员会	《广州市民爆生产销售行业事故风险隐患排查标准与治理办法》
3	广州市科学技术局	《广州市科学技术局 广州市经济贸易委员会 广州市国家税务局 广州市地方税务局关于企业研究开发费税前扣除管理试行办法的实施细则》
4	广州市公安局	《关于规范桑拿按摩服务场所经营管理工作的通告》《广州市公安局交通警察支队关于对第 103 届广交会期间临时交通管制的通告》《广州市公安局交通警察支队关于 2008 年广州迎春花市期间临时交通管制的通告》等
5	广州市民政局	《广州市社区居家养老服务实施办法》《广州市社区社会组织管理试行办法》
6	广州市财政局	《广州白云国际机场货运航线财政补贴专项资金管理暂行办法》等
7	广州市劳动和社会保障局	《广州市劳动用工备案和就业失业登记办法》《广州市城镇居民基本医疗保险实施细则》《关于广州市农转居人员参加医疗保险有关问题的通知》等

续表

广州市人民政府法制办公室发布的《我市 2008 年度部门行政规范性文件目录》部分内容		
序号	报送备案的单位	关涉的领域（通过文件名称反映）
8	广州市国土资源和房屋管理局	《广州市房地产开发项目车位和车库租售管理规定》
9	广州市建设委员会	《关于进一步在我市建设领域工作中推进新技术新材料新工艺新产品新设备应用的若干意见》等
10	广州市交通委员会	《关于贯彻加强道路运输车辆二级维护管理工作的通知》《广州市公共汽车电车行业管理考评办法》《广州市客车租赁管理暂行办法》《广州市机动车维修企业安全生产管理规范》等
11	广州市水务局	《关于划定广州市市管河道 2008 年度河道采砂禁采区的公告》等
12	广州市文化局	《关于落实连锁网吧属地管理的通知》等
13	广州市环境保护局	《广州市在用机动车排放污染物检测机构建设指南》《关于对外地籍号牌汽车核发环保标志的通告》《关于逐步限制高排放（高污染）汽车通行的通告》
14	广州市城市规划局	《关于统一违法建设行政处罚造价认定标准的通知》等
15	广州市市容环境卫生局	《广州市收取城市生活垃圾处理费实施细则》
16	广州市物价局	《关于完善我市车用液化石油气价格管理问题的通知》《关于自行车停放保管服务收费不再纳入政府定价或政府指导价管理的通知》《关于规范我市农村清洁卫生费有关问题的通知》等

续表

广州市人民政府法制办公室发布的《我市 2008 年度部门行政规范性文件目录》部分内容		
序号	报送备案的单位	关涉的领域（通过文件名称反映）
17	广州市食品药品监督管理局	《关于印发〈广州市食品药品监督管理局公布生产经营者违法行为情况实施办法〉的通知》
18	广州市安全生产监督管理局	《关于印发〈广州市危险化学品建设项目安全许可和试生产（使用）方案备案工作细则〉的通知》
19	广州市旅游局	《广州市旅游景区评定工作暂行管理办法》
20	广州市红十字会	《广州市志愿捐献遗体管理办法》

二、司法审查场域中的行政规范性文件

黑格尔说："按照形式的、非哲学的科学方法，首先一件事就是寻求和要求定义，这至少是为了要科学的外观的缘故。"[1]行政规范性文件司法审查制度的探微也离不开对"行政规范性文件"这个研究基础的阐释。何况，司法审查场域中行政规范性文件的准确定位及由此展开的司法监督不仅直接影响着行政审判的正确性，而且，更是一个关乎行政权与司法权关系能否得到妥当处理的问题。[2]

（一）理论界定

通过上文从学理与文本规定的分析和梳理可知，不同视角下的行政规范性文件在名称、范围、制定主体等方面也有不同。可以说，行政规范性文件的概念和识别目前并没有统一的界定和标准。[3]笔者认为，由于不同背景、立场和目的等缘由，行政规范性文件展现出不同面相的情况实属正

---

〔1〕 ［德］黑格尔：《法哲学原理》，范扬、张企泰译，商务印书馆 2010 年版，第 2 页。

〔2〕 董皞："论行政审判对行政规范的审查与适用"，载《中国法学》2000 年第 5 期。

〔3〕 程琥："新《行政诉讼法》中规范性文件附带审查制度研究"，载《法律适用》2015 年第 7 期。

常。需要商榷的反倒是那种期望对行政规范性文件这一概念简单化认定的"一刀切"态度。

从学界的主流观点和域外一些国家的经验来看，抽象行政行为接受司法审查是一个必然的发展趋势。然而，从社会学意义上的"制度现状"，特别是我国现行法秩序下的法院地位看，不可避免地会涉及对行政规范性文件司法审查范围和强度的制约。于此，结合保障人权与监督行政机关依法行政的行政诉讼目的，笔者将司法审查视野下的行政规范性文件界定为：为使法律和政策得以落实而由行政机关依法制定的，除行政立法以外的对公民、法人或其他组织权利义务产生实质影响且具有普遍约束力的行政规范。

（二）实践效力

在隶属关系明确的行政系统里，通过层层指示和命令，行政规范性文件往往成为沟通法律规范和执法任务的桥梁。没有上级指令，下级行政机关及工作人员往往无所适从。正如作家朱建国先生的精彩描述："这天一上班，镇政府的所有干部都抱头痛哭，原因是他们已经8个月没有接到上级的'红头文件'了。没有了'红头文件'，大家就像没有主心骨一样无所适从——下面的工作该怎么做？"〔1〕行政规范性文件就是此处被奉为圭臬的"红头文件"中的一个重要种类。

作为非立法文件，一方面，行政规范性文件在我国规范性文件体系中效力级别最低，它不得违背规章及上级政府规范性文件的规定。但另一方面，它却是具体执法机关和执法人员的指令，具有较高效力。它是对法律一般性规定的具体化。一定程度上，执行行政规范性文件其实就是在执行"法律"。

（三）具体内涵

1. 行政规范性文件的名称

为避免认识的混乱，科学而具有共识的称谓必不可少。笔者认为：第一，实定法中的"行政措施""决定""命令""规定"等都只是一种规则

---

〔1〕　林倩："行政规定与法律冲突表现及原因分析"，华东政法学院2004年硕士学位论文。

现象的表现，是具体的名称，而非抽象和高度概括了的科学范畴。第二，至于"行政规范"和包含行政法规、行政规章的"行政规范性文件"因其在学名或范围上并未得到行政法学界的普遍认同而在本书中不再讨论。第三，既然《立法法》已将行政立法明确区分为行政法规和规章，那么，具有普遍约束力的规定和命令就没必要用"其他"二字。直接以体现适用领域的、表明行政行为性质的行政规范性文件称谓即可。第四，从全国范围内、长期以来各地政府规章和规范性文件的规定看，"行政规范性文件"已得到普遍认可，如表6、表7所示。

2. 行政规范性文件的法律属性

从法律属性看，行政规范性文件是个既简单又复杂的问题。简单之处在于无论是学界还是实务界，普遍存在将它理所当然地排除于法源序列之外的做法。但问题在于，从法或法律所具有的最大特点即规范性的角度看，行政规范性文件往往与法源中的行政规章难以区分。诚如经济学家张维迎教授所言："中国每个部门都有几乎不受限制的立法权，不叫法律，但实际上和法律所起的作用一样。"但因行政规范性文件的性质如何是一个已经关涉法院能否对其审查及审查强度的问题，我们就需要从决定它法律效果的行政规范体系对其进行定位分析。

从形式标准看，无论是制定主体、制定程序还是在文字表述上，地方政府规章与行政规范性文件存在许多重合性、相似性。[1]只是因为行政规范性文件不具有行政法规、规章的法形式而被视作非立法性行政机关文件。然而，从行政规范性文件的实际作用和功能看，它与行政立法中的行政规章并无实质区别。日本行政法学界的主流观点将这种类似于法规范的、有关私人权利义务的行政规范性文件视作法规命令。世界上许多国家对法的认定也并未停留于形式化的标准，而主要是从实质内容对法规范展开界定。目前，我国这种形式标准下的法规范认识也面临着重要挑战。因为行政规范性文件和行政法规、行政规章的效力高低都是由制定主体在行

---

〔1〕 武芳："论地方政府规章和行政规范性文件的制定事项范围划分标准"，载《河北法学》2017年第7期。

政序列中的地位决定的。如行政法规因其制定主体在行政体制中的地位最高，由此在行政规范体系中也享有最高的地位。类似的情况还包括国务院级别的行政规范性文件效力要高于地方人民政府级别的行政规范性文件，甚至还要高过部委规章。所以，这种"行政职权——法律渊源"模式的形式标准并不能理所当然地推导出法律规范和非法律规范的区别。他们之间的不同也只有从制度形成史的角度才能给予合理解释。[1] 于此，从监督行政规范性文件的依法运行以保护公民的合法权益的行政诉讼视角出发，笔者认为我国也应当从实质标准出发，将那些虽不具有法规范外在形式但实际影响着相对人权利义务的所有行政规范性文件纳入审查监督的范畴。具体包括以下几种情形：第一，独立存在的部分具有法规范性质或法规命令性质的行政规范性文件，如没有行政立法权的地方政府，因行政活动需要有效、充足和必需的法律规范作为行为依据，因而采取以行政规范性文件的形式规定行政立法可以规范的内容。这种事实上发挥着法规命令应有功能的行政规范性文件的现象在我国非常普遍。第二，以混合方式存在的具有法源性质的行政规范性文件，如已对私人权利义务发生影响的解释性或裁量性行政规范性文件。第三，行政机关在行使处罚权、许可权等实践活动过程中自行创制的，关涉公民、法人或其他组织权利义务的行政规范性文件。

3. 制定主体——是否包括授权组织

《行政诉讼法》第 2 条第 2 款扩大了行政行为的实施主体范围。这与行政法学由国家行政向公共行政范式转化，以及单一行政机关向多元行政主体转变的理论潮流契合。特别是在国家职能不断向社会转移的民主趋势下，鉴于行政任务繁重、社会组织本身所具有的某方面公行政性质，以及人们对国家过度干预社会生活的批判，《行政诉讼法》赋予法律法规及规章授权组织更大的意义。但是在我国也存在如下问题。（1）被授权社会组

---

〔1〕　1989 年 4 月全国人民代表大会第二次会议通过了《行政诉讼法》，该法确认行政法规、地方性法规和规章为法律规范。这被认为法院以间接方式宣布了何种行政规范为法律规范。此后的《立法法》则明文规定了他们的法源地位。而这也在相当大程度上被行政法学界和实务部门普遍接受。参见朱芒："论行政规定的性质——从行政规范体系角度的定位"，载《中国法学》2003年第 1 期。

织本身存在数目庞大且总体不成熟的问题。（2）我国绝大多数法律规范只是规定了行政机关对行政规范性文件的制发资格。即便《行政诉讼法》第2条将行政行为的实施主体扩大至法律法规规章授权的组织，但第53条又明确将规范性文件的范围限定于国务院部门、地方人民政府及其部门。（3）从现行法对行政机关类行政规范性文件附带审查的效果看，目前也多停留于规范层面，离具体制度的有效运行还有很大距离，更遑论被授权组织制发的行政规范性文件之司法监督。（4）对比行政规范性文件的附带审查制度与涉诉具体行政行为在请求与受理、管辖法院、审查方式、标准以及处理方式等内容上可能存在的不同，未来被授权社会组织所制定的行政规范性文件是否宜适用同一程序，该问题值得我们继续思考。综上，出于对行政规范性文件司法审查具体制度的现实考量，笔者认为目前司法审查场域中的行政规范性文件宜排除授权组织制定发布的情形。

4. 制定主体——是否包括国务院

行政规范性文件是除行政立法以外的，由"地方人民政府及其部门制定的"[1]具有普遍性的规则。这一点在理论通说和法律文本中都已达成共识。从依法行政的行政法基本原则和"监督行政机关依法行使职权"的行政诉讼制度创设目的的角度看，国务院制定发布的行政规范性文件也应当纳入司法审查的场域。此外，2004年颁布实施的《全面推进依法行政实施纲要》也明确作出了行政机关在管理社会事务等方面依法履行管理职责并依法承担法律责任的"权责统一"的规定。这不仅是"有权必有责""用权受监督""违法受追究"的要求，[2]也是法治统一的需要。

然而，笔者认为，目前我国还不宜将国务院制定发布的行政规范性文件归类到司法审查的视野中。一方面，从《宪法》第90条第2款、《立法法》第71条的规定来看，部委规章规定的事项也是对国务院之决定、命

---

〔1〕 参见《行政诉讼法》第53条规定。

〔2〕 袁曙宏："建设法治政府的行动纲领——学习《全面推进依法行政实施纲要》的体会"，载《国家行政学院学报》2004年第3期；莫于川："市场经济发展引起的法律价值观变化与行政法回应——从行政法制民主化和注重运用条理法的视角"，载《河南财经政法大学学报》2012年第3期。

令的执行。如此，国务院级别的行政规范性文件在效力上还要高于部委规章。另一方面，国务院级别的行政规范性文件无论在程序上还是内容上都更为严格。它汇集了全国优秀的法学专家及实务工作者的宝贵智识，在质量上也更有保障。此外，即便对于一般的行政规范性文件进行直接审查的立法尝试，莫于川教授担心会因法院权威不足而导致其在实践中难以通行，反过来还给原本尚未完全建立起来的司法公信力以重大打击，[1]更何况是对在全国范围有效并高度专业、常关涉中央政策落实与执行的国务院级别的行政规范性文件的司法审查。

5. 范围——是否包括具有权利指向性质的部门内设机构及其他类型的内部行政规范性文件

现实中，地方法律规范一般会排除部门内设机构等非行政主体对行政规范性文件的制定资格。如 2019 年发布实施的《广州市行政规范性文件管理规定》第 5 条明确规定，临时性机构、部门内设机构及派出机构、议事协调及其办事机构以及不具有管理公共事务职能的组织不得制定行政规范性文件。再如 2018 年颁布且现行有效的《深圳市行政机关规范性文件管理规定》第 4 条第 1 款明确规定：市、区政府设立的议事协调机构及其办事机构，以及市政府工作部门的内设机构、派出机构，不得对外发布规范性文件。这类规定对公民合法权益与自由的维护意义重大。另外，实践中，还存在大量对行政主体及其工作人员负有解释法律规范和特定行政规范性文件，以达到正确理解、统一执行并对公务员作出明确行动指令的内部解释性或裁量基准性行政规范性文件。理论上，该类行政规范性文件只对行政系统内部的工作人员发生拘束力，不产生对外的法律效果。但在法律执行的实际层面，作为法律规范和具体行政行为枢纽的该种行政规范文件事实上存在着外部效果。[2]

然而，主要关注外部行政行为效果及权利救济的行政法，本质上是对

---

〔1〕　莫于川等："我国《行政诉讼法》的修改路向、修改要点和修改方案——关于修改《行政诉讼法》的中国人民大学专家建议稿"，载《河南财经政法大学学报》2012 年第 3 期。

〔2〕　[日] 盐野宏：《行政法》，杨建顺译，法律出版社 1999 年版，第 74~75 页。

行政权的规定和制约。[1]因此，行政行为的对象一旦指向权利的性质和对行政权的制约，就应当将所谓的"内部文件"视作"外部文件"给予司法审查和监督。[2]事实上，在行政规范性文件的审查问题上，我国实务部门也主要以其是否引发了相对人的权利义务之变化为区分标准的。有关名称和具体表现形式也并非法院是否介入的指针。[3]尤其是面对政府本身内部工作制度还不规范、政府内部管理和操作规程往往与外部相对人权利义务密切相关，以及内部性规则和外部性规范有时候不易区分甚至不可能区分的情况下，如果将该类行政规范性文件排除于司法审查之外的话，则有可能造成数目巨大的以部门内设机构等身份制定及旨在调整内部事项但事实上已经发生外部效力的行政规范性文件的产生。在德国，对行政机关及其公务员内部具有解释如何具体执行法律或法规命令的行政规则，经过行政机关的适用后，也就在事实上产生了外部效果。当这些内部规则往往成为行政惯例或使特定公民给予保证且不违反上位法律规范时，基于平等原则或信赖保护原则，法院即会肯定其效力。[4]这一过程至少说明，内部行政规则并不是绝对不发生外部效力。有时候，它还会产生类似如法源地位之法律规范的拘束力。再如法国，内部行政举措的法律效果也很复杂。如解释性通令实际上可能涉及对外部人员法律地位的规定。而条例性通令则与行政条例具有同等效果。法国的行政法院也不会从形式上一概排除对此类内部行政规则的审查监督。[5]事实上，即便对于具有外部效力的立法性规则，在法治较发达国家也并不因其外在的法源形式而一味强调司法的高度

〔1〕 杨小君："内外行政法律关系的理论与实践"，载《法学研究》1993年第1期。

〔2〕 胡晓玲："论内部行政行为纳入受案范围之必要性及其具体建构"，载《学习论坛》2015年第6期。

〔3〕 张雨梅、高宏亮："回归与再造：规范性文件司法审查强度研究——以105则行政诉讼案例为分析样本"，载《尊重司法规律与刑事法律适用研究（上）——全国法院第27届学术讨论会获奖论文集》2016年4月14日，人民法院出版社2016年版，第732页。

〔4〕 ［德］哈特穆特·毛雷尔：《行政法学总论》，高家伟译，法律出版社2000年版，第608~620页、第592页、第599~603页。

〔5〕 王名扬：《法国行政法》，中国政法大学出版社1997年版，第178~183页。

尊重。立法性规则的效力最终还是取决于其作为规范所具有的实质内容。[1]因此，笔者认为司法审查中的行政规范性文件应当包括部门内设机构等非行政主体制定发布的情形。此外，实质上已经对公民权利义务产生影响的内部行政规范性文件也应当受到司法监督。

6. 范围——是否包括乡镇一级人民政府、县一级人民政府工作部门级别的行政规范性文件

现实中，有一些地方将乡镇一级人民政府制定的行政规范性文件排除在外，如2013年实施的《无锡市规章规范性文件清理规定》第3条中的规范性文件只限于市、市（县）、区人民政府及其工作部门和法律、法规授权组织所制定的具有普遍约束力的文件。另外还有一些地方将县一级人民政府工作部门制定的行政规范性文件也排除在规范性文件的制定范围外，如《深圳市行政机关规范性文件管理规定》第3条所称的规范性文件只是市（区）政府、市政府工作部门以及法律、法规授权的机构制定和发布的具有普遍约束力的文件。

以上规定的初衷也是为了保护公民权益而对行政机关及其部门所作的规范性文件的限制性举措。然而，这样的做法，一方面涉嫌剥夺《宪法》《组织法》赋予基层行政机关对公共事务的管理职权。[2]同时也与《行政复议法》将县级以上人民政府工作部门发布的行政规范性文件纳入监督的规定脱节。另一方面在司法审查的场域中，如果此类行政规范性文件避开法院监督的话，就会给客观存在的侵害公民权益的乡镇一级和县一级人民政府工作部门的行政规范性文件留下空间。于此，排除司法审查就意味着行政行为对法律统治和约束的豁免，从而形成巨大的法治漏洞。因此，乡镇人民政府和县人民政府工作部门制定发布的行政规范性文件应当纳入司法审查。

---

〔1〕　朱芒："论行政规定的性质——从行政规范体系角度的定位"，载《中国法学》2003年第1期。

〔2〕　从我国《宪法》第108规定，以及《组织法》第59条、第61条的规定可直接或间接推导出乡镇一级人民政府、县一级人民政府工作部门制定行政规范性文件的资格。

三、行政规范性文件的主要类型

现实生活中，行政规范性文件的内容和形式可谓纷繁复杂、千差万别。欲对它进行有效监督，分类研究必不可少。笔者认为，根据行政规范性文件的类型、属性等特点，依据不同标准对其进行有针对、有侧重的审查是行政规范性文件司法监督的有益尝试。

（一）国外对行政规范性文件的分类

德国学者哈特穆特·毛雷尔将行政规则分为四类，即调整行政机关内部机构设置、业务划分及其活动的组织规则和业务规则；对法律规范给予解释和具体化，从而确保法律统一适用的解释性规则；为保障裁量权的统一及平等行使，确定行政机关行使裁量权的裁量性规则，以及当法律缺位而又需要给予规范时，行政机关制定的可起到暂时替代法律作用的替代性规则。[1]日本学者盐野宏认为，行政规则可以分为五种：第一种是关于各省事务组织和事务分配的组织规定；第二种是有关公立学校学生、公务员等对具有特别关系人的规定；第三种是关于行政机关行政基准如解释性基准和裁量性基准的规定；第四种是对补助金制定的交付规则或纲要；第五种是对相对人行政指导基准的规定。[2]在美国则是指包括了一般性政策声明与解释、程序性等规则的"非立法性规则"。

（二）我国行政规范性文件的学理分类

借鉴德国、日本和美国对行政规范性文件分类的方法，结合我国实际，学界一般将其分为以下三种。

1. 行政创制性文件

行政创制性文件是行政规范性文件的一种，是未经行政立法程序而制定的、对不特定相对人具有普遍约束力的行政规范。在我国，根据行政创制性文件制定依据的不同，可以将其分为依职权和依授权两种行政创制性文

---

〔1〕　［德］哈特穆特·毛雷尔：《行政法学总论》，高家伟译，元照出版社 2002 年版，第 563 页。

〔2〕　［日］盐野宏：《行政法》，杨建顺译，法律出版社 1999 年版，第 66~71 页。

件。依职权行政创制性文件是根据《宪法》和《组织法》的有关规定，在行政法规范或上级行政规范性文件没有规定，但实际中又出现了需要规则加以引导的情况下，为了弥补空缺，行政机关依其固有职权而为相对人创设权利义务而制定的行政规范性文件；依授权行政创制性文件是根据《宪法》《组织法》以外的法律规范或上级行政规范性文件的授权，为弥补行政法规范或上级行政规范性文件不足而制定的影响相对人权利义务的行政规范性文件。

2. 行政解释性文件

行政解释性文件是行政机关对现有行政法规范和上级行政规范性文件规定的具体化。依行政机关是否有法定解释权，可以将行政规范性文件区分为法定解释性文件和自主解释性文件。前者是具有法定解释权的国家机关，即国务院和规章制定主体对法律规范进行解释所形成的具有普遍性的行政规范性文件。后者是为统一内部行政机关及工作人员对法律规范的认识而形成的解释。

3. 行政指导性文件

行政指导性文件是指提出没有法律约束力的建议或劝告的行政规范性文件。[1]作为一种灵活的管理手段，"二战"后，行政指导性文件在现代市场经济国家得到了广泛运用。在日本，它被学界誉为战后日本经济发展的"金钥匙"。在我国市场经济和政府职能的建立与转变中，行政指导的身影也渐次出现在经济和社会管理领域。于此，行政法依据的依法行政原则也得到新的解读。消极、机械的传统依法行政原则在法的原则和法的内在精神不断融入的过程中变得积极和能动。这为行政指导类行政规范性文件的存在和发展提供了更大的空间。需要注意的是，实践中存在大量从名称上表述为"指引"与"参考"等指导性字眼，但从相对人不遵守即可能面临相应不利对待，或者从其对法律条文具体化的解释的内容看，这类文件仍然应以解释性文件定性为宜。因此，对行政指导性文件的判断不应单从名称而应结合内容及效果等因素予以考虑。此外，如果一味地将旨在调整行政裁量合理运行的裁量基准定性为指导性规范的话，就可能无法发挥

---

〔1〕　章志远："行政指导新论"，载《法学论坛》2005 年第 5 期。

裁量基准的应有功能，甚至失去了制定该基准的必要。

（三）行政诉讼中应当包含的行政规范性文件类型

基于学界的一般分类，考虑到行政规范性文件在我国政府执法过程中形式多样且纵横交错的复杂样态，以我国法院审查监督为落脚点，笔者认为，行政诉讼中的规范性文件类型不应拘泥于学理的划分，而应当抽象出各行政规范性文件的内核，将那些具有外部法律效力的，或虽非立法程序产生但具有行政立法外形的，再或发生强制力、违反法律规定的，以及对公民权利义务产生实质影响的行政规范性文件纳入诉讼的范畴中。具体包括以下几种情形。

1. 典型的行政创制性文件

作为行政规范性文件的一种，无论是依职权还是依授权制作的行政创制性文件，因其一方面是对不特定相对人发生外部效力的、引发了权利义务变更的规范性文件；另一方面根据行政诉讼监督行政机关依法行政的目的，法院有职责对具有法律效力的行政创制性文件是否合法作出审查和处理。因此，典型的行政创制性文件属于本书研究的范畴。

2. 准行政规章类文件

行政规范性文件是行政法领域最活跃也最复杂的行政行为的一部分。作为应用性法学的重要内容，它的形态可谓多样甚至多变。实践中，一些地方就存在大量所谓的"准行政规章性质的规范性文件"。而实质上，它既非规章也非典型意义上的行政规范性文件。基于执法职责的要求，一些下级行政机关对某一专项工作为具有规章制定权限的上级行政机关写出的总结报告，上级机关认为该报告的内容很有推广适用价值，便以该政府文件将报告一并转发。[1] 这种文件在过去虽被当作行政规章对待，且在行政诉讼制度建立之初并不受关注。但在全面依法治国的背景下，随着我国行政诉讼制度的不断完善和成熟，尤其是在《行政诉讼法》确立了行政规范性文件附带审查制度的今天，笔者认为，这种文件并未经过立项、起草、审查、决定、公布等规章制定发布之严格程序，且从上级行政机关并未有

---

〔1〕 姜明安主编：《中国行政法治发展进程调查报告》，法律出版社1998年版，第20页。

使其成为规章之明确意思表示，及该政府以行政规范性文件形式呈现报告等综合因素看，它根本不属于行政规章的范畴，而只是行政机关为履行法定职责而作出的行政规范性文件。因此，该类行政规范性文件亦应当纳入司法审查之中。

3. 发生强制力或违法的行政指导性文件

因为"研究规范性文件的目的，主要是分析什么样的规范性文件影响着相对人的权利义务，即具有法律效果，以及影响相对人权利义务的规范性文件是否合法、有效，其他问题在行政法学上并不重要"。[1]也只有如此，我们认识行政规范性文件及其类型才有着非同寻常的意义，也才能真正在相对人合法权益的救济上发挥实效，并对意图以合法形式掩盖非法实质的行政行为起到监督作用。因此，那种不具有强制性的行政指导性文件不在本书讨论的范围内。反之，对社会关系产生了实质性作用、引起纠纷的行政指导性文件应当受到司法监督。这主要包括：一是，以行政指导为名而行行政命令之实的行政行为，如不接受行政指导或接受后又反悔的可能面临不利处分等后果。二是，行政主体作出行政指导后却不兑现其对相对人的有利承诺，如奖励、优惠等，导致相对人预期利益受损的情况。三是，因行政机关信息失真或明显决策失误而误导了被指导者，以致其合法权益遭受损害的。四是，行政机关存在违法指导，如内容违法或超越职权指导、滥用行政指导权，造成接受指导者受到损害的情况。[2]可以说，通过司法途径来救济受违法或不当行政指导侵害的合法权益是行政指导法治化的关键。[3]

4. 并不都是不可诉的自主解释性文件

一般情况下，为统一认识和正确执法而针对内部行政机关及工作人员创设的，以及为细化行政裁量活动而制作的行政规范性文件，因其在理论

---

〔1〕 叶必丰："行政规范法律地位的制度论证"，载《中国法学》2003 年第 5 期。
〔2〕 章志远：《行政法学总论》，北京大学出版社 2014 年，第 271 页。
〔3〕 越来越多的日本学者认为行政指导引发的纠纷应具有可诉性。而日本的行政诉讼制度也会在某些情况下允许相关案件的受理。参见陈春生：《行政法之学理与体系（一）——行政行为形式论》，三民书局 1996 年版，第 234~239 页。

上不具有对外效力往往不被关注。但就实际状况而言，内部行政规范性文件非常复杂，法律效果也并不统一。有些内部行政规范性文件实际上规定着外部人员的法律地位，有些则间接地对外部人员发生影响。典型例证即是对相对人产生直接或间接的拘束效力，并在司法实务中成为许多法院裁判依据的行政裁量基准。作为一种解释性行政规则，它不仅对下级行政机关及公务员存在当然拘束力，而且，它往往就是行政执法的依据，具有一定的外部效力。[1]在域外，这属于"行政规则的外部化"现象。现实层面中，基于对公民信赖利益与平等保护的原则，我国法院应当将这种产生行政实务上惯例效果的内部行政规范性文件纳入司法审查的程序中。在我国台湾地区，这种被称为行政规则的规范性文件一旦成为行政处分或法院裁判的依据，则"自亦得作为违法或违'宪'审查之对象"。[2]美国判例法也通常认为，行政机关所用的名称无关紧要。即便是内部行政规则，一旦对当事人的权利义务产生实质性影响，法院就可以对其效力给予承认或否定。

5. 效力等同于相关立法的法定解释性文件

在本质上，法定解释性文件仍是行政规范性文件的一种，应当受到司法监督。《行政诉讼法》确立了行政规范性文件的附带审查制度后，该种理念也在实务中得以践行，如华源公司案。根据1981年《全国人民代表大会常务委员会关于加强法律解释工作的决议》第3条，以及1999年《国务院办公厅关于行政法规解释权限和程序问题的通知》第2条的规定，国务院及行政主管部门有权对审判和检察工作外或属于行政工作中具体应用法律的问题进行解释。[3]商标局有权通过《新增服务商标的通知》确立过渡期条款，但该内容必须在法律的框架内而不得创设新的权利义务关系。由此，作为监督行政行为是否合法运行的司法机关，北京知识产权法院在此案中对《新增服务商标的通知》进行了合法性审查。可见，行政机关及其主管部门对法律及行政立法虽享有一定程度的解释权，但究其实

---

〔1〕 周佑勇："裁量基准的正当性问题研究"，载《中国法学》2007年第6期。

〔2〕 吴庚：《行政法之理论与实用》，中国人民大学出版社2005年版，第183页。

〔3〕 魏胜强："行政机关的法律解释权评析"，载《政治与法律》2013年第2期。

质，它所形成的仍然是具有法律效果的行政规范性文件，而非法律规范的一种。因此，法院有必要、有职责对其合法性给予监督。一是，该类解释在制定程序上只是对行政法规规章程序的参照，缺乏对自身内容合法性进行论证的严格的立法程序。二是，在我国，行政机关在立法权上的地位已是毋庸置疑的，如果将行政规范性文件也类比作正式法源，从而使它能以自己的解释约束法院，那么就可能出现行政机关既当运动员也当裁判员的现象。这有违任何人都不得做自己案件法官之自然公正原则的要求。〔1〕三是，与行政立法相比，面对繁杂多变的行政任务，行政解释因其程序简便、灵活多样而深受立法者青睐。于此，行政解释不仅数量庞大，而且它在公民的公法生活中发挥着重要作用。〔2〕如果排除这类行政解释的司法审查，那么大量行政规范性文件就可能借此之名逃避监督而恣意妄为。〔3〕

6. 适用一般对象且属抽象事件的行政规范性文件

现实中，存在一些非经立法程序制定但具有行政规范性文件某些属性如规范性、强制性或在将来被反复适用等的文件，这些文件不一定都是行政规范性文件。因为行政执法机关依法基于某件事对相关人员作出的仅适用于个案的书面决定或公告等行政处分文件也具有这些属性。〔4〕行政法学通常以相对人和事件是否特定与具体为标准对二者进行分类。一是，如果文件是针对不特定对象且属于抽象事件的，那么可认定其为行政规范性文件。二是，如果文件适用对象特定且事件具体的则为典型的行政处分文件。三是，如果文件适用的对象特定但事件不特定的，仍为行政处分文件。这也是德国联邦高等法院所持有的态度。〔5〕四是，如果文件是针对不

---

〔1〕　王名扬：《英国行政法》，北京大学出版社 2007 年版，第 118 页。

〔2〕　据统计，行政管理中对社会发生效力的文件 85% 都是各级政府的非法律规范性文件，对公众有约束力、涉及公民权利和义务的更多的不是国家法律法规，而是政府的非法律规范性文件。参见郝永伟："地方人大急需加强对非法律规范性文件的审查"，载《人大研究》2009 年第 8 期。

〔3〕　江必新主编：《新行政诉讼法专题讲座》，中国法制出版社 2015 年版，第 235~237 页。

〔4〕　袁勇："行政规范性文件的鉴别标准——以备案审查为中心"，载《政治与法律》2010 年第 8 期。

〔5〕　吴庚：《行政法之理论与实用》，中国人民大学出版社 2005 年版，第 209 页。

特定多数制定但适用于具体事件的，也是一般行政处分文件。[1]其中的适用对象即相对人并不一定是若干且明确的。它可以是表面上看适用于普遍人，但采用一定方式如一般特征、类别或具体事实及事件等就可加以确定的情形。由上可知，行政规范性文件与适用对象特定或事件具体的行政处分性文件的差别还是比较明显。纳入司法审查的行政规范性文件应当是除了后三种情况外的，同时具有抽象性和一般性的面向将来、反复适用的普适性行政机关文件。

第三节　价值立场：行政规范性文件的司法哲学

当我们对行政规范性文件司法审查的基本问题及具体技术如管辖设置、审查标准、裁判形式等给予探讨时，如果忽视了法院审查行政行为时所秉持的价值立场，那么，我们所建构的行政规范性文件司法审查制度将可能是僵化缺乏弹性、形式而难及实质的空架子。而只有法官根据案件综合情况，对行政规范性文件司法审查的价值立场给以灵活而适当的调整，才能在接近个案正义、保障公民权利并监督行政权规范运行的轨道上践行法治。根据法院对行政行为审查时所持有立场的不同，一般将司法审查区分为持积极主义立场的司法积极主义，以及持消极主义立场的司法消极主义（亦称司法自制或司法谦抑）。[2]笔者将在本节中对两种司法审查态度及相关理论学说给予探究，并在此基础上对我国行政规范性文件司法审查的价值立场进行简要分析和评价。

一、司法积极主义的要义和理论

（一）司法积极主义
在美国，司法实践的发展总是或轻或重地受到司法积极主义的影响。

---

〔1〕　陈新民：《行政法学总论》，台北三民书局1997年版，第215~216页。

〔2〕　刘练军："论司法自制——以美国案例为材料"，载《中国矿业大学学报（社会科学版）》2007年第1期。

甚至可以说，这种司法哲学的历史如同美国本身的司法实践一样悠长。美国法院不仅可以审查行政机关行政行为是否合法、合宪，还可以对国会的立法进行合宪性审查。正是法官在司法实践中的积极态度才使得英美法系的普通法总是能与时代共命运，并保有强大的、鲜活的生命力。美国对行政裁量权规范、有力的控制过程即可印证这一点。《美国联邦行政程序法》第706条第2款第1项专门规定了对行政裁量权的控制标准，即专断、反复无常和滥用自由裁量权标准。人们认为，行政裁量的运用虽然意味着行政机关在法律规定的框架内可以自由活动，但这个过程并非完全不受司法监督。否则，这种权力必然变异为专断的"怪兽"。在长期的司法实践中，美国法院还总结了系列滥用行政裁量权的情形。面对当今强盛庞大的行政权，美国的司法力量并不示弱。高扬的司法审查态势不仅震慑着强大的行政权，还有力地捍卫了司法尊严和人们对法治的信仰。

但到底什么是司法积极主义？因积极与否的衡量以及主义的流变性在各国各个时代以及不同学者之间有很大的主观性，目前学界对此其实还没有达成共识。代表性的能起到引领和支撑作用的观点可参见权威的《布莱克法律词典》。它认为，司法积极主义是一种允许法官以自己有关公共政策的观点来指导裁判的司法决定的哲学。[1]从学界对司法积极主义表现形态的论述，我们也可以将其概括如下。一是，即便是民选部门的多数决定，法院也可以不对该部门争议行为回避。二是，忽视先例并对新理论与新权利的司法创新。三是，对立法者原意或原有解释方法一定情况下的无视。四是，监督其他政府部门或苛以义务等。[2]

（二）有关积极主义的理论

1. 积极司法：对民主不足之处的必要制约

民主制度的雏形源于古希腊。在西方资产阶级革命后民主制度得以正式确立并被认为是西方文明的典型标志。因其代表着主权在民、人民当家

---

〔1〕　Bryan A. Gamer ed. , *Black's Law Dictionary*（*Seventh Edition*）, West Group, 1999, p. 850. 转引自刘练军："在积极与消极之间：司法审查哲学刍议"，载《江苏警官学院学报》2009年第3期。

〔2〕　冯静："美国司法积极主义哲学论"，上海交通大学2012年博士学位论文。

做主的多数人意志，与封建王朝少数人的寡头政治相对立，自其产生后，这种代表先进理念与治理方式的制度在世界范围内得到普及。但民主的优越性并非绝对，它有自己的局限性。正如英国阿克顿勋爵（Lord Acton）所言："我们已经设计了种种保障民主安全的办法；但却没有设计一些防范民主祸害的办法。"〔1〕多数民主可能产生暴政问题，也可能损害到掌握真理的少数人的权益，因为他们可以借助多数人形成的集体意志而压迫少数人。

而美国的做法值得借鉴。美国的建国者和立宪者预计到了民主的局限性，并以理性的制度设计对民主的不足进行了必要制约，即通过《美国联邦宪法》，美国划定了立法部门不得触碰的内在范围，并借总统否决权及法院对立法的审查这两种外在监督机制建构了对民主程度最高的立法机构的双重限制模式。美国法院对宪法权威的捍卫和对人权的保障正是其在必要之时选择司法积极主义价值立场的效果。

2. 积极司法：促成法院公共理性范例的形成

在法治悠久、经验成熟尤其是司法系统较为独立的西方国家，法官地位高且拥有不容侵犯的裁判权。在法律问题的解释和适用上，法官也享有最终决定权。因而，在承认判例法为正式法律渊源且各法院都要受先例约束的司法环境下，面对日新月异的现实社会和立法滞后的局面，在行政行为司法审查的过程中，法官可以，也应该将法律织物上的褶皱熨平。〔2〕于此，法官就会选择积极主动的立场，将自己有关公共政策相关的认识和理念代入裁判中，具有公共政策性质的法官造法活动也就水到渠成地生成了。这也体现了约翰·罗尔斯（John Rawls）关于法院乃是公共理性范例的判断。〔3〕

3. 积极司法：政治及社会系统中的"平衡器"

在宪法、立法机关、司法机关和行政机关的关系安排上，《联邦党人

---

〔1〕 [英] 阿克顿：《自由与权力》，侯健、范亚峰译，商务印书馆2001年版，第375页。
〔2〕 [英] 丹宁勋爵：《法律的训诫》，杨百揆等译，法律出版社1999年版，第13页。
〔3〕 [美] 约翰·罗尔斯：《政治自由主义》，万俊人译，译林出版社2000年版，第247页。

文集》给出了见解，即依照宪法的旨意，法院是居于行政机关与立法部门中间的机构。法院拥有以宪法为标尺宣布违反宪法的立法行为及行政行为无效的权力。[1]在此过程中，美国法官采取了积极审查的立场并实现了法院在立法部门与行政部门间的平衡。也正是法院司法积极主义的态度，才在历史上改变了美国司法部门"鸡肋"的地位，构筑了司法机关与行政机关、立法机关三足鼎立的格局。而美国宪法的至高地位以及它对人权的坚实保障离不开法官在司法过程中的能动性与立场。可见，司法不止于对微观法律纠纷的裁判，在一定程度上，它还从宏观上维持着一国政治及社会体系正常、合理的运转秩序。

二、司法消极主义的要义和理论

（一）司法消极主义

与司法积极主义相比，司法消极主义因其在美国长期的影响以及被法官奉行不逾的实践，使得持消极主义的法官并不会像选择积极主义立场的法官那样容易引发争议。美国不仅有许多著名的为消极司法主义代言的大法官，在文献论著方面，有关消极司法的成果也颇为丰硕。尽管"二战"后许多国家纷纷赞许美国一定情况下对司法积极主义的主张和做法，并建立了相应的违宪审查法院，但司法实践证明，消极主义仍是诸国的基本立场。[2]

与尚未形成共识的司法积极主义一样，司法消极主义亦是个笼统的概念。《布莱克法律词典》将其界定为法官严格依照立法原意解释法律并遵循先例的司法哲学。[3]消极主义的表现形态主要体现在如下几个方面。一是法官本人的政策观念不得影响判决。二是法院的判决应当避免陷入现实

---

〔1〕　[美]汉密尔顿、杰伊、麦迪逊：《联邦党人文集》，程逢如等译，商务印书馆1980年版，第392页。

〔2〕　如在"二战"中以美国为样本建立了附随性宪法审查制的日本，多达半个世纪的岁月中，最高法院宣布法律违宪的判决只有6件。参见牟宪魁："日本宪法诉讼制度论的课题与展望——以反对设立宪法法院的主流学说为中心"，载《法商研究》2006年第1期。

〔3〕　Bryan A. Gamer ed., *Black's Law Dictionary* (*Seventh Edition*), West Group, 1999, p. 852. 转引自刘练军："在积极与消极之间：司法审查哲学刍议"，载《江苏警官学院学报》2009年第3期。

政治中。三是与其他部门相较，宜缩小法院的权力体系。[1]与法官个人或法官集体的意见相较，消极司法哲学更为珍视多数人同意的价值和长期累积的智慧。

（二）有关消极主义的理论

1. 消极司法：对民意的尊重和保障

持消极司法主义立场的法官们非常珍视被统治者同意的价值。因此，与产自民选的立法机关和总统不同，若由司法机关这个民意基础较差的部门完全掌握否决建立在民意基础上的立法行为和总统议案的命运，甚至将法官个人有关公共政策的信念加之于个案并扩展于整个社会达到"整体正义"效果的方式，很有可能会违背代议制和联邦制的初衷，并与多数规则的精神相左。著名法学家德沃金认为，即便政府其他部门的行为可能会在一定情况下违背法官的内心确认，法院也不宜干预、中断政府决定。[2]适当的做法应当是对自己有关公益的信念谨慎小心并仅以立法原意解释法律，避免与政治部门的冲突。

2. 消极司法：防止集权和专制的需要

西方国家对权力运行的安排是分权制衡的思路，在我国则表现为权力的分工与制约。之所以要将权力加以分立或分工是因为要防止权力专横跋扈，并防止权力侵害公民自由、民主等价值。因为权力是否专横、是否绝对往往是由运用权力的方式决定的。[3]而权力分工制约务必要强调立法权、行政权与司法权的分别运行，互相不得干预各自职权内的事务。否则，权力之间的不适当干预就有集权的嫌疑和专制的危险。

---

〔1〕 Richard A. Posner, "The Meaning of Judicial Self-Restraint", *Indiana Law Journal*, *Vol.* 1983, *No.* 1.

〔2〕 Ronald Dworkin, *Taking Rights Seriously*, Harvard University Press, 1977, p. 137.

〔3〕 [美]汉密尔顿、杰伊、麦迪逊：《联邦党人文集》，程逢如等译，商务印书馆1980年版，第354页。

三、我国行政规范性文件司法审查的价值立场

（一）司法审查价值立场的一般样态

一般情况下，法官在司法审查中所持有的立场或者是积极主义的，或者是消极主义的。但如果不对法官在个案中的态度进行观察和总结，就无从发现其价值立场的实践样态。

作为一种理念或态度，积极主义可能表现在审判权运行的整个过程。随着司法权的介入，政策和政治功能也同时得到推行与实现。积极主义可以作用于案件管辖、庭审风格以及司法机关以审判外方式参与社会治理、承担社会责任等方面。根据笔者对众多司法案例的梳理和分析，司法审查实践中法官在不同环节所持有的价值立场并不是分明、不变的，而是复杂交织且形态多变的。如在案件的审查启动阶段和判决阶段，这两种价值立场就会存在较量和博弈。因此，在一个案件中，有可能会出现积极主义与消极主义并存的状况，且不同阶段二者出现的顺序有可能会不同。因此，复杂交织、动态多变才是法官在司法审查现实中的真实面貌。历史的发展也证明，一个法院或法官从不会长期固守某一种价值立场始终不变。

（二）我国行政行为司法审查的价值立场

无论何种形式的审判权，都是在一定的政治架构下进行的制度配置。[1]从这个意义上说，审判权都具有相应的政治性。诚如托克维尔对美国司法审查制度的描述——尽管他的组织完全是司法性的，但它的职权差不多完全是政治性的。[2]然而，与更多被归属于社会权性质的民事审判权和刑事审判权的权力形态相比，行政审判权是国家政治中设定的由审判机关对行政机关进行制约的权力形态。可以说，"政治性"是行政审判权的特性。

---

〔1〕武飞："法律思维与司法的政治性"，载《哈尔滨工业大学学报（社会科学版）》2013年第3期。

〔2〕［法］托克维尔：《论美国的民主》，董果良译，商务印书馆1997年版，第168页；汪国华："常识与理性（十）：司法技术与司法政治之法理及其兼容"，载《河北法学》2011年第12期。

尤其是在兼具政治和社会功能的、[1]有着政法传统的我国。强行政弱司法的"嵌入型司法"格局实际上已使得司法监督行政应有职能的发挥难如人意。这也是我国行政诉讼制度运行尚不理想的症结所在。[2]另外，司法权威不足，以及司法地方化、司法本身的行政化等现象在我国仍然存在。而我们在观念上对行政行为司法审查路径的轻视也更加深了行政诉讼制度的运行难题。在此背景下，谈法官以自己的公共政策指导司法裁决等司法积极主义要旨为时尚早。这一点也可从我国行政诉讼制度长期在受案范围、当事人资格等司法审查外围问题上进退维谷，或是以司法程序操作来有意规避对行政行为更深层次的合理性审视中得到佐证。[3]

虽然我国没有相关司法积极主义或消极主义的传统理论，但在我国近现代法治的形成过程中也出现了对该文化的移植。被动、消极才是法院的天然性格这一观念也就顺理成章地成为我国法学界的一种态度。美国的司法能动主义促进了社会新进步，并为公民权益的维护创造了更大空间的影响下，世界各国也开始努力探索并寻求司法积极主义的运用。我国法院也在2007年开始的全球经济危机环境中立足于对审判职能的充分发挥，为回应现实需要，大大延伸和扩大了审判服务的领域。于此，我国越来越多学者和专家[4]对法院之于法律亦步亦趋的态度以及对行政机关制定法几乎全然接受的现状进行了质疑和反思。

进入21世纪以来，我国经济和社会领域发生了巨大变化。为克服政治和法律的局限性，在构建和谐社会的前提下，我国在政法工作上提出了要"执法为民"和"服务大局"的社会主义法治理念。司法领域的能动主义

〔1〕 [德]K·茨威格特、H·克茨：《比较法总论》，潘汉典、米健、高鸿钧、贺卫方译，法律出版社2003年版，第428页。

〔2〕 胡玉鸿："论行政审判权的政治性"，载《法学》2004年第5期。

〔3〕 谭炜杰："行政合理性原则审查强度之类型化——基于行政诉讼典型案例的解析与整合"，载《法律适用》2014年第12期。

〔4〕 章剑生：《现代行政法总论》，法律出版社2014年版，第50页；苏力："关于能动司法与大调解"，载《中国法学》2010年第1期；公丕祥："能动司法与社会公信：人民法官司法方式的时代选择——'陈燕萍工作法'的理论思考"，载《法律适用》2010年第4期；顾培东："能动司法若干问题研究"，载《中国法学》2010年第4期。

与此相呼应。2007 年，为建构社会主义和谐社会提供司法服务，从而有效发挥法院的社会职能，最高人民法院出台了有关加强司法建议工作的通知。这成为各地法院在纠纷解决和规则之治的本职工作外积极扮演社会角色和政治角色的依据。司法外职能的发挥一定程度上反映了我国司法机关面对困境的努力，是法院与党政部门保持良好关系、参与社会治理、努力提升司法地位的表现。《行政诉讼法》第 64 条对违法行政规范性文件交由制定机关处理的规定就是我国司法制度的一大特色。它的出现表达了我国司法机关在当下法治环境中积极参与社会综合治理的意向。这从侧面再一次印证了我国司法的能动性及对能动司法的呼唤和倡导。

（三）突破重围、回缚司法监督行政之应有立场

在中国当前的制度环境中，法院"从来都没有形成自己独立运作的逻辑。它是深深嵌在整个党政运作机制之中的"。[1]在这种被称为嵌入型司法的模式下，司法的权威和自治是较难成就的。《行政诉讼法》第 64 条司法建议的规定即是法院以迂回方式为当事人提供救济、发表自己看法的温和式不满与谦卑式反抗。这同时也是司法在艰难环境中生存智慧的表达。于此，谈及行政规范性文件的司法审查和法官对审查强度的能动性调适面临着较大的挑战和困难。

然而，从汉代的春秋决狱到新中国的马锡五审判，再从新中国成立之初旨在向苏联司法制度学习的政法制度设计，以及为发展经济而要求司法工作服务于社会治安综合治理的改革时期，到进入 21 世纪的和谐社会，可以说，延伸审判职能、发挥司法裁判和教育功能、服务大局的理念在我国源远流长。不同的是，该种理念过去根植于司法与行政合一、司法是行政活动之一环的体制中。

在利益主体多元化、公民需求多样化的时下，服务型政府常常需要快速且大规模地作出更多复杂而灵活的行政活动以回应公众需求。于此，司

---

〔1〕　李红勃："在裁判与教谕之间：当代中国的司法建议制度"，载《法制与社会发展》2013 年第 3 期；汪庆华："中国行政诉讼：多中心主义的司法"，载汪庆华、应星编：《中国基层行政争议解决机制的经验研究》，上海三联书店 2010 年版，第 88 页。

法介入行政的广度和深度也应当随之拓展、提升。[1]综观西方各国经验，法官在不同条件下凭借其能动性的发挥，把握着不同时间、地点和个案的审查强度。如英国法院在丰富"越权行政"之内涵和外延的同时，还将司法审查的触角延伸到了许多行政自治领域。最终，英国法院成功地将最低限度的形式合法审查扩展到了实质合法审查的标准上。[2]由此可以管窥司法能动性对于个案公正及整个行政审判制度成熟化的重要意义。在我国，随着《行政诉讼法》的颁布，法律的实施也将更多地依赖于法官的创造性运用。[3]尤其是在行政行为交叉出现于法律审查和事实审查，有时难以分清审查模式的情形下，为平衡行政效率与人权保障的价值，确定适当强度的司法审查标准，更需要法官根据情势判断，或者按照法律问题而加强审查力度，或可视其为事实问题而减弱审查强度。[4]此时，法官能动性的发挥就是个案正义实现的关键。与此同时，在理论研究日渐深入、权力架构不断优化的改革道路上，助力司法监督行政、强化司法审查力度、高扬司法监督的风帆，不仅是司法权与行政权关系得以重新合理化的契机，也是人们对司法权威建立的迫切期望。与司法不要过度干预行政的关注相比，加大司法审查力度、充分发挥司法功能的认识和呼吁已经远远超过了人们对司法与行政关系的一般期待。

---

〔1〕 贾嫒嫒："建设服务型政府，期待司法审查强度的提升——以桂林法院的行政审判为分析样本"，载《人民司法》2009年第7期。

〔2〕 刘峰：《行政诉讼裁判过程研究》，知识产权出版社2013年版，第140、146页。

〔3〕 何海波："《行政诉讼法》修改的理想与现实"，载《中国法律评论》2014年第4期。

〔4〕 傅国云："行政诉讼中的事实审与法律审——司法审查强度探微"，载《浙江学刊》2000年第2期。

第三章

行政规范性文件司法审查强度

德国学者托马斯·符腾贝格（Thomas Würtenberger）认为，"在诸多传统行政诉讼内涵中，有一重要不变的原则：在真正法治国家中，人民拥有将国家行政措施提交法院广泛审查之权利。行政诉讼审判权及行政诉讼权利保护与法治国原则之发展息息相关。由某一国家中行政诉讼审判权之发展状况，可以得知该国对于法治国内涵之理解程度。"申言之，司法审查的范围和强度直接反映着一国对法治国的理解与实践水平。[1]而"审查强度"的核心在于司法权与行政权的关系。虽然《行政诉讼法》确立了行政规范性文件的附带审查制度，但它仍以第13条第2项将行政规范性文件排除于受案范围之外。这极大地限制了法院纵深方向审查监督权力的发挥，也不利于行政争议的彻底化解。此外，不过问行政行为深层次违法问题的司法审查也违背了依法治国"有权利必有救济"的实质。[2]

上文中，笔者从"监督理念"和"规范分析"的角度论证了行政规范性文件司法审查的法理意义和实践价值。本书认为，司法审查是监督行政规范性文件的有效路径。然而，接下来的问题是：如何有力地推动行政规范性文件司法审查制度的落实和运行？详言之，法院以何者为轴心来架构行政规范性文件的司法审查？法院将从哪些方面展开初步建构？每一个环节的审查程度如何？其中，应否尊重行政规范性文件以及应当在哪些情

---

〔1〕 张倩："《行政诉讼法》的变与不变——以司法审查为侧重"，载《学习与实践》2016年第1期。

〔2〕 薛刚凌等：《法治国家与行政诉讼：中国行政诉讼制度基本问题研究》，人民出版社2015年版，第419~420页。

形、给予多大程度尊重的问题，是一个关系到司法权与行政权的关系的根本问题。于此，审查强度理论的探讨至关重要。

第一节　审查强度的内涵和意义

行政诉讼因涉及司法权与行政权的关系问题，在纵向范围上，表现为司法权对行政权的介入既不能"过度"，也不可"不及"的平衡。因而，不同于民事和刑事的完全审查，行政诉讼司法审查的"强度"问题则是法官在有限审查原则的基础上，根据具体情形选择恰当审查方式以妥善解决行政争议的过程。

一、行政诉讼审查强度的界定

司法审查强度这一用语在各国的使用并不统一。英美法系国家一般称之为"审查范围"。德国和继受德国用法的我国台湾地区则以"审查密度"称之。在日本，则被称作"审查界限"。虽然称谓不同，但其内涵基本一致，主要指法院从纵深方向对行政行为的审查与监督，即法院如何看待行政机关依法作出的认定，它又将给以何种程度的监督。这种司法对行政行为干预的纵深范围称为司法审查的强度。[1]实践中，司法审查的强弱度一般表现为以下几个方面。

（一）形式审查与实质审查

形式审查主要涉及对既有事实和权利的确认，而非待定权利或事实的确权、裁决。因而，一般情况下，审查的是材料是否齐备、是否符合法律规定的形式要件、程序要求等。实质审查则是除形式审查外，还需要对相关内容是否合法给予深入评判。至于哪些事项属于形式审查、哪些归于实质审查则取决于不同的行政行为和案件情况。如法院对工商登记行为展开的是形式审查，而对行政许可行为进行的是实质审查，因其将对相对人的

---

〔1〕　江必新："司法审查强度问题研究"，载《法治研究》2012 年第 10 期。

权利义务产生实质性的影响。

具体到行政规范性文件，有文章对近十多年发布于《最高人民法院公报》《人民法院案例选》《中国审判案例要览》和《中国审判指导》等材料上的相关案例给予统计和梳理，[1]结果发现：近54.5%的法官采用了最浅层次的形式审查并在裁判中直接予以适用了行政规范性文件。其主要包括：程序性的规范、关涉食品安全或电梯质量等国家或非国家标准的技术性规范，以及因所调整的领域缺乏其他可供参照的依据而以行政规范性文件给予添补的补充性规范。而在具有政策性意味的法律解释性行政规范性文件，或对模糊条文的政策性细化文件，以及体现行政机关自主性政策的行政规范性文件中，法院往往以稍强程度的"不抵触上位法"为由给予形式审查。此外，法院在一定情况下也可能展开较浅或较深层次的实质性监督，如法院也会在某些案件中对行政规范性文件的背景、意义与社会效果进行评价。在个别案件中，法院还会从"实质法治"的角度，通过法律原则、法律精神或合理政策，再或以自己对于法律的解释替代行政机关的解释。

（二）程序审查与实体审查

程序审查是法院从时间、顺序、步骤与方式等方面对行政机关行政行为展开的审查。实体审查则是法院对行政行为内容是否合法或合理的深入监督。尽管行政行为的种类繁多、形态不一，但从本质看，行政行为的法律适用过程一般可分为四个阶段：（1）调查和认定案件事实；（2）解释和确定法定事实要件的内容；（3）将案件事实与法定事实要件进行涵摄；（4）确定法律后果。[2]对此，西方法治较发达国家的法院又从审查监督的视角出发，将行政行为的合法性问题大致从事实、法律及在此过程中的程序适用入手，为司法审查强度的区分厘定了大致方向。

对法律问题，法院往往采用的是完全审查的最强标准，因法官是法律的专家。而对行政行为的事实问题，因行政机关的专业、技术和经验优势，西

---

〔1〕 俞祺："上位法规定不明确之规范性文件的效力判断——基于66个典型判例的研究"，载《华东政法大学学报》2016年第2期。

〔2〕 ［德］哈特穆特·毛雷尔：《行政法学总论》，高家伟译，法律出版社2000年版，第123页。

方法治较发达国家一般不会进行高强度的重新调查。相对法律问题，法院则倾向于尊重行政机关的判断，但具体情况也不尽相同。在司法复审中，法院禁止当事人对证据和材料继续更新。法院结论的作出是以行政程序中的证据为准据的。正如王名扬先生在《美国行政法》中所描述的："法院审查行政决定的理由，以行政机关作决定时根据的理由为限。"[1]而作为大陆法系国家典型代表的法国则允许当事人在行政程序之外继续补充材料。因而，法院也可据此作出新的结论。此外，德国和日本等国家的法院也采用的是当事人可以提出新证据、法院可依职权展开事实调查的超出卷宗的审理方法。可见，大陆法系国家对事实问题的监督强度高于英美法系国家。而从我国《行政诉讼法》有关证据立法的第5条[2]、第33条[3]、第39条[4]、第40条[5]以及第41条[6]的规定看，我国法院受传统职权主义观念影响，立法也赋予了法院在事实问题上较高强度的审查权。

然而，在法律和事实的实体审查外，法院还可以通过程序审查的方式来监督不宜由法院完全介入的实体问题。如，囿于法官专业知识和经验等因素，对于一些技术性的、自治领域的、政策性的或属人的事项，司法应当保守严格克制的姿态。因为有些领域的专家意见比起法官的判断更权威也更合理。有些社会关系并不属于法律严格规制的范畴。有些情势也并非法律应当介入或能够掌握、评判的区域。但这并不意味着法院完全不能过问。对司法审查领域中的该类行政行为，法院往往会通过程序审查来给予较浅层次的监督和规范。

---

〔1〕 王名扬：《美国行政法》，中国法制出版社2003年版，第690页。

〔2〕《行政诉讼法》第5条："人民法院审理行政案件，以事实为根据，以法律为准绳。"

〔3〕《行政诉讼法》第33条："证据包括：（一）书证；（二）物证；（三）视听资料；（四）电子数据；（五）证人证言；（六）当事人的陈述；（七）鉴定意见；（八）勘验笔录、现场笔录。以上证据经法庭审查属实，才能作为认定案件事实的根据。"

〔4〕《行政诉讼法》第39条："人民法院有权要求当事人提供或者补充证据。"

〔5〕《行政诉讼法》第40条："人民法院有权向有关行政机关以及其他组织、公民调取证据。但是，不得为证明行政行为的合法性调取被告作出行政行为时未收集的证据。"

〔6〕《行政诉讼法》第41条："与本案有关的下列证据，原告或者第三人不能自行收集的，可以申请人民法院调取：（一）由国家机关保存而须由人民法院调取的证据；（二）涉及国家秘密、商业秘密和个人隐私的证据；（三）确因客观原因不能自行搜集的其他证据。"

（三）合法性审查与合理性审查

作为行政法的基本原则，二者互为条件、相辅相成。可以说，合理性审查是更深层次的合法性判断。现代国家的行政法治既要求行政权的作出符合法律规定，也要求行政权的运行应当客观、适度。2004 年发布的《全面推进依法行政实施纲要》明确指出，依法行政既是指"合法行政"也是指"合理行政"。申言之，行政机关一方面要依照法律法规和规章的规定行使行政管理职权。另一方面，在行政管理过程中，行政机关应当持守平等对待的原则，不偏私、不歧视；对行政自由裁量权的行使当与法律目的相符，并考量相关因素、排除不相关因素的干扰；此外，行政机关在行政管理过程中所采取的措施和手段应当必要和适当，尽量避免采用损害当事人权益的方式。于此，我们此处的合法性审查就是法院对行政行为是否符合制定法规范的审查。合理性审查则是针对行政裁量的控制和约束。[1]

法院对行政行为合法性与合理性的评判主要体现于法律审查和事实审查的分野中。对于事实问题，英国、美国和德国法院都在一定程度上运用了合理性审查标准。如美国的专横、任性、滥用自由裁量权标准。德国"排除合理怀疑"的高度盖然性标准。[2]对事实问题的判断，英国、美国、法国和德国的法官均可以进行自由心证。法官不仅关注着行政行为是否符合制定法的问题，还考量着行政行为的合理性问题。在法律问题上，法官采用的是合法性标准，即判断行政机关适用的法律是否符合制定法规定，是否全面、有效，以及有无冲突等。另外，除以上情况存在合法审查标准与合理审查标准的区分外，程序性问题也存在合法审查与合理审查的情形。法律规定的程序审查标准一般是强度较低的"法定程序"标准，也即是否符合法律明文规定的程序要件。但程序事项也存在自由裁量的空间，滥用裁量的现象也可能发生。因而，程序事项也存在合理性监督的必要。此外，我国尚未制定统一的行政程序法，大量行政权的运行游离于"法定

---

〔1〕　郭百顺："抽象行政行为司法审查之实然状况与应然构造——兼论对行政规范性文件的司法监控"，载《行政法学研究》2012 年第 3 期。

〔2〕　马怀德主编：《行政诉讼原理》，法律出版社 2009 年版，第 285 页。

程序"的有限约束外，我国行政行为的程序规制并不理想。因此，域外凭借"正当程序"标准来调控大量存在的非正式程序之下的行政行为的做法值得我国借鉴。

二、行政规范性文件审查强度所涉及的主要方面

《行政诉讼法》从国家正式的法律层面确认了行政规范性文件的司法审查权，化解了以往由最高人民法院司法解释所创设审查权的正当性质疑。与此同时，行政规范性文件司法审查的框架与深度则将问题进一步引向纵深。因为，仅靠《行政诉讼法》第53条和第64条的简单规定仍无法落实行政规范性文件的附带审查制度。且，以职权分工为基础建构起来的、揭开民告官之民主政治法制化道路的行政诉讼制度，建立之初虽可谓成果辉煌，但从纵深方向探究司法对公民权益的救济程度，以及司法介入行政边界的研究还属匮乏。实务中，法院对相关问题的回应也多流于形式。

为推动我国行政规范性文件司法审查制度良好、有效地运行，本书认为，应将行政规范性文件纳入行政诉讼受案范围，并以司法审查强度为纵坐标轴、司法审查的程序为横坐标轴建构以司法审查保障机制为基础的行政规范性文件司法审查强度坐标系。其重要意义见如下两个方面。一方面，无论立法是否对附带审查作出明确且配套性规定，不可否认的是，行政规范性文件的司法审查都是在一个包含了基本审查程序的如管辖、审查标准和裁判的过程中展开的，而不可能不经审查过程即直接从《行政诉讼法》第53条规定得出第64条的结论。因此，建构行政规范性文件司法审查的具体保障机制有助于司法审查的顺利进行，且公开、明确的直接审查程序建制有助于促进公平和正义的实现。另一方面，行政规范性文件司法审查的强度并非单一和僵化的。这是一个在不同阶段和事项上对审查强度进行区分处理并灵活调整强弱度的过程。即便在同一个问题上如管辖，也会出现对一般管辖事项采取一般强度，重大、复杂事项宜采用较强审查以及涉及食品安全等的重大行政规范性文件亦应当采用较强审查态度，按照跨行政区划行政案件处理的做法。因此，如何运用审查强度技术是行政规范性文件司法审查

的一项重要内容。

为此，本书对与审查强度密切相关的，涉及行政诉讼入口的管辖制度、司法审查核心的审查原则及标准，以及作为诉讼程序出口的司法裁判展开纵向考察，以期为我国行政规范性文件司法审查制度的初步建构提供基本设想和理论框架。具体如下。

第一，作为司法审查的入口，级别管辖制度的配置是集中体现司法权与行政权博弈的第一场域。因为，该项内容若得不到较好安排，法官的独立性和权威性将面临来自行政权的较大冲击。人们关注的焦点也将继续停留于司法审查的外围。有关权力制约和人权保障程度的、更为深入核心的审查强度问题仍将无人问津。需要特别说明的是，与级别管辖相较，地域管辖对司法审查强度的影响并不明显。且根据行政诉讼法中"原告就被告"的管辖原则，由更了解当地实际情况的被告行政机关所在地的法院管辖更有利于案件的公正、及时审判。从域外经验看，由于行政规范性文件往往牵涉重大行政管理事项，关系到某一地区甚至全国范围内的公共利益，但基层法院往往业务能力不足或可能受到地方保护主义干涉，出于慎重和成本、效率的考虑，两大法系国家的经验是排除任何法院均有管辖权的做法，而集中交由级别较高的法院审查。因此，本书所论及的"管辖制度"主要是在级别管辖意义上展开的。

第二，作为司法审查的核心技术，审查原则与具体审查标准的设定决定着司法权对行政权的审查深度。可以说，合理性审查标准是对行政行为更深层次的合法性判断。从实质合法性角度看，合理性标准是对合法性标准的补充和发展，是更深层次的合法与否问题。反观两大法系代表国家与WTO对合理性审查标准所形成的共识，基于我国形式合法审查标准的局限以及对行政裁量规制的现实意义，本书认为应在合法性审查的基础上确立合理性标准。这不仅是形式法治向实质法治发展的要求，也是行政法治国际化的趋势。另外，域外和我国的学界与实务部门虽然对审查标准与审查强度常不加区别地混同使用，但二者仍是有区别的。简单地说，审查标准是审查强度的缘由，审查强度则是审查标准要达至的深度。他们不仅是法官确定行政行为合法性的标尺，也是司法论证程度要求的反映。

第三，作为诉讼程序出口的司法裁判，体现的是法院对案件实体与程序问题的终局结论。从纵向层面审视，法院是否有直接的、完整的审查权？法院能否在"司法审查结果"方面给予当事人最为充分的救济，并对行政权进行相应强度的制约？诸多问题的背后是司法权与行政权的较量。在全面推进依法行政的时代背景下，用强司法对强行政进行制衡与监督不仅关涉司法权与行政权的合理架构，还将对我国权力配置的平衡产生影响。此外，是否可以对行政规范性文件进行司法裁判？以及作出何种裁判的问题还与司法审查有限性原则和司法审查必要性原则密切相关。

三、关注审查强度的意义

《行政诉讼法》所确立的行政规范性文件附带审查制度被认为是仅次于保障当事人诉讼权利的第二大重要问题，[1]其重要性毋庸置疑。然而，将行政规范性文件排除于受案范围之外，并未具体规定司法审查程序，仅靠第53条和第64条的原则性规定无法为处于司法工作第一线的工作者提供明确指引。对行政规范性文件司法审查如何进行具体制度设计，从纵向审查强度上如何关注并为公民权利提供适当保护，如何平衡权利保护与行政效率的关系，以降低司法审查"制衡不足"或"干预过度"双重危险，这些问题在学理上还缺乏深入论证。

杨伟东教授认为，研究领域是否发达往往取决并表现为研究对象的广度和深度。1989年《行政诉讼法》颁布至今，有关行政权与司法权的冲突和协调以及行政诉讼的深入探讨从未间断。然而，我国行政诉讼制度的理论和实践一直以来主要在行政审判的困境和出路，以及司法审查强度等宏

---

〔1〕 全国人大常委会法制工作委员会副主任信春鹰于 2013 年 12 月 23 日在第十二届全国人大常委会第 6 次会议上所做的《关于〈中华人民共和国行政诉讼法修正案（草案）〉的说明》中，对《行政诉讼法》修改的 10 个主要问题作了说明，其中行政规范性文件的司法审查是仅次于保障当事人诉讼权利的第二个重要问题。该说明指出：实践中，有些具体行政行为侵犯公民、法人或者其他组织的合法权益，是规范性文件中的规定越权错位等造成的。设立附带审查制度，是从根本上减少违法具体行政行为的做法。

观的事项上倾注更多精力。从纵深层次考察行政诉讼具体微观问题的工作并未受到重点关注，以致有论者认为司法审查强度在我国现行行政诉讼制度中并不存在。[1]而我国的行政审判实践实际上已面临着不少突出的审查强度问题。一是，在现有司法地方化、司法行政化的环境中，如果不提高行政规范性文件的级别管辖，法院能否在对行政权的浅表性审查外，深入探究行政规范性文件的社会效果？或通过法律原则、法律精神判断行政规范性文件的效力，甚至有时以法院解释代替行政解释？以及法院是否会经常性地在裁判文书中对行政规范性文件作出深刻述评？这些问题令人担忧。二是，当行政法被行政裁量的术语统治，实务中行政裁量的现象也已经遍布行政权的运行时，我们应如何看待、理解行政裁量现象？应留给行政机关多大的裁量空间？法院又该如何审查行政裁量、审查到何种程度？这些问题已经使我国学者不可能充耳不闻和无动于衷。三是，我国的司法审查是否应区分法律问题、事实问题和程序问题？是否应在我国的权力架构背景、司法权威，以及法院对人权保障和行政效率的兼顾中厘定司法权介入行政权的大致边界？哪些情况属于法律问题、对它的审查是否均采用完全审查的强度？同理，哪些情况属于事实问题、程序问题？对事实问题是否均不作区分一律采取较高的审查强度，而对于程序问题只限于"法定程序"的监督层次？法院又应当如何根据个案情形具体确定审查标准，并选择恰当的审查强度给予论证？四是，对于违法行政规范性文件，法院是否只能向制定机关发出司法建议而不宜作出裁判？如果未来立法者赋予法院相应的司法裁判权的话，那么，法院是先对行政规范性文件效力给予简单否定或肯定的"确认判决""驳回诉讼请求判决"和"撤销判决"回应，再逐渐考虑履行判决和变更判决是否可行？还是应当一步到位将行政规范性文件的判决类型类比具体行政行为，需在未来的修法中给予全面规定。

综上，本书以司法审查强度为论域，展开行政规范性文件司法审查制度的初步建构与设想，以期从法理上寻找、补充和系统化研究尚未被我国行政法学界深入讨论和热切关注的行政诉讼审查强度问题。同时，本书也

---

[1]　钱蓓蓓："美国行政法上的司法审查强度问题研究"，中国政法大学 2008 年硕士学位论文。

希冀能为实务中亟待解决的行政规范性文件司法审查制度的有效运行提供一些初步的基础性标准，并确定一个可被接受的方向。从国外相关的研究和实践看，早在 20 世纪 50 年代两大法系代表国家就对审查强度给予关注并收获了特别的进展。英美法系国家注重权力的分立，对司法介入行政的程度保有较清醒的认识。随着各国对人权和权利保障的重视，司法审查的强度也得到提升。在美国，已制定的法律规范中还有专门针对审查强度的规范。而司法介入行政的程度也再度成为立法、司法和学界关注的对象。在某种程度上担当着"上级行政机关"作用的德国、法国的行政法院系统中，为防止行政权的滥用，法院对行政机关保持着较为严格的控制。随着法律对行政约束的松动，行政裁量权大量涌现。不确定法律概念、行政机关的判断余地理论也随之出现。在德国公法学界，司法对行政行为审查强度的研究具有相当重要的地位。从学界对"不确定法律概念"以各种可能的角度给予阐释的形势看，有关审查强度的论述可谓丰硕和细腻。[1]应当说，审查强度问题已经引起各国的重视。在行政作用不断加强，人们的权利意识和主张日益高涨的时代，司法如何发挥权利保护的作用而又不会抑制或干预行政的主动性、创造性，是当今世界各国行政法研究都面临的重大问题。[2]同时，法院在不同情形下区分审查强度的做法也是行政法治本身得以成熟和完善的过程。

第二节　行政规范性文件审查强度的原则

如何协调司法权与行政权横向受案范围与纵向审查强度之间的关系是触及行政诉讼程序始末的根本问题，尤其是被誉为"司法审查程序中枢神

---

〔1〕 张锟盛："从权力分立论司法对行政行为之审查密度"，台北大学前中兴法商学院法律研究所 1995 年硕士学位论文。

〔2〕 杨伟东：《行政行为司法审查强度研究——行政审判权纵向范围分析》，中国人民大学出版社 2003 年版，第 11 页。

经"的审查强度问题。[1]可以说，对于司法如何发挥作用既可合理适切地保护权利，又可恰当保持对行政主动性、创造性之尊重的问题，不仅关涉行政自主性与司法审查制度创设的意义，还是世界各国行政法学研究面临的重大课题。于此，反思我国在《行政诉讼法》修法前法院长期以来对行政规范性文件不予理睬或回避的态度，以及修法后并无有关审查强度规定的情况，笔者认为，在坚持有限审查原则的基础上，鼓励我国法官积极发挥能动性的价值立场，并在一定情况下提升行政规范性文件的司法审查强度更贴合我国实际。

一、行政自主性

随着传统禁止授权原则的衰落，行政规则大量涌现。作为行政法领域的焦点，日益勃兴的行政规则逐渐成为社会治理的重要方式。然而，行政规则的广泛存在也让人们不禁产生法律治理被行政规则治理取代的担忧。譬如，在执法实践中普遍存在且是大量基层法院已经在使用判案的裁量基准，[2]因其兼具着规则主义和行政自制的双重品格，作为与公民切身利益息息相关、频繁活跃于执法一线的该种行政规范性文件，往往借裁量基准所具有的"自制"属性而大行其道。实际上，这种已经发生外在效力的行政规范性文件在很多时候就是造成公民合法权益受侵害的根源之一。另外，由于行政规范性文件的政策属性，基于各地具体情况的不同，产生了同类问题不同规定的现象。如对同类治安管理处罚案件，由于各地生活水平、经济发展以及对自由等权益重视程度等的不同，执法机关作出相关处罚的幅度也会有很大不同。诚如叶必丰教授与周佑勇教授所言，抽象行政行为的实质属于公共行政政策或宪政行为。哈佛大学公共政策与管理教授史蒂文·凯尔曼也指出："公共政策，从国会的立法到行政机构制定的条

---

〔1〕　William R. Andersen, "Judicial Review of State Administrative Action—Designing the Statutory Framework", *Administrative Law Review*, *Summer*, 44（1992）, p. 545.

〔2〕　周佑勇："裁量基准司法审查研究"，载《中国法学》2012 年第 6 期。

例、法规都包括在内。"〔1〕或许正是这种在法学领域被称为"政策性行政行为"〔2〕的行政规范性文件，使得人们常认为将其排除于司法监督似乎也是情理之中的事。然而，这些违法但司法不能介入的领域使得行政规则治理的正当性正遭遇着严厉的拷问。因此，澄清"行政自主性"的机理，从而正确处理行政自主性与行政诉讼制度的关系非常必要。

行政自主性原理的阐述与行政的法律从属性和受法律拘束性分不开。正是因为这些属性的存在，许多人会产生行政行为不得与法律抵触、无法律即无行政且行政行为应在授权范围内进行，它必须符合法律的规定等僵化理解。现实中，许多执法部门固守于合法性的形式化规定，怠于发挥主观能动性、创造性，造成了执法活动一成不变的僵局。而事实是，立法者会授予行政机关大量裁量权，并尊重行政机关工作人员积极意志的发挥。"只要行政机关在法律赋权的范围内、在法律规定的框架下行使权力……法院就不能实施完全审查。"〔3〕此即法治之下行政机关的自主性。允许行政拥有一定自主性有如下几点原因。

（一）权力之间有基本的区别和界限

行政是一个整体，它与立法职能和司法职能还是有区别的。一方面，在我国，依照现行的宪法体制看，全国人民代表大会及地方各级人民代表大会并不拥有全部权力。相反，《宪法》规定，国家权力由不同的国家机关分别享有，并规定各机关分别行使各自不同的职权。在这种体制框架下，权力并不专属于某一个国家机关。另一方面，即便在权力互有渗透的过程中，行政机关在一定程度上也享有了立法权和规则制定权，〔4〕如各级

---

〔1〕 ［美］史蒂文·凯尔曼：《制定公共政策》，商正译，商务印书馆1990年版，第2页。

〔2〕 ［美］托马斯·R.戴伊：《理解公共政策》，彭勃等译，华夏出版社2004年版，第2页。美国著名公共政策学家托马斯·R.戴伊认为，政策或称公共政策是"关于政府所为和所不为的所有内容……可能涉及对行为的管制、组织官僚体系、分配利益行为等"。在法学领域，政策可以理解为"承载公共权力的各种组织为处理公私事务、实现公共利益而制定并实施的除法律以外的活动策略和行动准则"。同时参见杜国强："依法治国中的公共政策"，载《行政与法》2006年第3期。

〔3〕 张显伟："行政审判权基本属性探析"，载《山东社会科学》2010年第10期。

〔4〕 邓世豹：《授权立法的法理思考》，中国人民公安大学出版社2002年版，第204页。

各类行政机关有权在法定条件下自主制定或发布不同种类的行政规范性文件。但作为一种职权命令，行政机关在此范围内是享有自主性的，这一点并不违反合宪性机制。

（二）行政执法的专业化使然

为回应社会对政府治理与服务所提出的复杂、多元化需求，现代行政不仅要求行政机关承担大规模的执法任务，而且要求执法者将行政手段的专业化、技术化作为其必备品质。与此同时，执法机关在特定领域随之拥有了自我决策和决断并根据具体情况作出合理行为的空间。行政裁量在现代社会广为存在即为典型例证。此亦为行政领域不断建构与完善，尤其是对一些特殊问题或作用空间的讨论保留余地的[1]行政权特色所致。

（三）行政的自主性与法律从属性并不冲突

行政的法律从属性并非意味着法律对行政的规范早已整齐划一、程度分明地罗列在法典的明文规定中。从而，行政机关及其工作人员不能有任何主观判断或合理选择的态度。实际上，这种看法和做法是不可取的。不仅立法工作无法达到如此细密的程度，由人来负责具体化和个性化的适法过程也不可能机械到如此境地。行政的自主空间与行政的法律从属性和受法律约束性并不冲突。事实上，立法不仅承认行政自主活动的空间，还要求执法工作及公务人员发挥主观能动性以作出妥当、合适的处理。

（四）行政机关实现行政任务的客观需要

目前，不存在不受法律拘束的裁量的观点已广为行政法学界接受。行政裁量是法律授权结果的认识也成为现代行政法学的共识。[2]德国奥登堡行政法院院长韩内持也主张，司法机关有权对行政解释、行政事实的认定和法律适用给予监督，并辅之以必要的纠正。[3]与此同时，我们也承认，为应对丰富复杂、灵活多变的行政管理事项及服务任务，赋予行政机关一

---

[1]　翁岳生主编：《行政法》，翰芦图书出版有限公司 2000 年版，第 288 页。

[2]　王天华：“从裁量二元论到裁量一元论”，载《行政法学研究》2006 年第 1 期。

[3]　[德]韩内持：《德国的行政司法》，载宋冰编：《程序、正义与现代化——外国法学家在华演讲录》，中国政法大学出版社 1998 年版，第 64 页。

定的裁量权是必不可少且至关重要的。[1]

从行政裁量基准的角度看，为实现立法的弹性及执法的个案公正，作为一种规则化的自我管制，力图用"规则中心主义"的进路严格要求、细化和统一裁量标准无疑会对行政机关工作人员能动性的发挥带来致命伤害。正所谓"严格规制之下无裁量"。需要强调的是：对执法机关及工作人员具有当然拘束力、下级行政机关基于行政隶属关系也本应遵守的裁量基准而言，它不应当产生绝对的、完全的拘束效力。否则，设定裁量基准以追求个案正义的目的可能就会在下级行政机关机械适用一切由上级机关所作之裁量基准的过程中落空。[2]在一定情况下，说明不适用裁量基准的正当理由，从而使得裁量机关逸脱于裁量基准的边界的做法在西方法治国家已得到了认可。

二、行政诉讼制度创设的价值

对于强大的行政权而言，行政诉讼制度的确立就意味着政府行政行为并不当然具有法律的自足性。且除法律规定由行政机关享有终局裁断的事项外，法院是行政行为合法与否的裁判者。如此规定的理由如下。

（一）行政机关的权力有被滥用的危险

英国著名思想家阿克顿勋爵曾对权力与腐败，尤其是绝对的权力与绝对的腐败之间的关联性作出了精辟的论断。[3]法国的孟德斯鸠亦认为，掌握权力的人易滥用权力也是一条得到经久验证的经验。[4]行政机关的行政权力最终是被人使用的，人的恶性也总是会将其专横与任性的一面表现在其掌握的权力运行上。尤其是对担负管理与服务职责的行政权而言，它具有先天的进攻性和扩张力。如果不对该种权力加以约束，那么，任性跋扈

---

〔1〕 谭炜杰："行政合理性原则审查强度之类型化——基于行政诉讼典型案例的解析与整合"，载《法律适用》2014 年第 12 期。

〔2〕 ［日］宇贺克也：《行政法总论》，有斐阁 2004 年版，第 238 页。转引自王志强："论裁量基准的司法审查"，我国台湾地区东吴大学法学院 2005 年硕士学位论文。

〔3〕 ［英］阿克顿：《自由与权力》，侯健、范亚峰译，商务印书馆 2001 年版，第 342 页。

〔4〕 ［法］孟德斯鸠：《论法的精神》（上册），张雁深译，商务印书馆 1961 年版，第 154 页。

的行政权力必然会直接侵犯公民的合法权益。此外，为防止裁量权滥用，法院仍然可以深入行政行为内部对其监督，即便行政机关在形式上拥有裁量空间和专业性、技术性优势。最后，从行政机关工作人员的主体角度看，他们会受认知能力和客观条件限制从而在执法中作出错误的判断。因此，建立一套监督、救济机制，以约束行政权的滥用、补救侵权行为所致损害的必要性毋庸赘述。

（二）行政诉讼是权力制约的需要

司法权和行政权的关系问题涉及权力分工制约或分权制衡理论。无论哪种原理都表达了一个共同的含义：权力必须相互制约。权力的划分不是绝对的，权力的运行也并非绝对独立。事实上，每一个机关的权力都会对其他机关的权力有所渗透和制约。这种相对独立的权力可以通过互相的制约实现权力分配的平衡和稳定。因此，根据司法权与行政权的关系，行政诉讼制度的存在是防止行政权一权独大、专断甚至暴力的需要。它是行政权健康运行的必要保障，也是行政权依法运行的必要牵制。

（三）行政诉讼是有效政府和个人利益平衡的最佳创设

从相对人的角度看，行政诉讼不仅为其提供了一个可以说明理由、伸张正义的机会，通过行政诉讼的司法程序，还有助于消解公民、其他组织不满甚至愤怒的情绪。可知，在公民、法人和其他组织的法律文化、法律能力被诉讼实践不断训练的进程中，也必将反过来促进社会对行政机关依法行政的监督水平。此外，与权力机关和行政机关相较，法院是相对独立的机构，它以消极被动的程序启动机制，专司定分止争的法律裁断职能，以及严格、公正的司法程序而被公民普遍信赖。它应当是，也确实是三类部门中最有条件和能力监督行政机关依法行政的力量。可以说，"在真正意义上，法院是有效政府的需要与个人利益之间平衡的最终裁判者"。[1]

三、有限审查：行政规范性文件审查强度的基本原则

承认行政自主空间的存在，就意味着司法权不宜无限制地探究、监督

---

[1] R. Brazier, *Constitutional and Administrative Law*, Penguin Law, 7th edn., 1994, p. 580。

行政权。否则，可能造成过度干预，两权关系失衡的后果。然而，行政诉讼制度的创设也同时蕴含着不存在完全排除法院监督审查的行政自主行为的道理。因此，行政行为司法审查的强度应当遵守有限审查的基本原则。司法部门与执法部门的价值与功能各有不同，即便法院有权审查行政机关所做的决定和判断，也不可能完全重复这个过程。此外，法院在专业和能力方面的不足，也决定了司法不能完全替代行政。这就要求，司法对行政的审查应当基于权力分立或分工的基础，而不能一味强调完全介入。

从我国行政规范性文件司法审查的情况看，在《行政诉讼法》颁布实施前，根据有关案例统计、问卷调查以及对实务部门行政法官的深度访谈等信息反馈，我们发现：在 1989 年《行政诉讼法》对受案范围肯定列举加否定排除的立法模式下，大多数法院将原本应当纳入司法审查的行政规范性文件给予排除。但令人感佩的是——仍有一些法官对诸如行政规范性文件的司法监督问题给予关注并作出裁判，见表 8、表 9、表 10。[1]然而，个别法院法官在个案中对公平正义和法治理想的坚持和践行难以改变我国行政审判权运行的实际状况。这从《行政诉讼法》实施以来受案范围最多的一年即 2012 年全国各级法院共审结一审行政案件 13.6 万件，但只占全国一审各类案件 2%，而全国法院每年审查并执行的非诉行政执法案件则是其受理数量 3 倍多的大背景，[2]以及从全国一审行政案件撤诉率未曾低于 1/3 甚至在最高年份达一半以上的统计中可以推之。在我国体制改革造就的社会结构变迁背景下，面对多元的利益格局和广泛的法律诉求，法院权威不足、行政权力缺乏有效制约的问题亟须完善。

〔1〕 王庆廷："行政诉讼中其他规范性文件的异化及其矫正"，载《上海政法学院学报（法治论丛）》2011 年第 2 期。

〔2〕 张树义、张力："迈向综合分析时代——行政诉讼的困境及法治行政的实现"，载《行政法学》2013 年第 1 期。

表 8 行政规范性文件的身份

身份	被诉具体行政行为的依据 （被告提供）/个（比例）	反驳行政机关的依据 （原告提供）/个（比例）	案件裁判的依据 （法官找法）/个（比例）
数量	40（74.1%）	11（20.4%）	3（5.5%）

表 9 法官对是否应当审查行政规范性文件的认识

选项	应当/个（比例）	不应当/个（比例）	具体问题具体分析/个（比例）
人数	17（42.5%）	3（7.5%）	20（50%）

表 10 法官是否会审查审理时涉及的行政规范性文件

选项	一定会/ 个（比例）	不会/ 个（比例）	一般不会/ 个（比例）	具体问题具体分析/ 个（比例）
人数	5（12.5%）	3（7.5%）	12（30%）	20（50%）

于此，如果将行政规范性文件纳入司法审查程序的现行《行政诉讼法》在审查强度上仍限于点到为止甚至有意回避、不予理睬的态度的话，法院就可能异化为行政机关的陪衬，甚至无所作为、成为摆设。依法行政中的"法"被各种土政策政令取代，依令行政则成为政府行政权运行的实际样态。在此背景下，行政相对人受损权益的救济概率将在立法被架空、司法成附庸、行政被令化的模式中大大降低。因而，笔者认为，一般情况下，法官应在有限审查原则的基础上，结合司法审查的模式以及具体案件所涉权利的属性和问题的专业性、政策性等情形，在司法权介入行政权之"过"和"不及"的双重危险下选择恰当的审查强度以妥善解决行政争议是行政规范性文件司法审查所应秉持的方向。同时，鼓励我国法官积极发挥司法能动性的价值立场，并在一定情况下提升行政规范性文件的司法审查强度更贴合我国实际。

第三节　影响审查强度的主要因素

对于司法审查这一概念，横向比较的结论是——各国的定义并不完全相同。即便同属一个法系中的两个国家，对此概念的界定也存在差异。但影响各国行政行为审查的要素还是存在共性的。[1]依照比较法的启示，"如果不知道别国的法律，那么对本国的法律也就一无所知"。反过来，如果没有立足本国实际，那对其他国家法律制度的认知目的也就无从实现。[2]因此，将英美法系和大陆法系典型国家作参照，并以我国实际为主轴，建构我国的行政诉讼审查强度模式是本书的重要诉求。而除此域外经验的启示外，影响审查强度的主要的、内在的因素即是司法权威的树立。

一、司法权威的内在因素

章剑生教授认为，独立的司法审查对于行政法而言至关重要，甚至可以说是其他任何法律制度都无可替代的。[3]而司法权威是进行司法审查的基础。司法权威性不强不仅拷问着一国权力监督与制约机制、影响着公民的法治信仰，更是行政规范性文件司法审查力度不足的掣肘内因。一旦一个国家丢失了司法权威，那么法院对纠纷的裁断结果将可能被其他国家机关或组织、个人推翻。法院定分止争的功能也将逐步丧失。如此，谈及行政行为的司法审查尚且甚难，更何况纵向层次的深入监督？

（一）我国司法概览

我国司法权威的养成与我国传统法律文化、司法权从政府组织分离自立的历史，以及我国当前的制度体系密切相关。

---

〔1〕　王宝明等：《抽象行政行为的司法审查》，人民法院出版社2004年版，第93~96页。

〔2〕　〔日〕大木雅夫：《比较法》，范愉译，法律出版社1999年版，第68页、第69页、第74页。

〔3〕　章剑生：《现代行政法总论》，法律出版社2014年版，第23页。

1. 传统法文化中的司法

我国法文化的传统中，司法并非被视作仅靠国法裁断的过程。而是兼具执法、明理、原情功能的统一体。[1]且在古代的审判中，法律也只是在人情、天理之后才被作为案件的处理依据。日本法学家滋贺秀三将它们之间的关系形象地比喻为大海与偶尔可见的冰山。[2]由此可以管窥，我国法律在古代司法过程中所占的比例非常小。这种情理法合一的古代司法传统在新中国的马锡五审判方式中也得到推崇。此外，被视作中华法系特点之一的调解而非审判的传统法文化本身也使得我国的司法文化与现代法治国家有别。

2. 脱离政府系统的司法机关

传统行政与司法合一的审判制度自新中国1954年《宪法》得以改观。由此，我国人民法院实现了从政府组成部分的分离，并最终成为一个单独设置的系统。行政机关也不再拥有纠纷与争议处理的职权，而专门由法院独立行使审判权。这极大地避免了权力合流可能带来的专断，同时也防止了其他权力对司法的干预，促进了司法公正的实现。然而，鉴于我国法院对同级政府的依赖，虽然宪法规定了二者在法律地位上的平等性，但实际上，无论是在人、财、物的统管方面，还是从级别、职权和执法手段方面，法院都无法与政府相比。司法的地方化造成司法权无法与作为地方核心权的行政权相制衡。与此同时，行政诉讼受到的非法律干扰因素也较多，如人大的干预、政府的过问，尤其是地方政府出面的案子。司法权威不足制约着法院对行政行为纵深方向的监督。

3. 当下的司法审查

在我国传统的法律体制中，从司法服务于政治任务与社会目标的功能定位看，法律自身的伦理价值常常被忽视。李步云教授很早就指出，法律

---

〔1〕 张晋藩："中华法系特点再议"，载高鸿钧等编：《比较法学读本》，上海交通大学出版社2011年版，第133页。

〔2〕 ［日〕滋贺秀三："清代诉讼制度之民事法源的概括性考察"，载［日〕滋贺秀三等：《明清时期的民事审判与民间契约》，王亚新等编译法律出版社1998年版，第13~14页、第36页。

工具主义是给法学界造成最大危害的因素之一。[1]在权力监督与制约的宪法原则下，人民法院的政治地位始终是较低的"。[2]于此，我国司法机关难以得到应有的尊重和认同也就可想而知。此外，在行政机关掌握法院人、财、物资源配置权的情况下，法院自己独立运作的思维和机制也难形成。《行政诉讼法》第 64 条以司法建议而非法院裁判的形式回应违法行政规范性文件的做法，一定程度上就是该环境下另类司法方法和技术运用的体现。我国法院对行政规范性文件司法审查的强度可见一斑。

（二）树立司法权威、增进审查强度

1. 转变司法价值观，提升司法审查能力

司法权威建设的基础是司法价值观的转变。只有回缚司法本身的价值理念才是法治的根基。那种将司法看作工具的价值观本质上仍是在为人治背书。中共十六届四中全会正式提出"构建社会主义和谐社会"的理念。社会建设成为这个历史阶段的基本议题。与此呼应，司法也被定位于"和谐社会的建设者"。于此，维护社会稳定理所当然地成为中国司法的基本政治使命。[3]然而，当时的司法价值观也仍然是工具主义的。一方面，这可能造成民意或社会舆论绑架司法，将司法引入民粹主义陷阱的危险。[4]另一方面，若将诸如避免舆论批评，甚至迎合领导维稳政绩需求的错误的"社会效果"作为判断司法政治正确与否的根本指标，则可能会迫使法官偏离法律的价值目标，甚至漠视司法原则、以法律适用者的身份践踏我国法治事业的建设。

2010 年我国特色社会主义法律体系已基本形成。这标志着我国法治建设已由立法主导迈向司法主导的阶段。伴随国家治理依赖司法时代的到

---

〔1〕 李步云："关于法哲学的几个问题"，载《中国社会科学研究院研究生院学报》2006 年第 2 期。

〔2〕 崔卓兰、于立深：《行政规章研究》，吉林人民出版社 2002 年版，第 229 页。

〔3〕 Jacques Delisle, "Security First-Patterns and Lessons from China's Use of Law to Address National Security Threats", *Journal of National Security Law & Policy*, 4（2010），397. 转引自汪国华："转型中国的司法价值观"，载《法学研究》2014 年第 1 期。

〔4〕 许章润："司法民粹主义举措背离了司法改革的大方向"，载《司法改革评论》2011 年第 00 期。

来，走向司法法治主义可谓是现代法治发展之必然。此时，正值转型期的我国因利益关系的多元化与复杂化导致了矛盾的多样性和对抗性的升级。在"多元价值并存"的司法场域，法官更须从纵深层面在个案中对不同甚至冲突的价值作出考量与衡平。增进司法审查强度已是法院更好地化解行政争议所应当具备的一项基本职责和技术。这就要求一种更具多元秉性、定位更包容、被称为衡平司法价值观官方表述的"公正、廉洁、为民"之核心价值观的建构。[1]笔者认为，只有在这种回缚于司法本身内在逻辑和规律，并在自觉认同其自身目的的司法价值观指引下，司法地位和权威才能随之确立。

2. 探寻司法审查深度，助力司法文化的崇尚

法是以国家强制力为后盾的特殊社会规范。但这并不意味着法律的实施要赤裸裸地依靠国家机器的暴力推行。相反，即便在需要国家强制力保障实施的情况下，法律也必须在道德上具有合理性与正当性。同时，法治中国、法治国家的建设也并不完全依赖于生硬的制度化约束，它更为重要的意义在于对民主、人权和自由等价值的关切。此外，从法律本身而言，它并不只是一种工具，而更应当是能凝结人心、达成共识、实现良法善治的价值体系。进言之，与其说法律注重人们对规范的遵守，更不如说它要在更深层次上指引人们对法律承载价值理念的向往和追求。因为，只有深得人心的法律、由心而发被信仰的法律，才能真正得到广大社会公众的认同和遵守，也才能使法治在这片广阔的沃土上生根发芽、开花结果。正如美国学者伯尔曼所言：法律必须被信仰，否则它将形同虚设。于此，笔者认为，从纵深方向探寻司法审查的核心技术及其背后所蕴含着的充分救济公民权益、制约行政权滥用的精神，并"努力让人民群众在每一个司法案件中都感受到公平正义"[2]才是有助于人们崇尚法文化的有效做法。

---

〔1〕 沈德咏："大力弘扬'公正、廉洁、为民'司法核心价值观"，载《求是》2011年第11期。

〔2〕 习近平："努力让人民群众在每一个司法案件中都感受到公平正义"，载人民网，http://politics. people. com. cn/n/2013/0224/c70731-20581921. html，最后访问时间：2019年12月15日。

3. 制度安排与实践基础上的努力

一国的法治构建离不开对法的普遍性与特殊性规律的遵循。就司法权威的议题而言，西方法治发达国家中不同法系甚至同一法系的不同国家在具体制度的安排上也各有特色。如英国和美国司法审查的基础是权力分立与制衡，而法国的行政法院是在行政系统内部的构造；美国法院可以宪法为依据对国会之法律进行审查，而英国的司法机关一般情况下是不能质疑议会立法的。在我国以执行国家各个时期政治与政策纲领为主要任务的"政策实施型"司法制度的逻辑下，为确保政策目标的有效实施，我国法院形成了权力组织"上下一致"和"整齐划一"的科层制体系。与此相伴随的是，司法权力出现了案件审理过程中的层层审批机制和自上而下的司法问责机制等司法行政化现象。[1]虽然对于外源型法治国家的我国而言，如今的法治建设成就卓著，但从法的实效、法治践行的程度看，我国在司法权威的建设上表现出与西方不同的特质。为提升我国的司法权威，笔者认为，应当从以下几个方面进行努力。

一是，理顺党与司法机关关系。应当明确的是，与司法在个案中的裁判不同，党的领导应限于宏观范畴，且是审判政策的指引而非对审判标准的具体把握。二是，去行政化改革。以一把手的政治地位决定各机关之间地位的高低，实际上是对法院居中裁判、独立行使审判权这一司法逻辑、特质的破坏。因此，宜对作为职业人员的法官实行年资晋升的待遇，而非在职位上一如行政机关似的晋升模式。此外，上下级法院的监督应当体现在审判中而非考核或错案追究上。如此才能切实保障法院审理的公平公正和案件的质量。三是，行之有效的实践探索。对法治信仰、司法权威进程的推进，再缜密再深刻的理论设计都莫如实践中行之有效的举措深得人心。过去，在排除行政干预和地方壁垒的管辖制度问题上，我国在充分总结经验的基础上推行了于浙江台州首创的异地交叉管辖、提级管辖、指定管辖以及 2013 年开展的相对集中管辖制度等改革。颇见成效、激动人心的

---

〔1〕〔美〕米尔依安·R. 达玛什卡：《司法和国家权力的多种面孔——比较视野中的法律程序》，郑戈译，中国政法大学出版社 2004 年版，第 133 页。

管辖改革可以说是成功的。于此，《行政诉讼法》进一步响应十八届三中全会与十八届四中全会对与行政区划适当分离之司法管辖制度所作出的要求，并在修订的《行政诉讼法》中确立了人民法院跨行政区划管辖行政案件的制度。《行政诉讼法》对受案范围扩大的贡献可谓有限，但在管辖制度上的创新却是激动人心的。

二、行政诉讼审查强度模式——域外经验的启示

理论上，行政权与司法权的配置模式可以有多种。美国学者安·伍汉德勒（Ann Woolhandler）认为，司法对行政的审查基本上是在法院对行政行为的一切问题都享有最终决定权之"重新审查"模式，到法院赋予行政机关对事实和法律问题决定权的"既决事项"模式的两极之间运作。介于其中的是对行政机关事实认定予以尊重但对法律问题则进行重新审查的"错误模式"。[1]从世界范围看，审查强度模式在英美法系国家和大陆法系国家之间表现出很大不同。如英国法院过去一般不过问行政行为的事实问题。而德国行政法院则几近以第二级行政机关的身份对行政行为施以严格的司法审查，以至于等同于行政的地步。然而，随着英美法系国家对公民权利的重视和大陆法系国家对行政管理专业化的尊重，在行政法治全球化的浪潮中，20世纪30年代后，两大法系代表国家开始由冲突逐渐走向互相吸纳融合。欧盟行政审判实践就是典型例证。当下，对行政行为制定程序无须尊重、对行政机关法律解释弱尊重以及对行政机关事实认定强尊重的司法尊重框架在美国已基本形成。[2]

（一）英美法系与大陆法系之审查强度模式的趋同

大陆法系国家因将被诉行政机关视为下级行政机关，因而，其审查强度类似完全审查，程度更深。与之不同的是，英美法系国家则将被诉行政机关视为下级法院，在这种类似如法院系统监督与被监督的关系中，他们

---

〔1〕 Ann Woolhandler, "Judicial Deference to Administrative Action-A Revisionist History", *Administrative law Review*, *Spring*, 43（1991），p. 200.

〔2〕 陈良刚："行政规则司法审查研究——美国联邦法院的经验与启示"，中国政法大学2014年博士学位论文。

更注重法院与行政机关之间的独立，强调应尊重行政机关的首次判断权。然而，随着全球化的进程，无论是英美法系国家还是大陆法系国家，在行政行为司法审查中都面临着被动司法与能动行政之间恰当关系的调整。与此同时，我们也看到，二者先前的对立日渐消融，归一的趋势不断加强。具体表现为以下几个方面。

（1）为了适应社会发展的需求，英国法院改变了只对行政行为边缘问题进行审查的传统。通过法官对法律解释极尽其能地发挥，英国实现了基于程序标准而形成的司法审查的不断拓展。法院不仅将所有法律问题均纳入了审查范围，还对行政裁量权从程序控制转向是否合理的实质审查。

（2）建立在行政系统内的法国行政法院和脱胎于行政机关的德国行政法院，在行政优位的传统背景和实践中，[1]无论审查范围还是审查程度，一直以来都以浓厚的行政性而著称。然而，面对日益复杂的社会环境以及专业化水平不断提升的行政管理，大陆法系过去无例外的全面审查理论和实践开始退让。尤其是在行政裁量大量涌现以及不确定法律概念、行政机关判断余地等理论提出以后，大陆法系典型国家的法院开始更多地表现出对行政机关决定的尊重。法院进行有限审查的案例也渐次增多。

（3）当行政的裁量性、政策性、计划性等属性越来越浓厚，且这样的行政行为对一国或某一地区所产生的影响日益广泛和深远时，若司法机关仍然过于保守和克制，则难以排除人们对行政规则治理乱象的担忧。同时，这样也可能为行政权的滥用提供空间。为此，大陆法系国家也将目光转向英美法系国家优良的程序传统，并陆续制定了行政程序法以完善行政自身的运作。于此，在重视实体控制的大陆法系国家也展开了对行政权的程序规范之旅。这也最终使得人们有理由相信法院应当且可以对某些行政行为放松控制。

（二）我国司法审查模式的合理化调试

在我国，一般认为合法性审查是《行政诉讼法》确立的基础标准，

---

〔1〕 城仲模："论法国及德国行政法之特征"，载城仲模：《行政法之基础理论》，三民书局股份有限公司1980年版，第45~50页。

"合理性审查"则是司法审查的例外标准。他们之间的关系表现为：前者是后者的底线，后者是更高程度的司法审查要求。但从我国法院追求客观真实并可以要求当事人提供或补充证据，以及依职权向有关行政机关、其他组织、公民调取证据等规定看，我国的事实审查接近于美国最高强度的"重新审查"标准。同样，在法律问题上，受大陆法系国家 20 世纪以前的法律的确定性思潮影响，我国特别强调行政机关之法律解释和法律适用结果的唯一正确性。而法院的任务就是审查这个过程的"正确性"而非"合法性"。此外，在程序法匮乏的当下，以"法定程序"标准来判断行政行为的合法性许多时候都流于形式。可见，我国实定法和司法实践对行政行为进行的是"以寻求行政行为的'标准答案'究竟是什么"的超强大审查标准，是一个全面的、严格的审查。[1]而这不仅有违权力分工协作的权力配置体制，也没有为行政机关的法律解释和事实认定保留余地。同时，这种固守于形式合法范畴的法定程序也在一定程度上出现了僵化不灵的现象。

因此，借行政规范性文件司法审查制度建构的契机，为合理调整司法审查强度、优化行政诉讼审查标准，笔者认为，借鉴域外经验，并在尊重法院和行政机关职权分工的现实基础上，应当将区分法律、事实的司法审查和程序审查模式移植到我国司法审查中。另外，我国应当以合法性标准与合理性标准替代正确性标准和证据是否确凿、充分的完全审查标准，从而适当降低法律问题和事实问题的审查强度。同时，在法定程序外兼顾正当程序标准，提高程序审查强度的做法也有助于我国在理论上建构起司法干预事项的范围和干预程度的规范框架。如此，在推动法院积极履职中提高司法对相对人合法权益的救济力度，也为法院设定干预行政规范性文件的权力边界，指引我国走向区分程度的司法审查之路。

---

〔1〕　刘东亮："我国行政行为司法审查标准之理性选择"，载《法商研究》2006 年第 2 期。

第四章

现实审视：行政规范性文件司法审查的具体制度

司法虽不是一门完全去政治化的纯粹技术，[1]但从本质上来说，它也更应是一套技巧术和一门知识学。[2]朱芒教授说——借用医学方面的常识表述，所有治疗的前提都是诊断。[3]于此，对行政规范性文件司法审查的现实审视就成为相关实务和理论发展的前提。

为弥补行政诉讼法在附带审查规定方面的不足，更好地建构并保障行政规范性文件司法审查具体制度的良好、有效运行，本书在认同并积极主张学界于《行政诉讼法（试拟稿）》[4]中提出的将行政规范性文件纳入受案范围普遍意见的前提下，致力于对除原告资格、请求审查时间以及审

---

〔1〕 ［美］基斯·威廷顿：《司法至上的政治基础——美国历史上的总统、最高法院及宪政领导权》，牛悦译，北京大学出版社 2010 年版，第 173~246 页。

〔2〕 廖奕："司法本质的理论评思与实践探原——兼论当代中国司法改革的文化进路"，载《上海交通大学学报（哲学社会科学版）》2002 年第 4 期。

〔3〕 朱芒："规范性文件的合法性要件——首例附带性司法审查判决书评析"，载《法学》2016 年第 11 期。

〔4〕 姜明安老师认为扩大现行行政诉讼受案范围是我国学界共识。姜老师还主张将抽象行政行为司法审查的范围扩大到规章和行政规范性文件，且一定情况下，可以对其提出直接诉讼。参见姜明安："扩大受案范围是行政诉讼法修改的重头戏"，载《广东社会科学》2013 年第 1 期。马怀德老师认为，目前宜将规章以下的规范性文件纳入司法审查的受案范围中。参见马怀德："修改行政诉讼法需重点解决的几个问题"，载《江苏社会科学》2005 年第 6 期。何海波老师在《行政诉讼法》（建议稿）第二章"受理条件"第 10 条指出，应当受理的行为包括："④国务院各部门，县级以上地方各级人民政府及其工作部门，乡、民族乡、镇人民政府制定的具有普遍约束力的规范性文件。"参见何海波："理想的《行政诉讼法》——《中华人民共和国行政诉讼法》学者建议稿"，载《行政法学研究》2014 年第 2 期。莫于川老师也主张将抽象行政行为纳入受案范围，具体是指将规章以下的行政规范性文件纳入行政诉讼的审查范围中。参见莫于川："以现代法治精神推动行政诉讼法修改"，载《国家检察官学院学报》2013 年第 3 期。

查范围等主题之外的司法审查强度原理及相关技术的研究上。因此，本章将从充当审查强度之"晴雨表"与"调节阀"作用的管辖制度、审查原则、司法审查标准以及法院判决这几个关涉司法权与行政权平衡的问题予以重点研究。同时，本书也将借鉴域外理论和制度以丰富视野、开拓思路，探寻符合我国行政法背景的行政规范性文件司法审查模式。

第一节　入口问题：管辖机制的空缺与国外模式

何海波教授认为，由哪级法院审理行政案件是《行政诉讼法》修改的"1号问题"。因为该项内容若得不到较好安排，法官的独立性和权威性仍将面临较大冲击。人们关注的焦点也将继续停留于司法审查的外围。关系到权力制约和人权保障程度的、更为核心的审查强度问题仍将少有人问津。尤其是当我国的司法审判被视为改造社会的工具，是直接的政治体现形式时，[1]行政强势和司法弱势的现实就会在一定时期如影随形地影响着司法介入行政的程度。作为行政规范性文件司法审查的入口，级别管辖制度的配置是集中体现司法权与行政权较量、博弈的第一场域，行政规范性文件司法审查强度问题在此凸显。[2]

一、立法的空白

管辖制度的设置与人民法院审判权的范围和边界直接相关。行政规范性文件是否可以进入司法程序、行政规范性文件一审管辖的级别、法院对政府监督职能的履行，以及法院能否独立公正行使审判权等问题均与管辖

---

〔1〕　强世功：《法制与治理》，中国政法大学出版社 2003 年版，第 123~130 页。

〔2〕　与级别管辖相较，地域管辖对司法审查强度的影响并不明显。且根据《行政诉讼法》中"原告就被告"的管辖原则，由更了解当地实际情况的被告行政机关所在地法院管辖更有利于案件的公正、及时审判。从域外经验看，行政规范性文件往往牵涉重大行政管理事项，关系到某一地区甚至全国范围内的公共利益，但基层法院往往业务能力不足或可能受到地方保护主义干涉。出于慎重和成本、效率的考虑，两大法系国家的经验是排除任何法院均有管辖权的做法，而集中交由级别较高的法院审查。因此，本书所论及的"管辖制度"主要是在级别管辖意义上展开的。

制度密切相关。马怀德教授认为，管辖不仅具有引导行政诉讼程序开始的程序意义，更具有保障裁决公正的实体价值。[1]为破解我国行政诉讼"三难"之审理难困境，在现行司法体制不变的情况下，《行政诉讼法》对管辖制度从切断外部干扰力量入手，进行了诸如扩大中级人民法院受案范围、探索建立跨行政区域管辖制度、取消管辖权下移等修法努力。然而，行政规范性文件的管辖问题仍属空白。

基于一些法院借"具体行政行为"这一不甚科学、准确概念之瑕疵，人为地限缩行政诉讼受案范围，将本应纳入审查的行政案件排斥在外的实际，同时，为了达至《行政诉讼法》在适用范围上更具包容的目的，2017年《行政诉讼法》第2条第2款将"具体行政行为"修改为"行政行为"。然而，对同属行政行为范畴之抽象行政行为一部分的行政规范性文件，现行法则以受案范围的条款排除了行政规范性文件的司法审查。于此，行政规范性文件囿于制度化的设计而被拒于行政行为的管辖之外。

可知，对于地方壁垒和行政干预的管辖制度改革红利仍局限于具体行政行为的形态，并未惠及作为具体行政行为依据和源头的行政规范性文件。此外，行政规范性文件在管辖规定中的缺席也与普通案件——行政区划法院审，特殊案件——跨行政区划法院审的诉讼格局不符。如此，附带审查制度可能面临更为严重的干扰和阻力。

二、制度的缺位

近三十多年的实践充分表明，行政审判遭遇的障碍主要来自行政干预和地方保护。因此，如何能够切断外部力量对司法的不当干扰，确保法院依法独立、公正审案，提高行政审判的公信力和权威性业已成为理论界和实务部门一直以来探讨的重点和难点。作为司法权的实现形式，特别是在现行司法体制不变的情况下，创新或变更管辖制度对于优化司法职权配置，打破行政干预和地方保护无疑成为破解我国行政诉讼困境的重要

---

〔1〕 马怀德主编：《司法改革与行政诉讼制度的完善——〈行政诉讼法〉修改建议稿及理由说明书》，中国政法大学出版社 2004 年版，第 155 页。

关口。

为保障国家法律的统一与正确实施,十八届三中全会作出以推动省以下地方法院人财物的统一管理,并建立与行政区划适当分离之司法管辖制度的司法管理体制改革的重大举措。在此基础上,为完善司法管理体制和司法权力的运行机制,十八届四中全会明确了探索设立跨行政区划人民法院的决定。于此,《行政诉讼法》在充分总结以往行政诉讼管辖制度经验的基础上,最终在《行政诉讼法》第18条新增了法院跨区域管辖的规定,即依据审判实际,高级人民法院在得到最高人民法院批准的情况下,可以要求若干人民法院对行政案件进行跨行政区域管辖;并通过第24条第2款之管辖改革内容,[1]以转移管辖权的形式允许受到干预、无法公正审理案件的法院将案件交由上级法院审理或指定管辖。但目前,我国的法律并未在一般地域管辖和级别管辖中明确行政规范性文件的内容,且法院跨区域管辖和管辖权转移制度也并没有对行政规范性文件这一行政行为作出协调。因此,如何架构行政规范性文件的管辖制度,并使之于司法改革过程中被充分正视,是我国行政规范性文件司法审查制度必须面对的课题。

三、国外法规的司法管辖

考察国外经验,无论是英国、美国为代表的普通法院系统还是法国、德国为代表的行政法院系统,司法审查或行政诉讼制度在行政法制的统一方面发挥着至关重要的作用。行政法治必须具备以下两个要素:一是制定包括但不限于涉及社会经济和公民"从摇篮到坟墓"之权利保障的行政法律规范体系;二是建立完善的且行之有效的保障该行政法律规范体系得到普遍遵守和执行的实施制度和机制。[2]王名扬先生就在法国越权之诉的评价中认为,"最有效的保障是撤销违法的行政决定,使它不能发挥效力……越权之诉是保障法治最有效的手段"。[3]也正是因为越权之诉对法国行政

---

〔1〕 郭修江:"行政诉讼集中管辖问题研究——《关于开展行政案件相对集中管辖试点工作的通知》的理解与实践",载《法律适用》2014年第5期。

〔2〕 吴华:"行政诉讼类型研究",中国政法大学2003年博士学位论文。

〔3〕 王名扬:《法国行政法》,北京大学出版社2007年版,第530页。

法治的重大影响而成就了法国行政法的世界地位。而对具有普遍约束力之法规、条例[1]的管辖设置则是两大法系国家司法审查或行政诉讼制度成功推行的基础。

（一）英国高等法院的司法管辖制度

在英国，对行政法规事后的附带审查一审集中于高等法院王座分院。当事人对行政机关依条例作出的决定不服即可向高等法院王座分院起诉。当事人若对高等法院王座分院的判决不服，还可以该决定据此作出的条例无效为抗辩理由向上诉法院提出复审，直至上议院。[2]经审查，如果有关条例存在越权情形的，一般情况下法院可以通过撤销判决宣告其一部分或全部无效。有些情况下，法院也可以通过确认判决宣告其无效。

（二）美国联邦上诉法院的司法管辖制度

《美国联邦行政程序法》第706节和第551节的第13款对行政法规的司法审查作出明确规定。基于行政法规涉及的利益重大，上诉法院法官水平相对较高又实行合议制，可以避免地区法院独任制所产生的偏见等缺点，在行政规定一般都经过正式听证程序、具备完整行政档案从而无须地区法院再进行审理的情况下，为节省司法资源、提高审查的质量，对于重要的行政决定，《美国联邦行政程序法》作出了排除地区法院审查而直接由上诉法院管辖的立法规定。[3]因此，美国行政法规的审查主要集中于联邦上诉法院。且在审查方式上，美国与英国都属于事后的间接审查。

（三）法国最高行政法院的司法管辖制度

对于行政条例的审查在法国主要是由行政法院负责。在最高行政法院、上诉行政法院、行政法庭和行政争议庭的组织系统中，最高行政法院享有对条例的初审管辖权。最高行政法院不仅是中央政府中最重要的咨询机关，还

---

〔1〕 国外没有与我国行政规范性文件完全对应的概念。但本质上，他们对法规命令的司法审查与我国抽象行政行为司法审查的基本理念和制度是相通的。且不论是条例、法规还是命令、规章，都是两大法系国家行政机关的立法形式，是面向未来的、针对某一广泛群体的普遍适用规则。我国的行政规范性文件虽不具有法源地位，但实际上可反复适用并具有普遍约束力，与具有法源地位的规章实质上并无二致。

〔2〕 方世荣："论维护行政法制统一与行政诉讼制度创新"，载《中国法学》2004年第1期。

〔3〕 王名扬：《美国行政法》，北京大学出版社2016年版，第440页。

是全部行政法院共同的最高行政审判机关。在其"咨询职务""审判职务""裁决行政法院系统内部管辖权职务"及"指导下级行政法院工作职务"四大职权中,对总统和部长会议命令的撤销诉讼,以及撤销部长行政条例的诉讼都属于最高行政法院的"审判职务",并由最高行政法院集中管辖。[1]而对其他行政争端的解决则一般由行政法庭和行政争议庭管辖。

对于行政条例的审查,虽然普通法院也享有较窄范围的管辖权,但这也只限于以条例为根据的刑事法庭的追诉案件和辩护案件等,否则法院无权对条例的合法性作出判断。而在民事法庭的审理过程中,如果涉及必须作为审判案件前提的条例的合法性时,则由行政法院决定。

(四) 德国高等行政法院与联邦最高行政法院的司法管辖制度

根据《德国联邦基本法》《德国联邦宪法法院法》和《德国行政法院法》的相关规定,德国确立了对行政法规多元模式的司法审查制度。申言之,立法将判断州的法律、法规是否违反联邦法律的管辖权交由宪法法院。而将根据建筑法典制定的法规与规章、州以下的由州法律进行规定的法规,以及因法规或其适用受到损害从而针对法规提起诉讼的管辖权交由高等法院。在对法律和法规的审查权限问题上,虽然立法也已经作出了明确的规定,但对于法规命令是否抵触法律或宪法的问题,宪法法院和德国学者们则更倾向于赋予行政法院充分的审查权。而这并不意味着德国所有行政法院对法规命令普遍享有管辖权。[2]准确地说,在德国三级行政法院系统中,对行政规定文件的审查权,由较高级别的行政法院即高等行政法院和联邦最高行政法院享有和行使。此外,对行政法规的合法性与合宪性问题,联邦最高行政法院则享有当然的审查权。因为,它是行政诉讼的终审法院,是最权威的行政争议裁断者。

(五) 域外集中且级别较高之管辖制度启示

管辖制度根本上解决的是行政规范性文件的审查主体问题。基于法规条例影响范围广、关涉事项重大且往往对公共利益有较大影响,但基层法

---

〔1〕　王名扬:《法国行政法》,北京大学出版社 2007 年版,第 475 页、第 486 页、第 530 页。

〔2〕　翁岳生:《行政法与现代法治国家》,台湾大学法学丛书编辑委员会 1990 年版,第 119 页。

院往往业务能力不足或可能受到地方保护主义干涉，出于慎重和成本、效率的考虑，两大法系的经验是排除任何法院均有管辖权的做法，而集中交由级别较高的法院审查。

我国的行政诉讼制度形成于党的十三大指导下的计划商品经济时代。由此，在强调行政计划的经济调控及综合协调功能，并认为市场只是辅助的观念中，人们尚未意识到法律在经济全球化浪潮下沟通国际国内市场的重要作用。因而，在维护法治统一方面，我国的行政诉讼制度的支持也比较有限。[1]《行政诉讼法》虽已推开了附带审查之门，宣示了行政规范性文件司法审查从理念到制度的回归，但仅有的框架尚难满足实务的需求。在我国行政法制不太统一，大量地方性法规、地方政府规章和部门规章，及浩如烟海的行政规范性文件之间，还存在着互相冲突"打架"的不协调现象，尤其是在行政立法部门主义较盛行的情况下，如果不适当地提高抽象行政行为的管辖级别，附带审查很可能会陷于行政干预的泥沼。

第二节　合法审查原则的不足——以行政行为检视

诚如行政规范性文件的管辖问题，将行政规范性文件排除于司法审查受案范围的《行政诉讼法》也并未对行政规范性文件的司法审查标准予以规定。然而，附带审查制度的运行需要理论研究对其具体内容的初步设想和基本架构进行支撑。与此同时，从行政诉讼必然牵涉的横向审查与纵向审查一体两面的活动看，合理性审查与合法性审查是集中反映审查强度的论域。因而，附带审查制度落实过程中无法回避的强度问题也要求我们对行政规范性文件的合理性问题进行探讨。这就需要我们回溯到我国有关行政规范性文件司法审查的实际状况给以检视和分析。事实上，2017 年《行政诉讼法》颁布实施前，对行政规范性文件有条件、有限度的司法审查方式和标准已经蕴含于原《行政诉讼法》和最高人民法院的司法解释中。可

---

〔1〕　方世荣："论维护行政法制统一与行政诉讼制度创新"，载《中国法学》2004 年第 1 期。

以说，司法审判实践中的法院对特定范围的行政规范性文件司法审查标准的有限运用已有二十多年的历史。再根据笔者整理并统计的有关"较强审查"案例的数据看，过去的司法审查基本是以形式合法审查为原则的。而司法审查强度的不足正是制约法院监督行政规范性文件应有职能发挥的问题所在。因此，对行政规范性文件司法审查标准的研究极为必要。但因我国司法部门一直以来基本上是按照"行政行为"展开"行政规范性文件"司法审查的实际，且域外也并不区分具体行政行为与抽象行政行为，[1] 而是以"行政行为"进行司法审查的立法与制度创设的。而且，基于行政行为与行政规范性文件的属种关系，为探讨的便利，笔者此节将以行政行为的视角对行政规范性文件的合法性审查原则展开探讨。在对我国形式合法审查的新规与旧标准给予介绍的基础上，本书进一步提出形式法治视野下的合法审查原则局限尽显的观点。

一、"明显不当"对我国形式合法审查的有限意义

原《行政诉讼法》将我国行政诉讼的审查对象限定于具体行政行为。而具体行政行为的合法性也被当做行政诉讼的审查标的。修订后的《行政诉讼法》则继续保留了原有思路，仍未将同样是行政机关行政活动表现形式的行政规范性文件纳入"行政行为"的立法规定。《行政诉讼法》只是在第6条再次重申了行政诉讼合法审查的惯有立场。然而，我国的合法审查有别于德国与法国之实质合法审查的标准。它所关注的是对我国改革开放近40年来所形成的法律制度和现行法律规范明文规定的遵守，是一种形式意义上的"合法性"要求。至于法治建设不断深入之下所要求的，触及法之精神与内核以彻底消弭矛盾、解决案结事未了现象的实质法治之下的合法审查，我国的学者、执法人员和法官则仍在努力追寻的路上。为推动行政争议的实质性解决、弥补机械合法审查难以满足实际的要求，基于旧法之"滥用职权"标准在内涵上的争议、过于主观化的评判特点以及在实践中极少适用的实际，《行政诉讼法》第70条在保留该项规定的基

---

〔1〕　王仁富："我国行政垄断的可诉性探讨"，载《经济法论丛》2009 年第 17 卷。

础上新增了"明显不当"的情形。这是立法者所创设的、通过客观角度评判行政裁量表面合法但实质极为不合理行为的标准。凭借"明显不当"这一审查标准对合法原则内涵的扩大解释，现行法一定程度上实现了对行政裁量的监督和制约。但可惜的是，现行法对"明显不当"的理解作出了严格的限制性规定，即仅仅将其限定于被诉行政行为在结果上畸轻畸重的情形。由此可见，《行政诉讼法》对形式合法审查原则的突破非常有限。

反观法国，其虽是大陆法系国家的典型，但在行政行为法院监督制度的塑造上表现出与英美法系国家非常相近的特点。目前，虽然法国行政法院采用的是合法性审查标准，但在事实问题上，法国行政法院还会适时给予妥当性监督，且法院也进行着对行政行为是否符合法律授权目的的实质合法性的审查活动。此外，对于越权之诉中违反"法律"的界定，还包含了对法律目的、法的一般原则与最高法院判例是否遵守的情形。只是，这些具有合理性判断与审查内容的标准，在法国都被称作"合法性"审查。

二、现有规定对行政裁量的滥用规制力度不够

"行政法被裁量的术语统治着"，[1]这一理论概括精辟地指明了行政裁量权广布于当代行政管理活动的事实。现代行政法中，行政裁量实质上已占据了整个行政权的核心位置。[2]具有一定自由活动空间的行政裁量，往往构成行政职权滥用的客观条件。传统学理认为，行政机关在法律赋予其裁量余地的范围内司法机关无权介入，由行政机关自行决断。但这与现代行政法理论的认识相悖。对于行政判断，现代行政法理论认为，原则上法院是有权力进行司法审查的，除非涉及行政专业性判断并形成行政机关的"判断余地"，司法审查方才止步于行政的自主决断空间。另外，行政机关的自主性

---

〔1〕 Charles H. Koch, "Judicial Review of Administrative Discretion", *George Washington Law Review*, May, 1986. 转引自应松年主编：《〈中华人民共和国行政诉讼法〉修改条文释义与点评》，人民法院出版社 2015 年版，第 224 页。

〔2〕 章剑生：《现代行政法基本理论》（下卷），法律出版社 2014 年版，第 464 页。

并非意味着法院对其合法性不能审查,只是要求法院对行政机关关于自主事项更多的尊重并采取有限审查,而不宜采取完全审查的态度。[1]即便在行政自主活动的空间里,也"并不存在绝对的、固定的行政自主空间,何种领域、何种程度上允许和承认行政自主性一般需要视具体情况而定"。[2]用最早系统阐述审查强度知识的杨伟东教授的话讲,即便面对更具民意基础、与政治密切关联的立法机关时,司法机关也能对其"形成余地"空间给予有限审查,更何况是基于管理的专业性、技术性而给予一定尊重的行政自主性空间。可见,行政自主性理论意在对行政行为司法审查进行更为细致的强控制、弱控制的区分,是对司法权与行政权关系更为深入的探讨,而非对行政裁量排除审查的论辩。在英国,法院拒绝绝对的裁量权,所有形式的行政裁量都要受到司法审查。可以说,合理性原则的发展史就是行政裁量的学说史。[3]从私法疏忽大意的进路过渡到公法领域,有近四百年发展史的英国合理性审查标准,现已成为一种解决行政裁量实质问题的该强则强该弱则弱、弹性可伸缩的核心技术。

　　然而在我国司法实务中,除"明显不当"标准对形式合法审查原则具有有限的意义外,同样针对行政裁量规制的"滥用职权"标准的适用则更是缺少新的进展。以《人民法院案例选编》和《最高人民法院公报》管窥,我们可清楚地发现,实践中法院对"滥用职权"标准给予援引的判决比例非常低,敢于碰触"滥用职权"审查标准的法院鲜有。对这个内涵有争议且证明有难度的标准,法官难以据此作出应有的裁判。虽然现行法期待借"明显不当"这一本土化审查标准给以弥补,但面对数目庞大且形式多样的行政裁量的滥用情况,限定在被诉行政行为结果畸轻畸重狭窄范围内的"明显不当"标准对实践问题的回应亦如杯水车薪。由此可知,在形式法治的视野下,我国合法性审查原则对行政裁量的规制仍乏力

---

　　[1]　苏彦图:"立法者的形成余地与违宪审查——审查密度理论的解析与检讨",台湾大学法律学研究所 1997 年硕士学位论文。

　　[2]　杨伟东:《行政行为司法审查强度研究——行政审判权纵向范围分析》,中国人民大学出版社 2003 年版,第 20 页。

　　[3]　余凌云:"英国行政法上的合理性原则",载《比较法研究》2011 年第 6 期。

可为。

以两大法系的代表，即美国、英国和法国、德国为鉴，美国和英国的法院在判例中概括出了系列不合理行政行为的形态，与法国和德国法院总结出的不合法情形实质上大同小异。尽管各国对"合法"与"合理"的用词和表述有所不同，但这并不影响各国对行政行为合理审查或曰实质合法视角下的合法审查标准在内涵上的共识。在成文法对行政行为控制日益松动的现代行政过程中，不加控制的行政裁量就会是专断、任性的。为此，现代各国的司法权也正随着行政权的扩张而扩张。[1]而此时，不只两大法系代表国家，WTO规则也在法院对行政行为形式合法审查标准的基础上，关注、强调着实质合法或曰合理性审查标准的运用。对行政权更强更深程度的司法监督也正是行政国家向司法国家发展的必然结果。[2]

三、合理审查：迈向实质法治时代

由上文观之，笔者认为，《行政诉讼法》并未对庞杂的行政执法环境问题给予充分解决。面对行政裁量这一现代法治国家的显著现象，我国并没有借重大修法的时机从实质法治的视角对其进行合理与否的考量。而实质正义是行政权运行的基本要求。在对形式正义的恪守下，我国的行政诉讼制度不应忽视反映行政法精神与核心的实质正义价值追求。[3]换言之，对行政行为的司法审查不应局限于形式合法性标准，而应兼顾行政行为的合理性问题。理由如下。

一是，对合理性问题的忽视就是对法原则和法精神、宗旨的无视，与合法性审查的深层次要求相悖。行政主体依法行使职权不仅应当遵守法律的具体要求，还应当符合合法之原则、精神和宗旨。违背原则规定的也是违法。此外，合法与合理并没有绝对的界限。一般认为，法律原则、精神和宗旨本身就是合法性与合理性的共同体。二是，没有合理性标准的监督，

---

〔1〕 ［美］昂格尔：《现代社会中的法律》，吴玉章、周汉华译，中国政法大学出版社1994年版，第181页。

〔2〕 王宝明等：《抽象行政行为的司法审查》，人民法院出版社2004年版，第105页。

〔3〕 周佑勇："行政法基本原则的反思与重构"，载《中国法学》2003年第4期。

不足以控制行政裁量权的运行。个人合法权益的有效保护也存在重大漏洞。行政裁量并不仅仅存在于行政行为结果畸轻畸重的情形，裁量关涉的领域是多方面和多层次的，如为与不为的裁量、方式的裁量、程序问题的裁量等。局限于行政行为结果畸轻畸重的裁量监督是程度较弱的司法审查。这不仅无助于规范行政权依法行使，更没法实现对公民合法权益的充分救济。三是，不关注合理性问题，无益于优化行政权与司法权的关系。一般认为，二者是不同的国家职权、不能互相替代和超越界限。合理性问题属于行政主体职权范围内的事项，其他机关不得干涉。但这并不意味着在法院有权监督政府是否依法行政的问题上，法院只能依照具体条文对被诉行政行为进行审查。相反，实践中行政机关的职权行为形态多样、程度不一，并非法律条文能涵盖得全的。在司法审查的范围内，合理性是与合法性一并存在于法律的要求之中的。对行政主体执法行为的合理性审查，本身就是法院应该掌握的标准和尺度，不存在干涉行政的问题。四是，缺少合理性审查的标准，无法跟进行政管理水平的深化。现代行政管理的过程，越来越注重行政管理的质量和效果。因此，一些体现合理性要求的内容越来越多地受到立法的承认和明确，如《行政处罚法》要求设定和实施处罚必须与违法的事实、性质、情节以及社会危害性程度相当。再如，为得到相对人的肯定、取得更好的行政效果。近年来，行政合同、行政指导等柔性执法方式的适用越来越频繁和普遍。对他们的审查，并不是现有形式合法性标准可以规范和调整的。五是，在个人重大权益的保护方面，合理性标准的强度要高于目前的形式合法性标准。如果对于政府符合具体法律规定但与公平正义之法的价值相违背的职权行为，法院无力评判、撤销，那么，个人重大权益的救济机制就是有缺陷的。

柳砚涛教授认为，对行政规范性文件的司法评判依据是"合法有效"。但这里的"合法"不仅包括"条文法"，还应包括作为"条文法"正当性检验标准的，包含了法的原则、精神、目的、价值、理念和原理等在内的"理念法"。"而此种样态的'法'已经涵盖了传统理论与制度中的'合理'与'适当'，人民法院完全可能借'理念法'监控规范性文件的合理或适当性。"[1]笔者认为，因行政规范性文件所涉范围庞杂、类型众多，且对行政行为司法审查的具体个案情况不同，形式化的合法性审查标准难以涵盖问题的全部。此外，司法权对行政权审查的强度若单单限于形式合法性的层次，也无法触及问题的根本或实质。因此，随着我国行政法学理论的深入与立法者对此问题的洞见，借鉴域外法院对行政行为可强可弱的审查强度经验，本书认为，合法审查与合理审查的界限日益模糊。必须放弃合法或者合理审查的单一标准，而应当构建我国行政规范性文件的合法性与合理性双重审查标准。在人民法院对行政规范性文件更全面和深入监督的同时，进一步优化司法权与行政权的关系。

在行政裁量已成为行政权核心的现代社会，因裁量的不确定性、行政机关自由意志对公民合法权益的威胁，以及行政权天生的侵略性、扩张性等特点，两大法系代表国家普遍确立了合理性标准以监控行政裁量的运作。虽然法国和德国仍然以合法的标尺来评判行政行为，但与英国和美国的合理审查相较，其"法"的外延非常广。究其原因，笔者认为，这正是为了适应社会变迁，立法在一定范围内授予法官司法裁量权从而与行政裁量权相抗衡，以对行政权是否合理作出判断，进一步获得社会公正的重要途径。此外，在司法审查的过程中遵守"统一、公正、合理"的原则也是WTO的要求，两大法系代表国家在合理审查标准上也与WTO的呼吁呈现出融合的趋势。

第三节　行政规范性文件的司法审查标准——以审查强度为视角

一、审查标准与审查强度之辨

审查标准和审查强度是两个出现频率高且往往被互相替代使用的概念。这也正体现了二者异常紧密的关系。在美国，审查标准和强度就是混

---

〔1〕　柳砚涛："我国行政规范性文件设定权之检讨——以当下制度设计文本为分析对象"，载《政治与法律》2014年第4期。

同使用的。它的审查标准或曰审查强度至少包含三种用法。一是，司法介入其他公权力的范围，即"scope of review"。二是，司法作出判断的理由或依据。用英文词汇表示为"standard""principle""doctrine"或"rule"。三是，司法在个案中的审查强度或论证力度。英文以"intensity""scrutiny"或"scale"等词汇表示。[1]在我国，审查标准与审查强度这两个概念还是有区分的。二者在立法规定与学理解读中有不同的表现。

（一）法律文本中的审查标准和审查强度

我国法律并未明确规定抽象行政行为的司法审查标准，但同属于行政行为并遵循其一般规律的抽象行政行为与具体行政行为在审查标准的基本原理方面应是相通的。一般认为，抽象行政行为司法审查标准可参照具体行政行为司法审查标准处理。这一点也在将"具体行政行为"修改为"行政行为"的《行政诉讼法》中得以体现。

然而，具体到"审查标准"这一概念，纵观《行政诉讼法》的具体内容与篇章结构，尤其是第七章"审理和判决"的法律文本，除了对公开审理原则、回避、拒不到庭或中途退庭的法律后果、妨害行政诉讼强制措施、审理依据等一般性规定，以及对审理程序、监督程序的规定外，我们发现的是：无论是1989年、2014年《行政诉讼法》还是2017年《行政诉讼法》，都没有专门、明确的审查标准规定。在我国，通常所说的"审查标准"其实就是司法裁判的"理由或依据"。通说认为，我国法律文本中的审查标准就是罗豪才教授在《中国司法审查制度》[2]一书中所指的1989年《行政诉讼法》第54条的8项判决条件，[3]即从证据、法律适用、程序以及职权标准和行政裁量是否显失公正等方面来评判行政行为的合法性。该观点在此后的学界和实务界一直被广为沿用。可见，立法文本并未出现司法审查标准这一法律概念，而是以司法裁判据以作出的理由或依据

---

〔1〕　蒋红珍：《论比例原则——政府规制工具选择的司法评价》，法律出版社2010年版，第117~118页。

〔2〕　罗豪才主编：《中国司法审查制度》，北京大学出版社1993年版，第324页。

〔3〕　2017年《行政诉讼法》分别以第69条、第70条和第77条对1989年《行政诉讼法》作了修改。

给予表达。至于审查强度的描述，不论是具体行政行为还是抽象行政行为，立法文本都没有相关内容的体现和明确的规定。即便修订后的 2017 年《行政诉讼法》也并未涉及司法审查强度的问题，且在审查标准上依旧宽泛。

（二）学界的一般性探讨与本书观点

1. 学理中的审查标准

对于行政行为具备哪些要件才是合法的？或者说在哪些情形下是违法的呢？学界的判断标准和考察视角与文本规定并不一致，主要有：主体说、职权说、内容说和程序说；[1]或主体说、权限说、内容说、程序说和形式说；[2]再或是主体及职权、事实根据和法律根据、内容和程序[3]的标准。而对审查强度问题，不仅法院保持司法消极的姿态，学理中也少有研究。具体到行政规范性文件的审查标准，学界依照制定行政规范性文件的权力来源对其给以不同的审查。

对于依授权制定的行政规范性文件，审查以下几项。一是，授权依据是否合法，即授权依据是合法的《宪法》《组织法》以外的法律规范或上级行政机关的决议。二是，是否授权主体的标准。实践中常存在一些非制定行政规范性文件主体的情形，如一些事业单位在无授权的情况下制定行政规范性文件的情况。三是，以领导意志或部门利益，超越授权目的、事项、范围或程度等标准制作行政规范性文件的情形。

对于依职权制定的行政规范性文件，可审查职权依据的合法性、制定权限的合法性、内容合法性以及是否违反禁止性规定，具体分析如下。一是，职权依据的合法性标准，指行政规范性文件的具体条款应当依法作出，不与上位法抵触。如国务院制定行政规范性文件的依据须是宪法、法律，[4]其各部、各委员会制定行政规范性文件的依据须是宪法、法律、行政法规及国

---

[1] 罗豪才主编：《行政法学》，中国政法大学出版社 1999 年版，第 129~130 页。

[2] 叶必丰：《行政法学》，武汉大学出版社 2003 年版，第 184~186 页。

[3] 朱新力：《司法审查的基准：探索行政诉讼的裁判技术》，法律出版社 2005 年版，第 250~255 页。

[4] 我国《宪法》第 89 条第 1 项。

务院的行政规范性文件，[1]县级以上地方各级人民政府须根据本级人民代表大会及其常务委员会的决议，以及上级国家行政机关的决定和命令制定行政规范性文件等程序。[2]此外，对于有行政处罚、行政许可、行政强制设定权的机关对相应行政行为的作出也只能以法律、法规、规章的形式。如果以行政规范性文件的形式设定处罚、许可或强制就是对上位法的抵触。二是，制定权限的合法性标准，指行政机关要依法定权限制定、发布行政规范性文件，不得越权。它主要表现为行政机关应在事务管辖、地域管辖和级别管辖方面具有相应权限，亦即行政规范性文件所涉事项在制定机关的权限范围内。如果行政规范性文件的制定机关无权或超越权限制定发布行政规范性文件的话，就会导致行政规范性文件的整体性违法。因此，权限合法是内容合法的前提。只有制定权限符合法律规定，才能对行政规范性文件内容的合法性问题作进一步审查。三是，内容的合法性标准，可以参照 2004 年最高人民法院印发的《关于审理行政案件适用法律规范问题的座谈会纪要》。就行政规范性文件而言，主要表现为：其一，是否缩小或扩大了上位法规定的权利主体范围、权利范围。其二，是否扩大了行政主体或其职权范围。其三，是否延长了上位法规定的履行法定职责期限。其四，是否以参照、准用等方式扩大或者限缩上位法规定的义务或者义务主体的范围、性质或者条件。其五，是否增设或者限缩违反上位法规定的适用条件。其六，其他相抵触的情形。四是，不违反禁止性规定的标准，指行政规范性文件不得违反法律规范或上级行政规范性文件的禁止性或限制性规定。当然，如果上位法并没有明确的禁止性或限制性规定的话，也需要注意不得与其相应的法律原则和精神相违背。

　　2. 审查标准与审查强度的关系

　　随着行政诉讼实务与理论的发展，越来越多的学者认为，不考虑审查强度的区分和调整，仅以既定的、有限的若干成文化审查标准来应对多变、庞杂的行政任务显然太过粗陋和僵化。这不仅难以触及问题的根本，

---

〔1〕《宪法》第 90 条第 2 款。

〔2〕《组织法》第 59 条第 1 项。

无法达致化解行政争议的目的，甚至可能造成新的矛盾。于是，学界对行政行为司法审查标准与审查强度的关系进行了更为深入的探究。

解志勇教授在其专著《论行政诉讼审查标准——兼论行政诉讼审查前提问题》中认为，行政诉讼的审查标准是人民法院针对不同行政行为进行审查和判断并作出裁判结论所应遵循的各类准则的统称。[1]可知，该观点属于对"司法判决据以作出的理由或依据"之说的概括。薛刚凌教授则认为司法审查标准是指法院审查行政案件的程度或深度。[2]她认为，应当针对不同的审查方式、行政裁量权大小的不同以及不同的诉讼类型确定行政诉讼的审查标准。这里的审查标准也即审查强度。从司法对行政权纵向审查所应达到的深度或强度展开研究的还有张步洪、王万华教授。两位老师在其编著的《行政诉讼法律解释与判例述评》中认为，审查标准与判决条件大体相当，是法院对行政机关适用法律、认定事实这个过程中的行政行为是否合法、能否审查以及审查到什么程度的评判。它包括对具体行政行为在证据、法律与程序三个方面合法与违法的评判。[3]可知，两位老师已经觉察到了司法审查标准或曰"判决条件"与审查强度的区别。但在其研究中更多体现和强调的是"审查标准"，关于"审查强度"的探讨并未展开。而这也正反映了学界对"审查标准"普遍关注，对"审查强度"则往往淡漠的态度。这与"审查标准"与"审查强度"关系紧密甚至一定情况下难以区分有关。因为，在个案中，审查强度也正是通过审查标准的用词给予承载的。而正是借助于审查标准这一"名目"，司法深度介入行政才得以进行。王麟、王周户教授在其编著的《行政诉讼法》中也认为，审查标准实际上是在法院与行政机关之间进行权力、责任的分配问题，并将"标准"与"强度"的关系进一步表述为：司法审查标准决定着司法权对

〔1〕 解志勇：《论行政诉讼审查标准——兼论行政诉讼审查前提问题》，中国人民公安大学出版社 2009 年版，第 5 页。

〔2〕 薛刚凌、王霁霞："论行政诉讼制度的完善与发展——《行政诉讼法》修订之构想"，载《政法论坛》2003 年第 1 期。

〔3〕 张步洪、王万华编著：《行政诉讼法律解释与判例述评》，中国法制出版社 2000 年版，第 47 页。

行政权的审查深度。实行权力分立或分工的现代国家,司法审查的深度应当是有所控制的,而控制审查深度的机制就是司法审查标准。[1]

综上,审查标准和审查强度的分野在我国还是相对清晰的。虽然学界对审查标准与审查强度常不加区别地混同使用,但将二者概念理解为——审查强度是达成某种审查标准预设的论证程度或说理要求,[2]审查标准则是"司法裁判的理由",却有着较大的共识。英国学者克雷格认为:"在任何行政法制度下,法官不仅要确定是否适用某一个标准来决定行政行为的合法性,并且还要考虑适用这种标准的严格性或者强度。"[3]换言之,对于行政行为司法审查标准和强度的关系在个案的运用应集中体现为:当行政规范性文件限制了公民的合法权利,法官就须综合个案的具体情况对审查强度的强弱情形给予考量。同时,在司法论证所应达到程度的指引下选择相应的审查标准来判断行政行为的合法性。

3. 本书对行政规范性文件审查标准的观点

本书赞同审查标准是司法裁判的理由或依据的观点。这与我国立法、学理的规定和认识相符。而对于审查标准的具体划分,从上文的学理观点看,可以说与《行政诉讼法》确立的审查标准最为接近的是朱新力教授的意见。一方面,朱教授对于事实根据的强调与《行政诉讼法》的证据标准一致。从表 11 的数据看,在所有裁判条件中最被我国法官看重的正是行政行为的事实问题。这也是我国重实体的本土特色。因此,对事实根据的强调不容忽视。另一方面,从司法实务中被广为重视的第二大标准——"适用法律、法规错误"的文本规定看,朱教授的"法律根据"标准对此给予了很好的回应,并没有视其为多余。然而,基于《行政诉讼法》在具体审查标准中缺乏逻辑上的连贯性以及相互之间存在交叉、重复的缘故,笔者认为,为实现逻辑上的周延,并从弥合我国学理认识和法律文本在审查标准上的歧见考虑,宜将行政规范性文件的审查标准分别以以下标准进行划

---

〔1〕　王麟、王周户编著:《行政诉讼法》,法律出版社 2005 年版,第 57 页。

〔2〕　蒋红珍:《论比例原则——政府规制工具选择的司法评价》,法律出版社 2010 年版,第121 页。

〔3〕　Paul Craig, *EU Administratixe Law*, Oxford University Press, 2006, p. 1025.

分。一是适用法律是否合法；二是事实根据是否客观、合理；三是是否符合法定程序或正当程序标准。[1]具体包括以下几个方面。

表11　《人民法院案例选》中判决撤销行政行为的法律依据[2]

判决依据	使用频次	使用频率	作为唯一根据的使用频次	作为唯一根据的使用频率
主要证据不足	156	53%	66	22%
适用法律、法规错误	119	40%	41	14%
违反法定程序	99	33%	36	12%
超越职权	78	26%	43	14%
滥用职权	25	8%	10	3%

第一，适用法律的合法性标准。首先，是指行政规范性文件的制定主体符合法律规定。其次，制定机关应具有相应权限，不得越权，包括无管辖权和超出了权限幅度如手段越权和级别越权等。这不仅是对《行政诉讼法》"超越职权"标准的回应，而且制定机关是否享有相应权限也是判断行政规范性文件内容合法与否的前提。再次，是指行政规范性文件的内容是否合法。最后，适用法律的合法性标准还指行政行为的依据要合法，即行政行为要符合法律法规、规章的规定。相较《行政诉讼法》确定的"适用法律、法规是否正确"的标准，"行政行为的依据要合法"的标准不仅在"法律法规"的适法范围上进行了合理延展，将同样具有法源地位且在一定情况下对法院也产生拘束力的规章包含进去。而且，该标准也是对行政行为适用法律只能有唯一正确答案的、超大强度的"正确性标准"[3]的

---

[1]　这恰好与1988年11月向全民公开征求意见的《中华人民共和国行政诉讼法（草案）》中相关条款规定，即行政行为主要证据不足，或者适用法律、法规错误，或者由于违反法定程序影响正确作出行政行为的，判决撤销或者部分撤销的意旨相同。

[2]　该表是何海波老师对《人民法院案例选》刊载的从《行政诉讼法》施行之初到2005年间共614个行政案例统计的结果。参见何海波："行政行为的合法要件——兼议行政行为司法审查根据的重构"，载《中国法学》2009年第4期。

[3]　刘东亮："我国行政行为司法审查标准之理性选择"，载《法商研究》2006年第2期。

调整。因为合理的法律秩序并不是一个从上位规范直接得出唯一正确答案的下位规范的过程。而应当是只要下位规范是在上位规范的框架内的、可接受的，那么它就应当是有效的。此外，因"滥用职权"和"明显不当"属于合理性评判的范畴，在此不赘述。

第二，"客观合理"的事实审标准。行政规范性文件的制作是基于一定的立法事实。它是规范形成的客观基础，是关于某一时期的现实状况、社会科学或自然科学的因果规律以及实际经验等可确定的假设。从方法论角度看，立法事实论涉及社会学、政治学、历史学、统计学、经济学等多学科知识和方法。[1]"司法审判的实践表明，鉴定结论、公共意见调查报告、官方报告、统计数据等事实性资料是立法事实的典型载体。"[2]这与具体行政行为针对特定对象在特定时间内基于个案情况的作出有很大差异。可以说，具体行政行为"证据是否确凿、充分"的事实审查标准并不合适于行政规范性文件的事实审查。因为，行政规范性文件所形成的立法事实与具体行政行为所依赖的指向具体、个别的案件事实不同，前者更偏向一般性、抽象性的事实状态。[3]然而，我国并没有抽象行政行为事实审查标准的立法。与此相关的学理研究也并不多见。因此，在该问题上，对域外经验的汲取应当说是必不可少的。借鉴英国事实审查规定，即完全没有事实根据或建立在错误的事实根据上，以及错误理解或者没有考虑相关事实标准;[4]《美国联邦行政程序法》第706条规定，"没有实质性证据的支持"，或者"缺乏事实根据";[5]德国法院对立法事实存在"明显错误"的明显性审查标准、对立法预测是否合乎事理尤其是"是否可予支持"的可支持

---

[1]　C. McCormick, *Hand book of the Law Evidence* § 331（2ed. 1972）. 转引自凌维慈:"宪法诉讼中的立法事实审查——以美国法为例"，载《浙江社会科学》2006年第6期。

[2]　蒋红珍:"论适当性原则——引入立法事实的类型化审查强度理论"，载《中国法学》2010年第3期。

[3]　[美]威廉·F. 芬克、理查德·H. 西蒙:《行政法:案例与解析》，中信出版社2003年版，第280页。作者指出，行政机关作出行政裁决与制定行政规章依据的事实是不同的。制定规章依据"立法事实"，而行政裁决依据"裁决事实"。

[4]　在英国，如果行政行为完全没有事实根据或建立在错误的事实根据上，以及错误理解或者没有考虑相关事实的，该决定也可能被法院撤销。

[5]　王名扬:《美国行政法》，北京大学出版社2016年版，第504页。

性审查标准，还有法院要对决策进行具体而详细的深度审查，确保决策者是在百分之百正确无误的情况下形成了决策的较强的内容审查标准；[1]再结合我国胡建淼教授和马怀德教授关于行政诉讼法修改在事实审查题上的观点，[2]笔者认为法院不宜对行政规范性文件的事实问题给以重新调查。而应在参考域经验的情况下，反思我国高强度事实审查标准的诸多问题，为促进多强度模式之事实审查标准的形成和发展，降低我国的事实审查标准、尊重行政权的判断，以"客观合理"标准来衡量更为妥当。

第三，"正当程序"的程序性标准。在我国，法律的制定和实施从"重实体"转向"实体与程序并重"的趋势是社会进步的一大表现。在有着优良程序传统的英国和美国，法律对行政权的控制首先即表现在程序的控制机制上。行政程序是行政权运行所必须遵守的方式、步骤和时限的总称。法院审查的程序标准就是行政行为应当遵守的程序规定。因行政规范性文件的制定一般需要经过：（1）规划和立项；（2）起草、协商与征求意见；（3）审核、签发与公布几个阶段。司法审查的标准主要表现为对行政规范性文件：（1）事先是否进行了调查和论证；（2）是否公开征求意见或经由行政机关集体讨论；（3）是否经过行政首长签发；（4）是否向社会公开、备案等。同时，基于我国程序法的匮乏和成文法对社会生活反应的滞后性，构建行政规范性文件的"正当程序"标准，并以其补充法律法规、规章和行政规范性文件所要求和允诺的必要程序，同时还需要补充制定法没有明确规定但正当程序原则有相关要求的程序事项，可以说如此不仅得到了学界的普遍认同，还是织密权力监督之网的一项有益探索。

---

〔1〕 黄昭元："宪法权利限制的司法审查标准：美国类型化多元标准模式的比较分析"，载《台大法学论丛》2004年第3期。

〔2〕 胡建淼教授主持的课题组建议将事实审查标准之"主要证据不足"改成"认定事实错误"。参见胡建淼主编：《行政诉讼法修改研究：〈中华人民共和国行政诉讼法〉法条建议及理由》，浙江大学出版社2007年版，第387~393页。马怀德教授主持的《行政诉讼法修改》课题组，建议将事实问题分为"没有事实根据或者事实不清"和"主要证据不足"两大块。参见马怀德主编：《司法改革与行政诉讼制度的完善：〈行政诉讼法〉修改建议稿及理由说明书》，中国政法大学出版社2004年版，第333~345页。

（三） 热衷审查标准而轻视审查强度的实务操作

我国行政行为的司法审查标准虽在行政诉讼法上未有明确表达，但司法惯例以及学界对司法审查标准的观点都在行政行为司法审查的个案中发挥着指引法官衡量、裁断行政行为合法与否的功能。然而究其根本，这种惯例的形成以及学理研究的展开仍只是单纯强调司法裁判作出的理由或依据，即1989年《行政诉讼法》第5条与第54条的8项判决条件。这与法治较发达国家基于个案具体情况从而在审查标准的名目下，能动地选择宽严有别的审查强度的司法实践差距甚大——如《美国联邦行政程序法》不仅规定了作为裁判依据和理由的审查标准问题，而且在事实审查方面还规定了三重审查强度。[1]实践中，无论英国、美国还是德国、法国，法院对行政权的监督并不停留于审查标准的简单运用，而是在这个框架下通过法律解释及法官能动性的发挥，更多地从纵深方向探析问题的性质、类型及对公民权益影响的程度等，从而为公民合法权益的维护提供充分的救济。

虽然，我国法院的法官也会在一定程度上对个案中的审查强度问题给予思考和挖掘。但从整体看，我国尚未形成明确而合理的法律审查、事实审查和程序审查区分对待的司法审查模式。因此，无论是在哪个环节，我国法院常是以统一的高强度标准即法律适用的"正确性"标准和类似于美国"重新审查"的事实标准对行政行为的合法性给予衡量。可以说，这种轻视行政机关对事实问题的专业判断，以及行政机关在专业或政策领域所形成的判断余地的做法可能演变为对行政权的不尊重。笔者认为，司法强度区分理念与技术的不成熟是影响法官个案裁判发挥的重要因素。进言之，缺乏将法律文本、权利救济、行政机关自主性给予综合考量与灵活权衡的审查强度操作技术，难以实现司法审查有效保护私人法益、维护国家权力之间分工的目的。[2]与此同时，也无法为法院对不同行政规范性文件施以不同强度的审查提供指引。

---

〔1〕　H. W. R. Wade, *Administrative Law*, Oxford University Press, 1988, pp. 395~410. 转引自刘东亮：“我国行政行为司法审查标准之理性选择”，载《法学研究》2006年第2期。

〔2〕　王贵松：“论行政裁量的司法审查强度”，载《法商研究》2012年第4期。

二、域外多强度模式下的审查标准

与我国审查强度模式较单一、审查标准较粗疏的情况相较，两大法系代表国家的审查强度或曰审查标准[1]（以下均以审查标准统一指称）更为多元且成体系。这与其较平衡的权力架构、较成熟的司法哲学研究、在管辖制度上级别较高且集中的设计、对实质正义更为开放的态度有关，也更与其区分法律审查、事实审查与程序审查的基本框架，依据个案所涉权利、领域等具体情形，从而选择不同审查强度的法操作技术的成熟密切相关。当然，最主要的原因还在于两大法系较发达国家对法治的信仰以及法治力量、法治环境的建设和积淀。笔者将在下文对两大法系主要代表国家的司法审查标准给予比较和分析，以探寻其审查标准背后的共性、规律，以期为我国司法审查标准和强度的合理化提供借鉴。

（一）美国在法律、事实与程序问题上的审查标准

1. 法律问题审查的谢弗朗标准

在美国，传统和立法[2]的惯例是对于司法审查中的法律问题法院有权决定，但在一定程度上也要尊重行政机关的判断。至于尊重程度，依情况而定。专业性较强的行政解释、行政机关曾参加起草的法律解释、国会支持的行政机关解释等，一般受到法院更多的尊重。而不符合通常解释规则的行政机关解释受到尊重的程度较低。[3]

而自谢弗朗判例以后，美国法院不再对法律的适用享有完全的决定权。法院认为，如果国会没有直接说明法律的确切含义，法院就需要对法律允许范围内的行政机关的解释给予遵从。[4]需要注意的是，该判例所指

---

〔1〕 在国外，审查标准和审查强度的概念并没有严格区分。如美国的审查标准可以指司法介入其他公权力的范围、司法作出判断的理由或依据，也可以指司法在个案中干预的强度。且英国、美国、法国、德国都没有在法律中对审查标准进行专门而系统的规定。已有的审查标准更多的是从法院长期积累的判例总结而来的，或者是如德国一样散见于《德国行政法院法》《德国联邦行政程序法》等多个法律文件中。审查标准和审查强度往往在法院判决和学理讨论中交互使用。

〔2〕 《美国联邦行政程序法》第 706 条。

〔3〕 王名扬：《美国行政法》，北京大学出版社 2016 年版，第 528~531 页。

〔4〕 Chevron v. Natural Resources Defense Council, 467U. S. 837（1984）.

的行政解释是指行政机关负责执行的法律解释，以及对它所制定规章的解释。而对于个案的态度和案件具体情况的理解，法院仍保有充分的裁量权。

在英国，即便是公共权力机构的活动也应当在法律授权的范围内进行，不允许越权而为。这被认为是行政法的核心原则。不过，基于英国议会主权原则的至高地位，法院无权对在法律授权范围内的行政行为进行合法或合理性评判。可知，英国法院对行政行为审查的标准是越权原则，即对于超越法律授予行政机关行使范围、目的或程序等规定的行政行为，由法院进行审查并宣布无效或撤销。

2. 事实问题的三重审查标准

对于事实问题的审查，美国法院的态度经历了一个逐渐转变的过程，即从早期的不闻不问到后来的在合理限度内审查的做法。具体表现为《美国联邦行政程序法》第 706 条的三项审查标准。一是，实质性证据标准，即法院对行政机关作出事实认定的案卷记录进行合理性审查的过程。在此过程中出现的与事实相关的证据认定问题须由行政机关置评。法院只能审查其决定是否公正、合理，而不是对行政行为事实依据正确与否的重新评判。二是，专断、反复无常和滥用行政裁量权标准。在英美法系语境下，行政裁量权被滥用往往表现为行政权运行过程中的专断和反复无常现象。因而，前者与后者并无实质差别。应当说，他们共同构成了行政行为司法审查的一项标准。该标准是对占绝大多数的、非正式程序作出的行政裁量权的评判；是法院对不合理行使行政裁量权的审查标准。[1]三是，重新审查标准。这是美国赋予运行司法权之法院对易滥用且易腐败之政府行政权进行最强制衡干预的体现。该标准要求客观中立的法院在法定的条件下，对政府作出行政行为过程中所依据的证据或事实重新进行司法审查，而无

---

〔1〕 科克大法官在 1598 年鲁克案的裁判中，表达了被授予行政裁量权的行政机关也应当在活动中遵守理性和法律规则的观点。这成为英美法系后期一直以来要求行政机关行使裁量权具有合理性的共同渊源。参见 H. W. R. Wade, *Administrative Law*, Oxford University Press, 1988, pp. 395-396.

须遵从行政机关事实结论的过程。[1]当然，这是对缺乏事实根据之行政机关行政行为的一种少见审查。笔者认为，与这项标准的具体内涵和运用相比，《美国联邦行政程序法》更重要的意义乃在于赋予法院制约行政权的资格，为司法权平衡日益扩张的行政权留下一个可以评判的空间。可见，随着行政权的膨胀，美国也相应地加强了司法审查的强度，以此保障权力制约机制的正常运行。

3. 法定程序审查之外广泛存在的正当程序标准

重视程序是英美法系国家法治的优良传统和一大特色。在行政行为司法审查的问题上，程序审查依然是其中的重要一环。根据《美国联邦行政程序法》第706条规定，对于正式制定规章的行为和正式行政裁决的行为，若行政机关未遵守相关法定程序的，法院应予以撤销。然而，美国的行政行为绝大多数都没有正式程序的规定。于此，法院并非坐视不管，而是采用宪法"正当法律程序"原则对行政行为给予司法监督。根据《美国宪法修正案》第5条[2]、第14条[3]的规定，非经正当法律程序，不论联邦政府还是州政府，都不得剥夺任何人的生命、自由或财产权利。

在法官眼中，正当法律程序的核心是当事人的听证权利。法院承担着给予当事人听证通知的义务，当事人则享有听证的权利。正当法律程序的"正当"一词外延很大，具体范围还应视个案情况而定。可以说，正当法律程序的适用范围既广泛也灵活。但归结起来，其核心要素是指赋予当事人权利并给以保障，即事先得到通知——提出意见——要求行政决定说明理由——作出决定。[4]

在英国，对于行政行为的程序问题，法院必须进行司法审查，并形成

---

〔1〕 杨伟东："法院对行政机关事实认定审查的比较分析"，载《法学研究》1999年第6期。

〔2〕 ［美］卡尔威因、帕尔德森：《美国宪法释义》，徐卫东、吴新平译，华夏出版社1989年版，第230页。

〔3〕 ［美］卡尔威因、帕尔德森：《美国宪法释义》，徐卫东、吴新平译，华夏出版社1989年版，第279页。

〔4〕 王名扬：《美国行政法》，北京大学出版社2016年版，第285~287、306~310页。

了成熟的规则。在有成文法规定的情况下，适用程序越权标准；当成文法未对行政程序给予规定或没有详细规定的，适用自然公正原则给予调整。

（二）法国越权之诉的审查标准

在法国，众多诉讼类型中最重要的当属完全管辖之诉和越权之诉。[1]在完全管辖之诉中，可以对行政行为作全面审查的行政法院的地位犹如行政机关的上级。它不仅审查法律问题，也审查事实问题。此外，法院在完全管辖之诉中可以作出撤销甚至变更的裁决。这种诉讼类型中法官享有的审判权力非常大。其审查标准与美国的"重新审查"标准类似。这不仅与我国法院监督政府的地位迥异，也与我国司法权介入行政权较窄的范围和较弱的审查强度现状不同。而且完全管辖之诉主要是关于行政合同与行政主体赔偿责任的诉讼。因此，与本书讨论的主旨最契合的是越权之诉。

越权之诉是撤销之诉最重要的制度。其中，法官对违法行政行为所作的只能是撤销裁判，而无变更或判决行政机关重做的权力。与完全管辖之诉相较，越权之诉中法官审查的范围和裁判的力度都相对较小。这正是诉讼类型不同，法官审理方式与裁判效力亦随之有别的道理。但应当预见的是，越权之诉中法院对案件的审查能力会不断提升。这一点可以从行政法院对事实问题最初的不审查到后来的审查演变中得以辅证。

1. 传统上不断扩展、完备的越权之诉审查标准

传统上不断扩展、完备的越权之诉审查标准主要包括四个方面。一是无权限的行政行为。这是最早形成的判断行政行为违法的审查标准。对于无权限的行政行为，一般法院都要撤销，除非其所作行政决定同有权限机关所采取措施的后果一致，基于诉讼目的和节约资源的理念，法院对该行政行为可以不撤销。由此我们可以发现，法国的行政法院排斥教条与形式，它在常态制度运行的基础上，兼顾着例外与实质。二是形式上有缺陷的行政行为。基于程序问题所关涉的内容或情形不同，行政法院对行政机关形式违法的处理后果也不一样。其一，违反主要形式的，撤销；违反次要形式的，不影响行政行为效力。其二，对保护当事人权益的形式违反

---

〔1〕　杨红："行政复议与行政诉讼衔接研究"，苏州大学 2016 年博士学位论文。

的，则构成撤销行政行为的理由。其三，紧急情况下出于对公共利益保护的需要，行政行为可以不遵守法定的程序、形式。其四，在一些判例中，法院有时候会根据情况，允许对瑕疵轻微的形式进行补正，或者经过相对人同意，法院也可以考虑消除形式违法的瑕疵。[1]这些都体现了法国行政法院针对不同类型形式问题分情况处理的做法。三是行政权力被滥用。与法院对行政行为形式合法与否的审查标准不同，行政权力的滥用是对行政行为目的的审查。四是违反法律的行政行为。"违反法律"的内容非常广泛。概括言之，除了对法律内容的违反、行政行为法律根据的错误以及事实根据不符合法律规定外，它还指对成文法、法律一般原则、最高行政法院判例违反的情形。

2. 越权之诉中的事实审查标准

越权之诉中的事实审查标准主要包括三个方面。一是对事实问题的一般审查标准，即法院对行政行为所认定的事实是否实际存在、是否符合法律规定的审查。这是越权之诉中最常见的标准。二是明显的判断错误标准，即对于法院一般不予以审查的事实性问题，当一个理智人都能够根据一般常识发现错误时，法院就须介入审查。因此，对于国家安全事项等特定事项，法院均可依据明显的错误标准对行政机关所认定的事实给予审查。[2]三是合理性审查标准，即对于法律有特别规定的，法院可以对行政行为的妥当性进行审查。虽然合法性审查是行政法院遵循的惯常标准，但因为事实的认定往往会牵涉行政行为的妥当性。因而，法官也会对不妥当的行为作出撤销的裁判。

3. 法国行政法院的程序审查标准

对于程序问题的审查，除上文越权之诉中形式缺陷的审查标准外，还包括法律未有明确规定下的程序审查标准，即法国发达的判例法所发展形成的，在不利处分前行政机关应通知相对人，并给予辩解机会的"防御

---

〔1〕 王名扬：《法国行政法》，北京大学出版社 2007 年版，第 544~546 页。

〔2〕 解志勇、于鹏："关于选择行政诉讼的审查形式：完全审查的思考"，载《天津行政学院学报》2005 年第 1 期。

权”标准。对于一定程度上影响严重的行政决定，最高行政法院会相应地给予听证机会。这种最先出现于行政机关处分公务员，后来又被广泛适用于其他行政领域的“防御权”原则的内容有：告知相对人来自行政机关的指控及其内容、给予当事人充分的防御答辩时间、行政机关应听取并斟酌当事人意见等。[1]

可知，在防御权原则的形成和成熟过程中，正是行政法院的判例和行政法官的解释充当了建造者的角色。从法院对听证程序中“严重程度”的判断来看，法官拥有宽严程度的话语权。

（三）美国和法国经验的有益思考

上述不同国家司法审查的模式和强度因各国具体制度、历史经验及各自对行政行为合法性的独特理解而各有特色。但我们也仍然可以较容易地识别出其所具有的共通性。而在行政行为司法审查标准的问题上欲立足中国问题，并取得罗豪才教授所提出的“中国特色、中国风格、中国气派”的成就，一定程度上也离不开对域外经验的学习，这对我国行政规范性文件司法审查标准的完善以及区分审查强度的技术大有裨益。

1. 实质法治理念下丰富而多层次的审查强度

形式法治与实质法治是法治追求中的两种倾向。前者重视的是法体系和法形式的完备与合理，生产出的是严密的成文法系统。后者则是在形式合理的基础上更为侧重对法正当性价值的关注。在实质法治影响下的法律体系是以正义为追求目标的。因而，不拘泥于成文法，承认法律原则、法律精神的效力是实质法治的突出特点。由上文可知，无论是美国对事实问题的实质性证据，专断、反复无常和滥用裁量权以及重新审查的三重强度，还是法国越权之诉中对形式上有缺陷的行政行为进行不同强度的审查规定，他们各自的审查标准并不是法律条文的简单援引，而是触及了行为目的是否正当、是否公平的理念。面对复杂多样的各类行政行为，各国的审查强度也更为丰富和多层次。可以说，在从形式正义向实质正义转变的

---

〔1〕　刘东亮：《行政诉讼程序的改革与完善——行政行为司法审查标准问题研究》，中国法制出版社 2010 年版，第 152 页。

过程中，实质法治理念的形成与发展对两大法系代表国家之行政行为司法审查标准的多元化或区分审查强度的技术产生了深刻的影响。而我国则仍处于对成文法较为形式和狭隘的理解中。这是一个尚未将行政行为的司法审查标准与行政法治精神结合起来的形式法治时代。

2. 富有弹性而呈体系化的审查标准

面对不同领域、不同特色的行政行为，西方国家的法院分别以不同形式建构了一套宽严有别的审查强度或曰审查标准系统。这使得法院获得了对行政行为较为弹性的监督权，如美国，对越是经过正式的、严格的法律程序作出的行政行为，法院认为其越不会对相对人的合法权益造成侵害，法院的审查标准就越宽松。反之，可能对相对人合法权益造成较大侵害的非正式行政行为，法院所秉持的则是更为严格、谨慎的态度。再如《德国联邦行政程序法》针对无效、一般违法、行政裁量等不同类别的行政行为规定了多种强弱有别的审查标准。

另外，两大法系代表国家在审查标准上的体系化趋势值得注目，如德国将比例原则这一审查标准细化为三个分支。一是行政手段必须适合于行政目的实现的适当性原则，即仅强调手段的"目的符合性"或"目的契合性"。[1]二是要求在可达到行政目标的诸多手段中，选择对公民权利损害最小侵害方式的必要性原则。[2]三是要求手段欲达到的目的和采取该手段所限制的公民权利间保持一种比例关系的狭义比例原则。也正是这三个体现比例原则内涵分支的运用，使得该原则这一整体性标准获得了非常强的个案操作性。这也是比例原则能在日本、我国台湾地区等大陆法系国家或地区得以大力普及，并在欧洲一体化进程中走向欧盟和英国的重要原因。该审查强度区分技术的成熟除受到法官态度、法官对司法技术的高超运用、对法治精神的深刻理解和探究外，也与法官对行政机关的信任度、行政行为对公共利益或当事人权益影响的程度以及行政行为作出的程序等因

〔1〕 李惠宗："行政法法源与一般法律原则"，载李惠宗：《行政法要义》，五南图书出版公司2004年版，第121页。

〔2〕 Jeremy Kirk, "Constitutional Guarantees, Characterisation and the Concept of Proportionality", 21 Melb. U. L. Rev. 1 (1997).

素有关。

3. 法治综合建设的成效

从上文主要对美国、法国审查标准或曰审查强度的历程与现有制度的管窥中，我们可以发现，在悠久的法治文化熏陶下，来自法院对法律问题天然而强大之审查权的运用，法官致力于保护公民自由、财产等权益并追求公法秩序之能动性的发挥，以及法律工作者在长期的司法实务历练中所形成的对法之精神的深谙和司法技术的娴熟掌握等因素，都是法治较发达国家行政行为司法审查强度或标准得以形成并切实运行的保障。这也许也正预示着司法审查制度建构与发展的经验和规律。诚如美国和法国在司法审查事实审查强度方面的趋同现象，这种原属两大不同法系的非偶然内在契合，或许在一定程度上反映和代表了世界范围内行政诉讼审查范围的发展趋势和方向。[1]可以说，这种视个案具体情形从而选择不同审查强度以回应争议实质的做法，是这些国家或地区的宝贵经验。而我国法院对政府行政行为审查强度较弱的原因与司法权威不足、法官能动性差以及对个案问题解决之法律解释权的阙如、对事实审查证明标准的不合理设置以及程序审查不到位等因素密切相关。

三、我国行政规范性文件司法审查标准的反思与完善

以上国家或地区较成熟的司法审查经验表明：行政行为司法审查的标准源于行政行为作出时所关涉的法律情况、事实因素和程序规定。行政行为的顽症也无不出于此三方面。而这也是我国 1988 年向全民公开征求意见的《行政诉讼法（草案）》的思路。[2]由于法院与行政机关分别对法律问题和事实问题的专业优势，以及陪审团对争议事实的审查及传统，法治较发达国家在行政行为司法审查过程中形成了事实审查与法律审查的区分。随着民主法治进程的深入，对行政行为程序合法与正当性的考量也跨

---

〔1〕　王名扬主编：《外国行政诉讼制度》，人民法院出版社 1991 年版，第 651 页。

〔2〕　只是后来因仓促之故而在没有公开讨论和专门研究的情况下，草率添加了与草案拟定的项目并不协调的"超越职权"和"滥用职权"这两项标准。

越了惯有程序传统的英美法系领域，在大陆法系国家逐渐得到重视与普及。我国行政规范性文件司法审查的制度建构离不开法学原理和人类智慧的指引与支持。为求问题的清晰呈现，笔者此处借用区分审查模式的框架对我国行政行为司法审查标准给予剖析。需要说明的是，基于学理和实务中对是否享有主体资格、是否超越管辖权限以及内容是否合法标准的运用并无太大分歧，以及"滥用职权"和"明显不当"主要在合理性范畴给予探讨的情况，本处所讨论的"我国司法审查标准的问题"是对行政行为的依据是否合法、事实是否客观合理以及是否符合法定或正当程序标准展开的。

（一）法律审查

1. 行政诉讼法的规定

根据《行政诉讼法》第 69 条"适用法律、法规正确"、第 70 条第 2 项"适用法律、法规错误的"规定可知，法院对受案范围内行政机关所作行政行为合法性的评判因素之一即为适法正确与否，而适法正确与否，首先，是对行政行为事实性质的认定要正确即事实定性正确；其次，基于对法律事实的准确定性，进而在宏观层面选择正确的法律部门，并在此部门法中选择精准的行政法规范；最后，根据司法三段论的逻辑推演，全面考虑具体法律事实情节相关因素，再或轻或重地客观全面适用相关行政法律规范。[1]

2. 问题与建议

首先，适用法律、法规是否正确的审查标准是"正确性"标准。而是否"正确"的实质，其实是崇尚法律确定性理念的表现。它认为，法院是对行政机关关于法律解释与法律适用结果是否严格符合法律规定的审查。这种理性主义的法律思潮在 20 世纪以前的大陆法系国家占支配地位。然而，这样的审查标准一方面与法律概念的不确定性及相对性的现实相悖。另一方面，它也没有给行政机关的专业性、技术性、政策性等问题留下必要的裁量空间。这种审查标准带来的是法律审查的僵化和扭曲。合理的法

---

〔1〕 应松年主编：《行政诉讼法学》，中国政法大学出版社 2011 年版，第 211 页。

律秩序应当是只要下位规范是在上位规范的框架内的、可接受的,那么它就应当是有效的。那种认为应当从上位规范得出一个唯一正确答案的下位规范的法律观是不科学的。凯尔森认为,那种期待从法律得出唯一正确的行政行为,就像要求从宪法得出唯一正确的法律一般不切实际。因此,宜将《行政诉讼法》适用法律、法规"是否正确"的标准修改为行政行为的依据"是否合法"。其次,行政行为的依据实际上并非只有法律法规。不可否认的事实是,行政主体在行政活动中所依据的还包括规章和行政规范性文件。有时候,在上位法没有规定的情况下,行政机关的执法行为往往直接依据具有先行先试性质之规章即可作出。而行政诉讼的实践与此相呼应。实践中,法院也可以单独依据规章作出裁判。因此,合法有效的规章也是行政机关执法活动的根据。在评判行政行为合法性的过程中,规章也可以作为法院司法审查的标准。建议将《行政诉讼法》适用法律、法规的依据范围修改为适用法律、法规、规章是否合法。此外,因行政规范性文件对法院并无拘束力,法院对其享有选择适用的权力。因此,行政规范性文件并不是行政行为的依据。最后,关于法律审查的一个现实情况是虽然我国《行政诉讼法》规定了法院在纠纷中对法律问题的裁判权,但问题的关键在于现行的法律体制并没有赋予各级法院普遍的法律解释权力。依照我国法律的解释体制,只有最高人民法院才可以对审判中的具体法律问题进行解释,其他法院则只享有对法律规定的审查权。对于行政法规、地方性法规与规章,因其分别由国务院、地方人大常委会及政府各自的主管部门解释,法院亦无权过问。这与法院和行政机关都可以对法律作出解释的原理冲突,[1]且这与法院享有对法律问题最终决定权的现代法治国家的逻辑和做法不符。[2]此外,由行政机关立法、执法且享有相应法律解释权的现象本身有违自然正义的原则。建议立法者应赋予地方各级法院法律解释

---

〔1〕　高秦伟教授认为,行政主体对法律、行政法规、行政规章和其他规范性文件的含义、界限所作的说明;对法律概念、法律原则、规则、立法意图所作的说明;对事实所作的说明等都是行政机关对法律规范进行的说明与阐释。参见高秦伟:《行政法规范解释论》,中国人民大学出版社2008年版,第232页。

〔2〕　王麟、王周户编著:《行政诉讼法》,法律出版社2005年版,第58页。

权及法律适用的最终决定权。

3. 相关评析

笔者认为，我国的法律审查之所以存在审查标准较为严苛与不合理的弊病，除了上述原因外，还包括对法律现象复杂性认识的不足，以及对议会立法规定的事项越来越少而行政机关制定规则的领域越来越多等因素，法院应当随之加强审查监督力度，并在司法权监督行政权的范围和强度方面给予理论与技术方面的跟进。在我国，法院对法律条文的权限一般情况下主要表现为简单援引，法律的解释权则为既有制定也有解释资格的行政机关所独具。换言之，在法院对自己专长事项也难以保有说最后一句话的权力的框架中，适用法律、法规是否正确的审查标准只会进一步限制司法审查强度的理论和实践的深入。因此，可以预见的是，在法律问题司法审查强度类型化尚未得到重视并进行区分处理的情况下，我国行政规范性文件法律争议的解决也难有实质性回应。

（二）事实审查

行政行为的司法审查除法律审查外，还包括对被诉行政行为的事实审查。而行政诉讼制度语境中的事实审查其实是指法院对行政行为所依据之事实的认定，或者说"兹所谓事实系指事实之主张而非事实之本体"。[1]司法审查中的事实审查是法院对行政机关行政行为事实主张的评判，而非对事实本身的重新调查。进言之，"法院在行政诉讼中对事实问题的审查实质上是一个合理性的问题。准确地说，是一个在现有证据基础上判断行政机关的事实认定是否合理的问题，而非正确的问题"。[2]然而，我国法院对行政行为的事实问题采用的则是全面的正确审查标准。对于行政规范性文件的事实基础即行政机关对社会生活、政治、经济与文化等现象进行筛选、评析和利用的过程，法院也需要进行审查且应当是更为宽松的审查。否则，法院就不可能对行政规范性文件的合法性作出评判。

---

[1] 陈计男：《行政诉讼法释论》，三民书局 2000 年版，第 419 页。
[2] 孙少敏："行政诉讼事实问题及其审查"，载《中共山西省委党校学报》2011 年第 6 期。

（1）指导理念。在事实问题的证明要求上，我国行政诉讼制度追求的是"客观真实"[1]而非"法律真实"[2]。马克思的辩证唯物主义认识论指出"世界是可知的，人类有认识世界的能力。但将此命题运用到诉讼证明的领域中，就产生了如下理解：案件事实是客观存在的，因而也是完全可以认识的。"[3]同理，对同属客观实际并曾真实上演的案件事实，可知论哲学认为，"只要司法人员充分发挥主观能动性，重视调查研究收集证据，完全有可能掌握对查明案情具有意义的一切事实。"[4]

（2）行政诉讼证据是否确凿、充分的审查标准。在可知论理念的指引下，《行政诉讼法》通过第69条"行政行为证据确凿"和第70条第1项"主要证据不足的"的规定，确立了我国法院对行政机关所认定事实的全面审查标准。该标准主要透过证明要求——证据是否确凿、充分得以诠释。[5]

证据确凿主要侧重于行政行为所涉事实要素在质上的要求，它是指所作行政行为在事实方面的依据要确实和可靠。主要证据不足意指行政行为所涉事实方面的主要证据当充分，否则视为"证据不足"，这是对事实问题量的要求。二者是行政诉讼证明标准的一体两面，前者需要以后者为必要条件，后者则要以前者为基础。缺少哪一方面的条件都无法达到查明案件事实的目的。

（3）反思与出路。我国当代的诉讼法学是从20世纪50年代发展而来

---

[1]　客观真实是指司法机关所确定的事实必须与客观上实际发生的事实完全符合，确定无疑。巫宇甦主编：《证据学》，群众出版社1983年版，第78页。

[2]　法律真实是指人民法院在裁判中对事实的认定遵循了证据规则，符合民事诉讼中的证明标准，从所依据的证据看已达到了可视为真实的程度。李浩："我国民事证明制度的问题与原因"，载王利明、江伟、黄松有主编：《中国民事证据的立法研究与应用》，人民法院出版社2000年版，第161页。

[3]　卞建林、郭志媛："论诉讼证明的相对性"，载《中国法学》2001年第2期；王金福：《马克思的哲学在理解中的命运：对马克思主义哲学史的解释学考察》，苏州大学出版社2003年版，第148页、第154页。

[4]　巫宇甦主编：《证据学》，群众出版社1983年版，第79页；韩雪松："刑事诉讼证明主体的界定"，载《太原科技大学学报》2007年第2期。

[5]　朱新力："论行政诉讼中的事实问题及其审查"，载《中国法学》1999年第4期。

的。对于证明标准的理论基础，学界推崇的是马克思的辩证唯物主义认识论。不仅刑事证明标准，同属诉讼范畴的、遵循普遍性既定司法审查规律的行政诉讼也不例外。我国司法审判实践中，法院对行政主体的行政行为所进行的法律事实审标准就是客观真实认知论的要求。陈光中教授认为："行政机关对相对人的违法事实的认定，同样应当以可知论作为前提，而且应当看到，行政诉讼证明标准实际上体现的是行政机关在对相对人作出不利的行为时其所根据的事实符合客观事实的程度。"[1]

与国外法院对行政行为事实问题基本尊重的态度，以及"实质性证据"等多重强度审查标准相较，笔者认为，我国这种建立在"客观真实"之下的"证据确凿、充分"的证明标准阻断了法院对行政规范性文件事实问题之多强度标准的形成。虽然，在《最高人民法院关于行政诉讼证据若干问题的规定（送审稿）》中曾根据行政行为的性质将行政行为的事实审查强度一般性地区分为：（1）明显优势证明标准；（2）优势证明标准；（3）排除怀疑标准。[2]但终审稿却将"证明标准"部分删除。且实务中哪些情况适用明显优势证明标准？哪些情况又需要以排除怀疑标准进行不同强度的审查监督并没有具体参数给予指引。可以说，在尚未对行政行为事实审查强度给以充分的理论研究和细致的实务探索情况下，我国法院调整行政行为事实问题所遵循的依然是完全审查的标准。而该标准不是法院对行政机关行政行为所涉事实问题是否客观、存有偏见、合理妥当的审查，而是要求法院对行政行为事实问题的重新审查。质言之，将全面审查的标准作为事实审查的唯一标尺是司法权对行政权纵向范围之合理限度的僭越。它违背了法院作为法律专家的身份，并忽略、损害了行政机关对行政行为专业化的优势和判断。与此同时，原本有限的司法资源也在一定程

---

〔1〕 陈光中、陈海光、魏晓娜："刑事证据制度与认识论——兼与误区论、法律真实论、相对真实论商榷"，载《中国法学》2001 年第 1 期。

〔2〕 "明显优势证明标准"是指法庭按照证明效力具有明显优势的一方提供的证据认定案件事实的证明标准。"优势证明标准"适用于财产权或人身权争议的行政裁决案件，是指法庭按照证明效力占优势的一方当事人提供的证据认定案件事实。"排除怀疑标准"适用于限制人身自由的行政处罚或强制、责令停产停业和吊销证照等对行政相对人人身或财产权益有重大影响的行政案件。参见刘峰：《行政诉讼裁判过程研究》，知识产权出版社 2013 年版，第 50~51 页。

度上因对行政行为所涉事实问题重新调查，甚至在更加费时费力的调查中大受损耗。此外，全面审查标准不仅是对行政机关之事实认定作用的无视，"还会使得行政程序中为保障准确认定事实而设立的调查取证制度、听证制度等变得形同虚设"。[1]所以，对于行政机关所确认的事实问题，法院既不能不审查也不宜过度审查。

笔者认为，一般情况下，在事实审查的过程中，法院不应代替行政机关对事实问题作重新认定，而应当在原则上尊重行政机关的决定，以是否合理的标准予以衡量更为妥当。[2]因为"行政诉讼事实问题实质上是一个法官判断行政主体事实认定是否合理的问题"。[3]具体到行政规范性文件的事实审查标准，一方面，在保留现有高强度审查标准的情况下，更多时候我们需要的是适当降低事实审查的强度，以不同维度的审查标准对行政规范性文件的事实方面给予合理、有效监控。另一方面，我们也需要从根本上对证明标准的认识理念给予调适。

（三）程序审查

耶林认为，形式是自由的孪生姐妹。程序不仅是规范权力行使的一套机制，更是对个人自由的一种保护。在行政程序法备受关注的当今，作为行政权运行方式的行政规范性文件，它在制定时是否遵循了法定程序，是否体现了程序正义，都无可置疑地成为判断行政行为合法与否的重要方面。可以说，程序审查是行政诉讼审查的题中之义，是织密权力之笼的必要过程。于此，我国行政诉讼法确立的程序审查标准不仅具有理论价值，在行政执法和司法审查方面的现实意义也非同小可。

1. 法定程序标准

《行政诉讼法》第69条"符合法定程序的"，以及第70条第3项"违反法定程序的"规定确立了行政行为司法审查的法定程序标准。

与1989年《行政诉讼法》不同的是，现行法认为那种对原告权利不

---

[1]　周少华、高鸿："试论行政诉讼对事实审查的标准"，载《法商研究》2001年第5期。
[2]　向忠诚：《WTO与中国行政诉讼制度改革》，湖南人民出版社2006年版，第175页。
[3]　潘荣伟："行政诉讼事实问题及其审查"，载《法学》2005年第4期。

产生实际影响的程序轻微违法行为，按照原法一律判决撤销或重新作出的规定太过严苛。不仅实施起来有难度，而且，从行政成本和实际效果的角度看，也并不理想。因而，现行法第 70 条所指"违反法定程序的"情况不包括对原告权利不产生实际影响的程序轻微违法情形，而是在尊重程序价值的同时，以新增法条第 74 条确认违法的方式将此种行政行为给予否定性评价。

2. 现有法定程序标准的不足

对于法定程序之"法"的认识目前尚未达成共识。一种观点从法院审查行政案件的"依据"以及司法权与行政权关系的角度认为，它包括法律、行政法规和地方性法规。[1]而规章和行政规范性文件所规定的程序并未被列入其中。另外一种观点则将规章和不与上位法抵触的行政规范性文件也列入其中。[2]因为规章是行政法源，当然属于"法"的范畴，且行政规范性文件通常被作为法定程序的依据对待，因此它也应当是法定程序之"法"。还有观点认为，法定程序的"法"不仅包括违反规定行政程序内容的任何成文的法律规范，还包括现代行政的基本原则。[3]对此，杨小君教授认为应将规章、行政规范性文件及法的原则精神等作为法定程序中的"法"的范围对待。这些文件及精神所规定的程序虽未必都能构成法定的程序，但法定程序应当均出自其中。[4]问题在于，实践中我们常忽视"法定程序"应有的原则和精神，更多的是对制定法具体条文的固执追求和对程序法过于狭隘、死板的理解。这不仅与人们缺乏对法律应有之义的分析和认识有关，也与统一行政程序法典的阙如密切相关。因此，积极制定涵盖各种行政行为并明确行政程序基本原则的行政程序法意义重大。而在行政规范性文件司法审查制度建构的论域中，笔者认为，确立"正当程序"

---

〔1〕 应松年主编：《行政诉讼法学》，中国政法大学出版社 2002 年版，第 206 页。姜明安：《行政诉讼法》，法律出版社 2007 年版，第 255 页。

〔2〕 章剑生：《现代行政法总论》，法律出版社 2013 年版，第 230 页。

〔3〕 朱新力：《行政违法研究》，杭州大学出版社 1999 年版，第 151 页。

〔4〕 杨小君：《行政诉讼问题研究及制度改革》，中国人民公安大学出版社 2007 年版，第 454 页。

标准不仅有助于消弭人们对现有"法定程序"标准认识的狭隘、打开程序审查的闸门，还可以在行政权力不断强大和发展的过程中，相应地拓展、丰富行政程序的内涵，确保程序审查的有效性和与时俱进。

为彰显程序观念、提升执法水准，《行政诉讼法》在程序问题上做了多次调整。但遗憾的是，对于现有法定程序标准之外应当增加正当程序标准的提议，《行政诉讼法》认为这对行政机关要求过高，在司法裁量中也存在空间过大的问题而最终并未被采纳。我国有重实体轻程序的传统，近些年来虽然我国的程序理论与制度有了长足进步，但我国目前还没有一部全国范围内统一、权威的行政程序法典，体现正当程序价值的相关理念和制度尚未得到正式明确和充分应用。

面对自主领域不断拓展的行政权，以现有"法定程序"来衡量行政规范性文件是否合法的标准实难形成司法权与行政权制衡的局面。公民合法权益救济的力度也可能因程序审查的强度不足而将受到一定影响。详言之，单单依靠现有法定程序标准难以达成正当程序标准在调整方式上的灵活性和范围上的广泛性效果。尤其是未涉及正当与否价值评判的法定程序标准，在现今由部门主导的立法体制下，很难保证行政行为在程序上的正当性。正如孙笑侠教授所描述的，当我们重视程序法并努力加强程序建设之时，另一种借"程序化"之名并通过立法增设办事关卡的程序却给公民找了不少麻烦。更须警惕的是，许多所谓的程序中还附加了收费的要求。[1]可见，不过问正当与否的法定程序标准反倒容易被歪曲和被丑化。

在行政权不断膨胀、传统禁止授权原则衰落的时代，以正当程序模式来弥补严格规则模式的不足已成为当代行政法发展的主流。[2]在这样的背景下，正当程序审查标准就成为司法审查的一个重要方面。反观我国先有"法定程序"的立法规定而后出现"正当程序"一般原则的诉讼法发展历程，结合"正当程序"原则依附于"法定程序"条文得以成长、发展的司法实践，笔者认为，在不变动人们对我国现有"法定程序"认识习惯的基

---

〔1〕　孙笑侠:《法的现象与观念》，山东人民出版社 2001 年版，第 156 页。

〔2〕　周佑勇:"行政法的正当程序原则"，载《中国社会科学》2004 年第 4 期。

础上，为明示政府行政行为应当遵守符合相关程序立法目的、原则与精神内容的"正当程序"重要性，[1]通过制定统一的行政程序法典和司法实务等形式将程序制度和价值给予解释、补充，并为行政规范性文件司法审查确立对法院产生拘束力的"正当程序"标准的做法更适我国法律发展的独特逻辑和司法审查的现实需要。

3. 确立"正当程序"审查标准的必要性

一是，WTO 在许多地方明确规定了行政程序的正当性标准。在我国行政诉讼中确立该标准也是我国司法改革的一个重要方向。在此国际国内的背景下，作为成文法国家，即便我国制定了统一的《行政程序法》，也可能会因为成文法的局限性而无法将复杂多变的行政内容完全统一在内。因此，对行政行为的规制需要一个富有弹性的程序保障。二是，正当程序也是规制行政裁量权的需要。作为行政权的核心，可以说行政裁量权已经渗透到行政法领域的每一个角落。为制约日益扩张的行政裁量权，单靠事后的司法救济还不够。作为事前的规范机制，行政程序是防止行政裁量滥用与恣意的补充与辅助。三是，行政程序的兴旺与发达将为具有专业性、技术性与政策性特征的行政裁量权的司法监督提供可操控的途径。正当程序的确立也将有益于行政行为事实审查标准的形成。此外，相比法规与规章，对数量更为庞大且与公民权益直接相关的行政规范性文件而言，正当程序可以实现对行政规范性文件更大范围的调控。

第四节　出口问题：司法建议的间接性

判决是法院对案件实体与程序问题终局结论的宣誓。与上文所体现的法院在"司法审查过程"之审查强度问题的研究相较，行政诉讼判决则突出展现的是法院在"司法审查结果"方面司法权对当事人权利救济、对行政权监督之程度问题。然而，无论是 2014 年、2017 年《行政诉讼法》的

---

[1]　甘文："WTO 与司法审查的标准"，载《人民司法》2001 年第 9 期。

两次修改，还是最高人民法院 2018 年发布的司法解释，一再确认和强调的都是法院对行政规范性文件合法性的判断权、拒绝适用权和法院对法律规范适用的选择权。这种非裁判的司法处理模式在我国虽有其显著意义，但毕竟不是一种直接和完全的法院审查权。因而，权力能否被监督，监督到何种程度，权益能否得到救济，又将得到何种程度的救济等问题值得我们深思。

一、司法解释文件与行政诉讼法的规定

（一）司法解释文件中的审查、适用规则

2014 年修订实施的《行政诉讼法》并非行政规范性文件司法审查权之滥觞。早在 2000 年以来，最高人民法院就通过一系列司法解释等文件——《最高人民法院关于执行〈中华人民共和国行政诉讼法〉若干问题的解释》（已失效，以下简称《若干问题的解释》）第 62 条第 2 款、《最高人民法院关于裁判文书引用法律、法规等规范性法律文件的规定》（以下简称《规定》）第 6 条以及《最高人民法院关于审理行政案件适用法律规范问题的座谈会纪要》（以下简称《座谈会纪要》），文件相关规定逐步创设了人民法院对行政规范性文件的审查、适用规则。其中，《若干问题的解释》第 62 条第 2 款规定法院在裁判文书中"引用"合法有效的"其他规范性文件"的做法，是对 1989 年《行政诉讼法》第 53 条"参照规章"含义的补充和明确。此外，它还以当然解释的方法超越了法律文本，隐晦地创设了人民法院关于行政规范性文件的司法审查权。这在 2009 年最高人民法院发布的《规定》中已经得以确认。除此之外，对行政规范性文件司法审查规定最为详细明了的要属《座谈会纪要》了。对于行政审判实践中经常涉及的行政规范性文件问题，2003 年最高人民法院在上海召开的全国法院行政审判工作座谈会的与会人员形成了以下共识。一是明确了"具体应用解释"和"其他行政规范性文件"的范围。二是明确行政规范性文件不能对法院产生法律规范意义上的约束力。三是对于合法合理且适当的行政规范性文件，人民法院在具体行政诉讼个案审理中，应承认作为体现抽象

行政立法行为结果的其他行政规范性文件的法规范效力。四是法院在其司法审判权限范围内，可以对个案所涉特定的行政规范性文件进行有限度的审查，并在司法文书裁判理由中作评述。由此推之，一方面，《座谈会纪要》对行政规范性文件合法、有效并合理、适当的评价标准超出了合法、有效的一般规定。另一方面，在裁判理由中作相关评述的规定其实是对法院裁判文书说理性的要求。因为，一个不具有法源地位的行政规范性文件，如果它被视为具体行政行为合法依据的话，法院就须作出充分的说明和论证。反之，法院在个案具体行政行为合法性审查过程中，如果认为特定行政规范性文件违法或不当，也必须依法作出充分的说明。"因此，从裁判技术的角度考虑，'可以'进行评述的规定，更为准确的表述是'应当'进行评述。"[1]

然而，最高人民法院《若干问题的解释》和《规定》，与明确规定了司法审查权运行规则但缺少刚性的内部性文件——《座谈会纪要》导致了行政规范性文件司法审查的不确定性。[2]这正是造成实践中各级人民法院往往不遵守行政规范性文件司法审查之法律义务而又不需要承担责任的原因所在。直到2014年，借《行政诉讼法》迎来史上第一次大修之时，行政规范性文件的附带审查制度才从法律上得以确立。与此同时，2018年实施的《最高人民法院关于适用〈中华人民共和国行政诉讼法〉的解释》，其以第145条至第151条共7个条文集中规定了行政规范性文件一并审查的内容。司法解释进一步明确：对于不合法的行政规范性文件，人民法院不仅应当向制定机关提出针对性处理建议，而且还可以将"司法建议"抄送给行政规范性文件制定机关所属的同级政府或者上一级行政机关。

（二）《行政诉讼法》的规定

《行政诉讼法》第53条和第64条作出的法院对行政规范性文件附带审查规定，是国家第一次以法律形式正式确立了法院对个案具体行政行为

〔1〕 余军、张文："行政规范性文件司法审查权的实效性考察"，载《法学研究》2016年第2期。

〔2〕 黄金荣："'规范性文件'的法律效力及其界定"，载《法学》2014年第7期。

所关涉的其他行政规范性文件这种抽象行政行为的审查权，打破了过去多年以来法院依据相关司法解释性文件所创设的司法审查权对行政规范性文件给予司法监督的局面。这不仅使得这项权力本身面临的正当性与合法性问题随之得以消解，还引起了学界和实务部门对行政规范性文件司法审查的更多关注。而思想的认识和理念的重视有助于我们对这项权力运行机制的理解与完善。

　　具体到行政规范性文件经过司法审查后的处理问题，我国现行《行政诉讼法》于第七章"审理和判决"以第 64 条之"规范性文件审查和处理"作出了明确规定。可知，现行法在承袭最高人民法院 2004 年《座谈会纪要》精神的同时，进一步明确了法院对违法行政规范性文件"向制定机关提出处理建议"的要求。这一点也在 2015 年最高人民法院审判委员会第1648 次会议通过的《最高人民法院关于适用〈中华人民共和国行政诉讼法〉若干问题的解释》第 21 条中得到了一定程度拓展，即对于不合法的行政规范性文件，人民法院以"司法建议"的形式在向当事人诉求附带审查的行政规范性文件的制定机关提出针对性处理建议的同时，还可以将"司法建议"抄送给类似通过行政复议所确定的针对制定机关的行政复议机关所属的同级政府或者其上级行政机关。

二、相关规定的评析

　　《行政诉讼法》和最高人民法院的最新司法解释都为行政规范性文件司法审查制度的依法展开提供了强大依据。此举不仅使得有法律之实而无法律之名的"隐形法律"被明确纳入司法审查的程序中，在对法官对违法行政规范性文件之审查意识的提升、审查勇气的鼓舞上也颇具意义。他们明确赋予人民法院在行政规范性文件合法性问题上的审查权。首先是对具体行政行为依据的行政规范性文件是否合法的判断权。其次是对违法行政规范性文件在本案中拒绝适用的权利。最后是法院对法律规范适用的选择权，从而排除违法行政规范性文件的适用，选择最合适案情的其他法律规范。[1]

---

〔1〕　程琥："新《行政诉讼法》中规范性文件附带审查制度研究"，《法律适用》2015 年第 7 期。

与《座谈会纪要》的司法解释相较，现行法和最新司法解释在正式宣告行政规范性文件附带审查规定的同时，为行政规范性文件司法审查具体制度建构的合法性提供了依据。不足的是，法院在间接审查程序中享有的是一种不完全的审查权。从人民法院对行政规范性文件司法处理的过程看，当前我国法院所享有的并不是一项具有判断权、建议权和裁判权的完整审查权。可以说，这种再次将处理权交由监督效果并不理想的制定机关的做法并未充分发挥司法审查的功能。反过来，期待实现司法权与行政权关系的进一步优化、高扬司法监督行政立场的努力有待在下一次修法中实现。

三、审查结果间接性的缺陷

判决是法院对案件实体与程序问题终局结论的宣誓，也是司法机关享有完全审查权的表现。[1]在域外，对具有普遍约束力之行政规则的司法审查在主体、标准和裁判制度上各有特色。然而，无论是英国、美国的普通法院审查，还是德国、法国的专门行政法院审查，在司法适度原则之下各法院均可对行政规则的合法性作出宣告，并有权对违法行政规则作出撤销或无效的裁判。笔者认为，各国允许法院对行政规范性文件的合法性作出判决的做法值得我们借鉴。而我国行政规范性文件间接附带审查的处理方式则凸显了司法审查有限性原则与必要性原则在其中的紧张关系。

司法审查的有限性是现代行政法的基本原则之一。基于行政效率与社会秩序的考虑，行政法理论认为，法院对行政权的介入不得损害行政权对国家与社会事务应有职能的行使。因而，司法权对行政权的监督与制约须适当、有度。而司法判决的不彻底性正是司法审查有限性的一个表现，即法院不能直接代替行政机关作出行政决定。与此同时，司法裁判的基本功能则要求对争议的法律问题给予彻底解决。否则，无法真正解决行政争议的司法机制，对于求助它的行政相对人而言，也自然无法实现设置行政诉讼制度保护行政相对人合法权益的初衷和根本目的。此时，司法审查的有限性原则与必要性原则在行政规范性文件的裁判问题上交织、博弈。于此

---

〔1〕 江必新："《行政诉讼法》与抽象行政行为"，载《行政法学研究》2009 年第 3 期。

之下,《行政诉讼法》第 64 条指向的建议型司法模式最终正式宣告了我国当下行政规范性文件司法审查结果的间接性现实。

然而,这种间接处理方式的固有缺陷很多。一是,对违法行政规范性文件不予适用并向制定机关提出处理建议的方式不能制止违法行政规范性文件本身的非正义性,同时也不利于政府政策的反思与改进。二是,这种限于个案的救济难以保护所有受到违法行政规范性文件侵害的公民。三是,对违法行政规范性文件的不予适用并没有直接回应诉讼请求人。同时,政府机关可能继续将违法行政规范性文件作为执法依据。各地法院对同一违法行政规范性文件在不同个案中的态度也可能会不同。这些因素的存在不仅在一定程度上会伤害公民的法治信仰,也可能有损司法的公正和执法的统一秩序。四是,司法裁判是公民对政府不法行为导致权利受损时不可替代也不可或缺的有力确认和宣告。反过来,它也能成为彰显政府行政正义及服务公共福祉的有效手段。而司法建议则无法与司法裁判相提并论。五是,对不服行政复议附带审查决定的当事人而言,法院发出司法建议的对象有可能就是复议机关。这无异于法院又将问题抛向了复议机关。如此,法院的审查就难以发挥公平正义最后一道防线的救济功能。

《行政诉讼法》的修改为抽象行政行为司法审查制度在我国的建构与发展带来了希望。然而,如果不对现有条款和制度做进一步细化和完善,凝结着实务部门与理论界专家学者们多年来的宝贵经验和知识、辛苦与洞见、思索及呐喊的抽象行政行为司法审查之念与行就可能停滞不前。

第五章

建构完善：行政规范性文件司法审查的保障机制

　　我国《宪法》第 5 条、第 41 条的规定也为司法权监督行政权以及行政诉讼制度的创设奠定了基础。《行政诉讼法》第 2 条、第 4 条则进一步对行政审判权启动条件及其组织载体给以明确。然而，对行政规范性文件而言，附带审查良好、有效的运行离不开具体制度的建构。于此，本章将围绕审查强度这个核心，从直接审查程序的视角建构并完善相关制度。首先，考虑到司法地方化的客观情况，为提高司法审查的独立性、保障案件的公平正义，本书提出应在修法时将行政规范性文件纳入管辖规定中。一方面，在一般情况下规定行政规范性文件应由中级人民法院管辖。但出现《行政诉讼法》第 15 条、第 16 条、第 17 条规定的"重大、复杂"情形时，宜适当提高法院的审级。另一方面，对于国务院部委或省一级地方人民政府级别的存在专业性、政策性更强或关系国计民生等重大问题的，或涉及人民切身利益的环保和食品安全等领域的行政规范性文件宜按照跨行政区域管辖的行政案件处理。其次，在形式主义法治向实质主义法治转变的过程中，基于对行政裁量权认可与监督的需要。笔者认为，我国应建立实质合法审查标准即本书所指的合理审查标准，以从不同层次共同发挥衡量行政行为是否合法、可接受的功能。再次，期待通过司法审查为私人法益提供更为充分保障的同时，促进司法机关与行政机关在权力监督和尊重的动态关系中实现平衡，需要法院根据不同情况谨慎地决定审查的强度。而区分法律审查、事实审查和程序审查的司法审查模式不仅是学理研究的尝试，也是法院于个案中大致厘清审查强度的方法所在。为了能给实务部门在审查标准的理解与适用力度的拿捏方面提供一条可资参考的思路，本书进一步对影响审查强度的参数进行了类型化处理。同时指出，要真正从纵深方向建构司法审查的具体运行机制，就须着重从以下三个方面努力：一是赋予地方各级法院法律解释权及法律适用的最终决定权；二是以"法律真实"的诉讼理念指引行政规范性文件的事实审查；三是确立正当程序标准。最后，因法院对违法行政规范性文件宣布无效或撤销等裁判将可能引发巨大变动，为避免冲突无序的危害，《行政诉讼法》采用了司法建议这种较为缓和的形式来减小影响。对这种当下来看不失为一种更合理、更符合我国法治要求的选择，笔者提出了落实司法建议的可能路径。随着司法体制改革的推进，"常识与理性"的司法逻辑和规律也将随之回归。借鉴域外法院可以宣告违宪的行政立法无效的司法审查理论与实践经验，笔者认为，未来立法者应将完全的审查权赋予法院，并在《行政诉讼法》中对行政规范性文件的判决类型作出相应规定，确保法官对行政规范性文件司法裁判的作出。此外，被确认无效或撤销的违法行政规范性文件不应产生溯及既往的效力，依此作出的具体行政行为效力也不应当改变。对违法行政规范性文件造成的损失，可以在法定时限内，积极要求国家赔偿。张文显教授认为，制度的有效运转离不开其内容的合理、整体的有效及有关方面的配套。[1]本章正是怀着这样的期待，希冀行政规范性文件的司法审查能在各项制度的生成、协调中实现良好运行的最终目的。

第一节　管辖制度的配置

一、明确行政规范性文件的管辖

在现行司法体制不变的情况下，为提升司法审判之权威、确保公正司法的实现，我国《行政诉讼法》对不当干扰管辖制度正常运行的因素作出了切断式的努力和规定。《行政诉讼法》第 15 条将县级、地市级人民政府所作行政行为归为中级人民法院管辖的做法一定程度上打破了地方壁垒，

---

〔1〕　张文显：《法理学》，高等教育出版社 2003 年版，第 230 页。

更易于案件的公正审判。本书于第二章第一节已指出，未来修法应当将第2条"诉权"规定中"行政行为"之内涵明确扩展至行政规范性文件。同时取消第13条"受案范围的排除"规定中有关行政规范性文件的内容。依此，从统一法制和落实附带审查制度的视角出发，作为行政行为重要内容的行政规范性文件应当在管辖的文本规定中得到明确。这也应当是未来建构附带审查保障机制之修法精神，并遵从各法律规范间相互衔接之"体系协调性"[1]立法原则的要求。

二、行政规范性文件管辖的具体设置

未来，在行政规范性文件附带审查的前提下，笔者认为，一定情况下，应当提高行政规范性文件的级别管辖。理由主要有如下四个方面。一是行政规范性文件关涉不特定多数人利益，稍有不慎即可能对社会秩序产生较大影响，且行政规范性文件较强的专业性和技术性特点也对法院的审查能力提出要求。二是中级以上人民法院的法官的业务素质较高，且提高审级易于增强司法独立性，促成案件顺利审理。三是从事多年行政法理论与实务工作的中国政法大学王敬波教授曾表示，我国法院对行政的监督仍处于劣势。客观上法院有权不敢用、不愿用的现象还是较为普遍。因此，在我国司法体制及法院管辖制度尚未有较大变革的时期，从级别管辖制度的创新入手解决法院审查能力受限的实际情况意义显著。四是适当提高抽象行政行为司法审查的级别管辖，以增加案件裁判的可信度和可靠性，防止行政权干涉司法权。具体安排如下。

第一，《行政诉讼法》第15条第1项所指"国务院部门"及新增"县级以上地方人民政府"所作的行政行为应当包含行政规范性文件。基于县级以上地方人民政府制定、发布的行政规范性文件一般专业性较强，是其部门与下级政府行政规范性文件制作的依据，可能对一定范围内的公共利益产生较大影响的情况，为保障审判的公正和质量，有必要将这类行政规范性文件的一审管辖权交给中级人民法院。依此理，国务院部门作出的行

---

[1] 葛洪义主编：《法理学》，中国政法大学出版社2012年版，第248页。

政规范性文件当然属于中级人民法院管辖。而这也符合《行政诉讼法》对国务院部门及县级以上地方人民政府所作行政行为交由中级人民法院管辖的意旨。此外，笔者认为，对于市人民政府和省级人民政府作出的一般性级别较高的行政规范性文件无须再提高审级。一是因为，《行政诉讼法》已经对管辖问题作出调整，且具体行政行为为与行政规范性文件在管辖方面并无实质差异。所以，对于无重大、复杂情况的一般性行政规范性文件，不宜因其制定机关的级别高而再提级管辖。二是因为，中级人民法院在审判水平、业务能力以及排除行政干预、地方干扰等方面有一定保障。三是因为，最高人民法院和高级人民法院因在审判工作之外还承担着对全国以及省、自治区、直辖市内的高级、中级和基层人民法院的监督和业务指导任务，其管辖的第一审行政案件不宜过多。

第二，《行政诉讼法》第 15 条第 3 项、第 16 条、第 17 条所指"重大、复杂"的情形应当包括涉及行政规范性文件的案件。"重大、复杂"是一项比较灵活的规定。因不同地区和案件的不同性质而有所不同。到底哪些属于"重大、复杂"的情形需要通过具体案件的难度、影响由相关法院进行衡量、确定。一般指案件具有政策性、专业性或标的金额较大、群众反响强烈、具有较大社会影响等情况。

内容涵盖各大领域的行政规范性文件随着执法事项的精深化和技艺化亦变得更为庞杂繁复，且政府行政规范性文件也常与国家的大政方针密切相关。这些因素的存在进一步增加了法院司法审查的难度。于此，笔者认为：（1）《行政诉讼法》第 53 条规定的乡镇人民政府所制作发布的行政规范性文件一定情况下也会出现"重大、复杂"的情形。此时，应当将其视为第 15 条第 3 项"本辖区内重大、复杂的案件"而归入中级人民法院管辖范畴。（2）对于省级人民政府和国务院部委制作发布的行政规范性文件，笔者认为应当区别处理。一般情况下，该类行政规范性文件影响范围较小、争议比较明显的，可交由中级人民法院审查。但部分省级人民政府和国务院部委制作发布的行政规范性文件可归类于《行政诉讼法》第 16 条规定的"重大、复杂"的情形，此时高级人民法院应当行使初审管辖权。此外，对于更具专业性、政策性或关系国计民生等重要事项的国务院部委或省一级地方人民政府级别的行政规范性文件，也可考虑将其按照跨行政区域管辖的行政案件处理。（3）我国法院采用四级二审终审制。为保障当事人的二审权益，同时因最高人民法院不仅要对审判中的法律问题给予司法解释，它还承担着对各下级法院监督和指导的工作。所以，除非依法规定必须由最高人民法院管辖的案件外，一般情况下，行政规范性文件不宜由最高人民法院行使一审权。

第三，《行政诉讼法》第24条新增下级法院申请上级法院指定管辖的规定，为法院审理过程中可能受到干预的情形开出了药方。第24条"管辖权转移"具体规定了两种情形。一则是上级人民法院依职权对下级人民法院的一审案件进行管辖，另一则是上级人民法院依下级人民法院请示，决定自己审理或指定其他法院管辖。该条第2款指定管辖的情形在原《行政诉讼法》中的适用是明确的，即只有法院由于特殊原因不能行使管辖权或者管辖权有争议协商不了的情况下，上级法院才指定管辖。但因为实践中存在基层法院在审理案件时受到干预，以至于无法公正审判案件的情况，为了排除阻力，2014年修法时放宽了指定管辖适用的情形。当法院直面更有"背景"的行政规范性文件时，其所遇到的压力自然毋庸置疑。为了公正审理案件，应当允许对部分行政规范性文件的管辖适用现行《行政诉讼法》第24条之规定。

三、将重大行政规范性文件纳入跨行政区域管辖

上文主要探讨了行政规范性文件管辖的一般情形。但对于重大行政规范性文件如国务院部委制定、发布的级别较高、涉及范围广、也更专业且复杂的行政规范性文件，省一级地方人民政府制定发布的类似行政规范性文件，以及有关食品安全、环境等关系人民切身利益的行政规范性文件，如果交由一般地域管辖，则仍可能存在行政干预和地方保护问题。行政规范性文件司法审查制度的构建和运行在我国属新事务、新现象，为使该制度得以稳妥展开并为其他抽象行政行为司法审查制度在未来的渐次推行奠

定基础,笔者认为,可以考虑将重大行政规范性文件纳入跨行政区域管辖的新规中。

（一）学界的关注与思考

属应用科学的行政法与行政诉讼法学在新制度的理论构建上不能异想天开、脱离实际。一定程度上说,谈及超越现有制度框架的议题也可能因与现实差距太远而被认为务虚。但学术若没有对未来前景合理而大胆的预设,没有对客观环境潜力的极力挖掘,则将犹拥双翼之鹰,枉自强健却失高天之飞;亦如身在阔海的鱼儿,却无视可自由穿梭的洋河。是否应当将重大行政规范性文件纳入现行法创设的跨行政区域管辖制度的议题,是学界研究与探讨的重要板块。

（二）立法的巧妙与智慧

事实上,现行法为重大行政规范性文件跨行政区域管辖保留了空间。立法者的智慧和技艺其实早已融入管辖规定的纹理缝隙间。《行政诉讼法》第18条新增第2款所确立的"人民法院跨行政区域管辖行政案件"内容足可见证——根据审判实际,高级人民法院可以在得到最高人民法院批准的前提下,自行确定若干法院进行跨行政区划管辖。

适用该款的案件一般指较为特殊的案件,如重大的跨行政区划的行政案件、环境保护和食品安全等案件。笔者认为,首先,一些行政规范性文件因其制定、发布主体级别高至国务院部委、覆盖面可达全国、内容复杂重要等缘由,可被视为跨行政区划的重大行政案件。其次,行政规范性文件在内容上包罗万象,它可以涉及关系人民切身利益的环保和食品安全领域。对这类行政规范性文件进行跨行政区域管辖、审查的设计是公民寻求救济的有效手段,也是监督政府行为的有力方式。最后,其他事关重大的行政规范性文件也可归入"跨行政区域的重大行政案件、重大民商事案件、环境保护案件和食品安全案件等"规定之"等"字的范畴。

（三）跨行政区域管辖制度的配置

虽然党的十八届三中全会和十八届四中全会提出改革司法管理体制、合理调整行政诉讼案件管辖制度等直接触及体制核心的重大举措,且2017年

《行政诉讼法》第 18 条新增第 2 款具体作出了跨区域管辖案件的规定，现实中法院审查具体行政行为所遭遇的地方保护和行政干预情况也确有好转，但对于经过制定程序更为严格的、规格也更高且内容更抽象复杂的行政规范性文件，尤其是国务院部委、省一级人民政府制定的涉及国计民生等重大事项的该种文件，或涉及人民切身利益的环境保护和食品安全领域的行政规范性文件，若仍以普通案件在相应行政区划法院待之，则很有可能受到来自强势行政权的干预。现行法期待通过行政规范性文件附带审查形成对政府治理更深层次监督制约的愿望可能就会落空。因此，笔者认为，在重大行政规范性文件的管辖配置上，可以考虑跨行政区域法院审查的思路。

当前，我国法院展开了行政案件跨区划集中管辖的改革实践。目前大致有以下模式，如在整个辖区内进行试点实践的安徽模式，衢州市在基层法院实施跨行政区域集中管辖的局部试点模式和以某种类型案件向某一法院集中的天津类案试点模式。本书认为，以类案试点形式[1]对重大行政规范性文件进行跨区域管辖的制度建构较为合理。（1）重大行政规范性文件并非行政规范性文件的全部，相反，它只是数量巨大之行政规范性文件的一小部分。由于它在级别、内容、关涉的法益或影响等方面有别于一般行政规范性文件，从而应当给予特别关注。这也符合普通案件一般区划审理，特殊案件跨区划审理诉讼格局的设计理念。（2）关于管辖问题，《行政诉讼法》在修改过程中出现了将铁路法院等改为专门行政法院或另设专门法院的大改方案、将现有铁路法院改为跨区划管理案件的法院以区别普通法院，以及维持现有体制三种方案。基于大改方案需中央明确决策、中改方案需进行试点探索，历经二十多年才迎来修法这一重大机遇的《行政诉讼法》最终还是采取了小改方案，同时还探索中改方案试点。由此可以

---

[1]　如天津市高级人民法院将天津海关及各隶属海关为被告的案件指定由天津市第二中级人民法院管辖；以市行政机关为被告的行政案件由天津市和平区人民法院管辖；环境保护行政案件由天津铁路运输法院管辖。此外，杭州法院规定除市、区两级人民政府复议维持当共同被告的案件集中到杭州铁路运输法院管辖外，其他管辖规定保持不变。参见程琥："行政案件跨行政区域集中管辖与行政审判体制改革"，载《法律适用》2016 年第 8 期。

管窥，在牵一发可能动全身的局面下，因环境的复杂和改革任务的艰巨，渐进式法治的路子将是我国管辖制度建构的现实选择。因此，在行政规范性文件的管辖配置中，遵循由点到面、从局部到全局、重点问题重点解决的方式较为可取，即先将部分重大行政规范性文件纳入跨行政区划法院管辖。随着试点的成熟和法治的深入，可逐步扩大跨行政区域管辖的行政规范性文件案件的规模。（3）管辖制度的改革和创新意在为行政审判权的独立行使和人民法院依法公正、及时地审理案件保驾护航。将重大行政规范性文件纳入跨行政区域管辖有助于"立案难""审理难"和"执行难"问题的解决。另外，一定程度上排除了地方保护和行政干预的重大行政规范性文件，还可以在审判质量受保障的同时，使公众更加尊重和信赖司法权威。

第二节　确立行政规范性文件的合理审查标准

2004 年《全面推进依法行政实施纲要》明确提出了"合理行政"的要求。我国《行政复议法》《行政处罚法》《行政许可法》以及《行政强制法》等相关立法文本[1]也内含着合理行政的意旨。此外，一些法院也会在部分行政案例中尝试用比例原则分析、评判被诉行政行为的合法性问题。基于我国司法实务普遍存在对合法审查的形式化理解，以及学理上的

---

〔1〕《行政复议法》第 1 条规定："为了防止和纠正违法的或者不当的具体行政行为，保护公民、法人和其他组织的合法权益，保障和监督行政机关依法行使职权，根据宪法，制定本法。"《行政复议法》第 3 条规定了行政复议机关负责法制工作的机构具体办理行政复议事项，履行下列职责：审查申请行政复议的具体行政行为是否合法与适当，拟订行政复议决定。《行政复议法》第 28 条规定了对具体行政行为明显不当的，行政复议机关可以撤销或变更。《行政处罚法》第 4 条第 1 款、第 2 款规定："行政处罚遵循公正、公开的原则。设定和实施行政处罚必须以事实为依据，与违法行为的事实、性质、情节以及社会危害程度相当。"《行政许可法》第 5 条第 1 款规定："设定和实施行政许可，应当遵循公开、公平、公正、非歧视的原则。"《行政强制法》第 5 条规定："行政强制的设定和实施，应当适当。采用非强制手段可以达到行政管理目的的，不得设定和实施行政强制。"可见，这些规定明确将行政合理性原则适用于行政复议行为和一般具体行政行为，并将违反合理性原则的行为认定为行政不当从而得以改变。

合理性主张，[1]笔者认为，以附带审查具体制度的建构为契机，从实质合法角度初步确立我国行政规范性文件司法审查的"合理性标准"意义重大。

需要说明的是，本书之所以通过实质合法的视域来厘定"合理性审查标准"疆域的目的如下。一方面，笔者希望借此"名目"打开以往认识和研究上的辖制与藩篱，走出行政行为形式合法审查标准的窠臼，并能不断丰富、拓展合理性审查标准的内涵与外延。另一方面，笔者意在呼吁并期待理论界和实务界展开有关合理性审查标准的互动，在共识中促进合理性审查标准于个案中的落实。笔者认为，在形式合法审查标准之外，确立合理性审查标准的做法还有助于从整体上鼓励和引导我国司法权对行政权应有监督职能的发挥和跟进。随着行政裁量的广泛渗透，我国法院也应当对行政权力给予更大强度的合理性审查，而这也正是法治的实质所在。[2]

一、合理审查标准之辩

合理审查标准是形式主义法治向实质主义法治转变过程中，对行政裁量权认可与监督的需要。它与合法性原则共同从不同层次发挥着衡量行政行为是否合法、可接受的功能。总结域外国家经验，我们发现，英国和美国的立法不仅确立了合法性审查标准，还规定了合理性审查标准。即便以合法性审查为主的法国和德国，其"法"的外延也与合理性标准的内涵有共通之处。于此，固守于形式合法审查传统的我国现行《行政诉讼法》一定程度上尚有完善的空间。形式法治之外，应从我国依法行政的实践发展中关注我国行政诉讼向实质合法转变的趋势。本书主张，对达到实质违法

---

〔1〕卜晓虹："行政合理性原则在行政诉讼中之实然状况与应然构造——论司法审查对行政自由裁量的有限监控"，载《法律适用》2006年第1期；谭炜杰："行政合理性原则审查强度之类型化——基于行政诉讼典型案例的解析与整合"，载《法律适用》2014年第12期；张东煜："论行政审判中的合理性审查问题"，载《法学评论》1993年第3期；蔡伟："对合法性审查原则的再审视——兼论对行政行为的合理性审查"，载《宁夏社会科学》2005年第6期。

〔2〕[英]威廉·韦德："论英国法治的几个原则问题"，徐炳译，载《环球法律评论》1992年第3期。

程度的行政行为应当以"合理性标准"给以审查。

（一）合理性审查是现代法治的内在品质

美国学者皮文睿认为，形式法治相较于实质法治而言，前者是一国法律规范体系在社会实践中得到有效实施所必备的条件，是一种程度较浅的法治状态；而后者实质法治在形式法治的基础上更进一步，是当然地包含了保障人权之宪政观念、社会经济良性运转之安排和有限政府建构之形式等内容的深层次法治；对于中国的法治实践，他认为，在形式法治的意义上中国基本具备了法治的要件。[1]朱维究教授认为，我国当下的依法行政原则是一种不问行政所依据的法的内容是否符合自然正义而只要求行政行为合法性的一种"形式意义上的法治主义"。而实质法治主义则侧重于限制行政权力、保障公民权益。朱教授进而分析到，"现代社会的发展要求行政主体积极地施行给付行政以满足社会的公共需求，公共行政已经从传统的以消极规制行政为主发展为以积极给付行政为主的现代服务行政。遵循传统形式法治主义理念严格地依法行政未必能够真正实现现代行政目的。"因此，行政法治理念必须实现从形式行政法治到实质行政法治的转变是现代公共行政发展的需要。[2]

对形式法治和实质法治的认识，学界目前尚未达成普遍共识。但基于我国法治实践与法学理论的发展可知，二者在法律推理方式、法治价值偏好、法治运作的制度安排方面确有分歧外，在法治的基本价值以及基本概念方面则是一致的。高鸿钧教授认为，形式法治是仅以符合现行实在法为限；而实质法治则进一步深入拷问所符合的现行实在法背后所蕴含的人类普遍的伦理道义原则。二者虽有不同，但实质法治仍然蕴含在形式法治内

---

〔1〕　Randall Peerenboom，"Ruling the Country in Accordance with Law：Reflection on the Rule and Role of Law in Contemporary China"，11（3）*Cultural Dynamics*315（1999）；"Let One Hundred Flowers Bloom，One Hundred Schools Contend；Debating Rule of Law in China"，23*Michrgan Journal of International Law* 471（2002）；李大勇："最高法院行政诉讼司法政策之演变"，载《国家检察官学院学报》2015年第5期。

〔2〕　朱维究："再谈现代行政过程论——从形式行政法治到实质行政法治"，载《行政管理体制改革的法律问题——中国法学会行政法学研究会2006年年会论文集》，中国政法大学出版社2007年版，第69页。

部，以纠正形式法治的固有缺陷。[1]在我国形式法治的制度框架中，实质法治的身影时隐时现。笔者以为，实质法治的主张和论证应当在行政行为的司法审查中给以考虑。否则，将合法性审查作为对行政行为评判唯一根据的形式法治，会给行政裁量留下滥用空间。因为，如果认为只要不与法律抵触即为合法的话，那么就会得出产生于法律框架内的行政裁量即无违法的结论。但历史经验与现实个案一再鲜明地告诫我们，仅靠公务人员自我的道德戒律、政治觉悟或执法技能，很可能造成行政裁量权的专横与滥用。形式合法标准下的行政裁量不仅会对成文法体系形成冲击，也会给具有不可预测性的非理性因素的干扰留下空间。而合理性审查标准则是行政裁量权必要的控制机制，是我国对实质法治孜孜追求的方向所在。

（二）合理性审查标准的产生

传统理论认为，法院在司法审查中的任务是对行政行为合法与否进行审查，一般不涉及行政行为是否适当的问题。因为适当与否属于行政裁量的范畴，是行政机关的自主事项。司法权对行政权的控制很可能出现涉嫌干预行政的情形，最终造成无论大陆法系还是英美法系，在行政行为是否适当的司法审查中法官的态度常常是非常谨慎和克制的。

20 世纪以后，自由市场经济带来了失业、住房、贫穷与疾病等问题，可能造成社会全面崩溃的危险。尤其是"二战"后，世界各国都面临着战后重建与恢复的任务。于此之下，许多国家政府一改往日"守夜人"的角色，纷纷开始在经济、社会和政治方面展开积极干预，导致行政权大规模的膨胀和扩张。此外，社会事务的复杂多变要求行政执法更当精耕细作。而此时，议会早先制定的成文法已远远无法规制不断扩张并专业化、技术化的行政权。理论界与实务界对行政权一直奉行的严格规则主义出现松动，转而导向程序主义合法机制的诉求。当行政裁量成为现代行政权核心而成文法的规范常常无能为力时，人们对源自人类意志的、非理性因素的代表——行政裁量可能给生活和社会秩序带来的不可预测性和危害性担心

---

〔1〕 高鸿钧："现代西方法治的冲突和整合"，载高鸿钧主编：《清华法治论衡》（第 1 辑），清华大学出版社 2000 年版，第 80 页。

起来。不受约束的行政裁量权被人们高度关注并警惕。于此,行政法的控制机制发生了转变,即在适度保有行政机关裁量权的同时,司法机关开始积极采用相关控制措施。

起源于英国的合理性审查标准如今不只在行政的具体决定中出现,在地方性法规、规则或条例的委任立法中,若出现不合理地行使议会授予的权力现象,则会被认为是完全专横的、不合理的,从而被宣告无效。[1]与英国依照越权无效原则来理解不合理并加以司法审查的原理相同。在美国,法院不审查行政机关制作法规的证据,而是对法规是否与所执行的法律目的有合理联系给予关注。因此,美国法院一旦认定行政机关的法规事实与法律目的缺乏合理联系,即认为法规制定构成不合理而判决撤销。[2]《德国行政法院法》虽明确了司法审查的合法性标准,但对于行政裁量而言,德国行政法学理论认为,任何裁量都必须"以合乎法定目的的方式行使"。同时,行政裁量所采用的措施必须"出于对公共利益和个人利益的客观权衡"。可以说,这些都是对行政合理性原则的具体要求。这种行政自由裁量行为一旦违反或超越了其自身的法定边界便会构成违反职务行为进而产生国家赔偿法上的法律责任。[3]

(三) 合理性审查是实质法治的要求

(1) 审查标准的立法规定。《行政诉讼法》对司法审查标准的规定分别体现于第一章"总则"第6条行政行为合法性审查,以及第七章"审理和判决"第69条和第70条对证据、法律适用、程序等的审查中。前者是原则性标准,后者为具体性标准。

(2) 局限于形式合法审查的原因。从立法规定来看,我国司法审查的标准与世界行政法潮流契合。它在规定合法性审查标准的同时还对合理性

---

〔1〕 [英] 威廉·韦德:《行政法》,徐炳等译,中国大百科全书出版社1997年版,第584~585页。

〔2〕 王名扬:《美国行政法》(下),中国法制出版社1995年版,第722页。

〔3〕 [德] 汉斯·J. 沃尔夫、奥托·巴霍夫、罗尔夫·施托贝尔:《行政法》(第1卷),高家伟译,商务印书馆2003年版,第334~373页;吴偕林:"论行政合理性原则的适用",载《法学》2004年第12期。

审查标准给予肯认。之所以造成实务中只进行合法性审查的误解，主要是因为：①2014 年《行政诉讼法》仍坚持了原法的理念，即第 6 条规定的仍是法院对行政行为[1]的合法性审查原则，没有变动。②在有关立法未有变化的情况下，由于历史的痕迹以及司法机关过于自抑等现实因素，当下的实务部门及工作人员在审查标准问题上的态度仍然比较保守、克制。全国人大常委会原副委员长王汉斌同志关于 1989 年《行政诉讼法（草案）》的说明，即法院审查行政行为的合法性问题，复议机关处理行政行为是否适当的思路在当今实务工作中仍有很大影响。③关于合理性审查标准本身，我国还未在学理和实务上形成一套成熟的理论和技术体系。以至于2017 年《行政诉讼法》中有关合理性审查标准的"滥用职权"与"明显不当"规定未能充分发挥并受到实务部门的青睐。

（3）行政诉讼呼唤合理性标准的确立。虽然《行政诉讼法》第 6 条规定了对行政行为的合法性审查原则，但这并不能成为排除合理性审查的根据。相反，行政法治的完善要求加深行政行为的审查。行政诉讼需要合理性审查标准：①从法律体系的视角看，面对行政裁量广布的行政法领域，《行政诉讼法》第 70 条在肯定"滥用职权"的标准外，还新增了"明显不当"的合理性审查标准，对复杂行政时代背景下的行政争议给予了实质性的回应。②合理性审查原则的确立也是衔接行政复议制度与行政诉讼制度的需要。《行政复议法》第 1 条规定了防止和纠正违法或不当行政行为的复议目的。同时，《行政复议法》第 5 条还作出了不服复议决定可向人民法院提起行政诉讼的规定。而以合法性审查为原则的《行政诉讼法》无法对复议中的大部分合理问题作出回应。这与当今世界加深对行政行为审查力度的潮流不符。在我国执法实践中低水平违法已大为减少，而更多执法深层次问题无法解决的现状下，从既要求合法性也要求合理性的行政法治角度看，为衔接复议制度与行政诉讼制度，我们需要在行政诉讼中进行合理性审查。③对于行政合理性原则在司法审判实践中的运用范围，不同学

---

[1]　相较于修改前即 1989 年《行政诉讼法》中"具体行政行为"的规定，删掉了"具体"二字的限定。

者如胡建淼教授等认为它与合法性原则的适用广度大体一致。[1]可以说二者并非总能截然分开的。在个案中，合理性与合法性问题常常交织一起。[2]因此，完全抛开合理性审查只谈合法性审查是不合理的。④在合法性审查之外，确立合理性标准是对司法监督与人大"适当性"监督标准的统筹协调。《监督法》专章规定了行政规范性文件的备案审查。然而，《监督法》第 30 条规定的"超越法定权限""同法律、法规规定相抵触"以及"有其他不适当的情形"等标准过于简化。对此，各地人大常委会根据《监督法》的授权制定了相关办法或规定给予细化，如违反法定情形、与上级决议决定抵触以及规范性文件互相之间对同一事项不一致等内容。可见，人大监督与司法监督的标准一定程度上说是重合的。在本质上，二者也都是对权力运行的规范和监控。因此，借助行政诉讼合法与合理标准的确立，实现对"适当性"标准的具体化，不仅是对人大监督机制落实的尝试，还是对行政诉讼审查标准不断丰富的过程。此时，突破合法性审查标准的局限，探索合理性审查标准的意义更加明显。⑤对行政行为合法性与合理性审查维度的区分也是从形式与实质上促进我国社会主义法治统一，并提升中央权威的方式。[3]随着我国法治建设的深入，行政法制将不断健全和完善，行政理论与实务也将更为系统、成熟。以"滥用职权"与"明显不当"为代表的合理性审查标准也将从原则、模糊向具体、清晰的方向发展。合理性审查标准的运用只是时间与条件的问题，而不是应不应当确立的问题。⑥对于行政裁量是否滥用问题的回应内在地要求司法审查的介入。否则，没有审查何来判断。反思我国当前将正式法源局限于法律、法规、规章等成文法的认知，而忽视了法律精神、法的一般原则等法源情形的实际，强调行政合理性原则的法源地位不仅有助于促进我国法院对行政

---

〔1〕　胡建淼：《行政法学》，法律出版社 2003 年版，第 67 页。

〔2〕　如行政行为的目的违法，可能构成"滥用职权"或"显失公正"，而"滥用职权"或"显失公正"的行政行为会导致行政行为的违法。参见张步洪、王万华编著：《行政诉讼法律解释与判例述评》，中国法制出版社 2000 年版，第 53～54 页。

〔3〕　卢群星："论规范性文件的审查标准：适当性原则的展开与应用"，载《浙江社会科学》2010 年第 2 期。

裁量合理性审查的实现，[1]而且是一次理念更新和理论完善的过程。例如，在德国，被用来规范行政裁量权运行的法律原则就是法律渊源的重要部分。它被归为实在法，而不是"超实在法"的行列。[2]值得注意的是，著名法理学家孙笑侠教授已明确提出应当将法律原则作为行政法渊源之一的主张。

二、合法与合理标准的兼顾

欲建构行政规范性文件司法审查的合法与合理标准，并确保二者在司法实践中相辅相成与和谐运作，很重要的前提是对二者内涵与关系的把握。否则，很容易造成相同概念在不同语义背景中的混乱。

（一）二者内涵不同

在机械法治主义背景下，人们通常将行政行为的合法性与合理性两大原则对立起来，前者一般被认为是对羁束行政行为的规制要求，并严格坚持无法律即无行政的理念，它要求任何行政活动都要符合法律。而当时的合法性原则主要指法律条文的具体规定。对于行政裁量的运行，传统理论将它归于行政机关的自决范畴，不允许法律过问。因而，判断行政裁量状况的标准并不是合法与否，而是妥当与否。

随着行政裁量现象在行政法治实践中的大量涌现，裁量权被滥用的情况时有发生，人们对行政裁量任性而为的担心和恐慌也与日俱增。在机械法治主义背景下，为了制约不断膨胀的行政权，司法力量也应当随之强化的理念不断成熟。人们普遍认为，行政裁量权也应当遵循一定规则并受到司法的监督。合理性审查原则由此而发，并于20世纪被广泛运用于司法审查制度中。它主要指行政裁量权的行使不仅应当在法律规定的种类、条件和范围内，而且，为确保行政行为的公平、公正，它还应当符合法的原

---

[1] 张尚鷟主编，马怀德等撰：《走出低谷的中国行政法学》，中国政法大学出版社1991年版，第73页。

[2] [德] 汉斯·J. 沃尔夫、奥托·巴霍夫、罗尔夫·施托贝尔：《行政法》（第一卷），高家伟译，商务印书馆2002年版，第254页。

则、精神与目的。

（二）对二者关系的把握

现代国家的行为不仅要符合法律规定，还应当客观、适度。合法性与合理性则是对政府行为不同层次的要求。前者是后者的基础，没有合法性问题也就不存在合理与否的判断；后者是对前者的补充和发展。通过合理性原则来审查控制行政裁量权活动的界限，是更深层次的合法与否问题，也是对行政法治更高的要求。前者更侧重于对法律规定的契合；后者更倾向于对行政法律目的、行政法律原则及其人文法治精神的考察。二者既是作为法律体系中独立法律部门的行政法律规范体系的基本原则，同时也构成了行政法治的重要内容。可见，行政法治既要求合法性也要求合理性。合理性是行政法治原则的特殊表现。[1]

（三）合法性审查之外，应确立合理性标准

在对合法性与合理性审查原则的内涵与关系有了前提性认识后，笔者认为，我国行政规范性文件的司法审查标准应当是对合法性与合理性原则的兼顾。一般认为，行政诉讼的司法审查标准原则上是合法性标准，例外是合理性标准。[2]至于例外的范围则经过了一个从限于行政处罚显失公正的情形，到应当以滥用裁量权为界的转变过程。但也有观点认为，"对行政行为而言，合理性的评价是在合法性基础上的逻辑推导，即合理性是在合法性前提下的合理。"[3]正如陈新民教授所言，妥当性原则乃依法行政的当然之理。[4]合理性应当在合法性的前提下，合理性是被包含在合法性标准之中的，二者不存在绝对的分离。行政合法性和行政合理性二者之间的关系，从某种意义上来看，其是一定程度上的递进层次关系，行政合理性本身也包含在行政合法性的范畴之内，行政主体作出的不合理的行政行

〔1〕　傅思明:《中国司法审查制度》，中国民主法制出版社 2002 年版，第 126 页。

〔2〕　杨小君:《行政诉讼问题研究及制度改革》，中国人民公安大学出版社 2007 年版，第401 页。

〔3〕　胡峻:"行政规范性文件评估中合理性标准的运用"，载《广东行政学院学报》2011 年第 6 期。

〔4〕　陈新民:《中国行政法学原理》，中国政法大学出版社 2002 年版，第 44 页。

为在本质上就是不合法的行政行为。〔1〕余凌云教授认为，在行政诉讼环节中，法院对合理性的审查必须在合法性层面上来把握，它们分别对应着形式合法与实质合法。换言之，二者应该是在同一个界面上运作的，合法性原则与合理性原则不应分离。〔2〕笔者赞同此观点。本书认为，从实质合法性角度看，合法性与合理性原则并不是对立的。它们是对政府行为不同层次的要求，是依法行政原则的基本结构。合理性是对合法性的补充和发展，是更深层次的合法与否问题。因此，结合我国一直以来以是否依据法律、符合法律明文规定的形式合法审查，详言之，以是否超越法定或授予的职权、是否依照法律法规和规章规定进行管理和不得与上位法抵触并严格遵守行政程序的具体标准来评判行政行为合法性的认识习惯与实务做法，反观我国行政诉讼法并未明确合理性审查标准的客观实际，笔者主张借助行政规范性文件司法审查具体保障机制建构的时机，在未来的《行政诉讼法》修法时，应当明确行政规范性文件这种"行政行为"在受案范围中的成员地位。此外，还应将"合理性审查标准"在立法上给予专门明示，并确保法官对"不合理"达到实质违法程度的行政行为进行评判的职权的运用。这不仅更加贴合我国依法行政的理念和实践，而且，这也是为制约不断膨胀的行政权而从机械法治主义向机动法治主义转变的时代要求。需要注意的是，在合法性与合理性二者关系的处理中，应当肯定它们都是法院审查被诉行政规范性文件的标准，而不应将合理性审查标准只局限在狭小的例外范围中。当然，这也并不意味着合理性审查的比重与合法性相等或更重。合适的态度是应当将其定位于辅助合法性审查的标准。

三、行政规范性文件的合理性审查标准

我国行政法学界在司法权与行政权关系整体方面的研究水平还有待进一步提升。现有的文献也多是笼统的阐述而缺乏细致的论证。但不可否认的是，司法审查强度问题近年来已引起学界的广泛关注。并尤以行政行为

---

〔1〕 章剑生：《行政诉讼法基本理论》，中国人事出版社 1998 年版，第 29 页。
〔2〕 余凌云：《行政法讲义》，清华大学出版社 2014 年版，第 79 页。

合理性审查标准为甚。与此同时，要求党中央国务院积极采取措施以监督行政裁量的呼声日益高涨。2004 年发布的《全面推进依法行政实施纲要》就明确提出"合理行政"的原则，再次掀起了学界对合理性审查原则的热烈探讨。

　　然而，何为"合理"？如何判断？这在中外法学界都是难以回答完全的问题。合理问题本身就是一个难以把握的复杂事务。诚如黑尔什姆大法官所描述的一般：对一件事，两个合理的人可能会得出完全相反的结论。而我们并不能指责该结论有任何不妥。[1]因此，在英美法系国家，法院往往不明确说明合理的含义，而是在每个案件中通过司法裁量权的运用将合理的含义向不同的方向引伸。[2]在我国，《行政诉讼法》通过"明显不当"这一新规实现了对行政裁量合理性审查标准的立法确认。为化解我国合理性原则过于抽象、零散和操作难的困境，避免合理性原则陷入道德、规律、政策等传统误区，我们可以借附带审查具体机制建构的前景，对行政规范性文件合理性审查标准初步在立法文本原有的"滥用职权"和现行法确立的"明显不当"标准外进行探究，以增强审查的操作性和强度。同时，为法院对其他行政行为的合理性审查提供有益参照。本书认为，根据《全面推进依法行政实施纲要》中"合理行政"的内容，参照通行于国外的判断标准，我国的合理性审查除《行政诉讼法》规定的标准外，具体还应当包括平等对待和比例原则。此外，还应将对法的原则和精神的违背达到实质违法程度的法律基本原则作为兜底条款。

（一）滥用职权

　　行政机关滥用职权的问题不仅困扰着行政法治的实践，还严重地制约了对行政滥用职权的责任追究。然而，滥用职权这一概念自其诞生以来就始终充满歧义，司法实践中的做法也不统一。一般情况下，学界多从主客观两个方面将滥用职权归结为"行政主体在行使行政权力或履行行政管理职

---

〔1〕　[英] 威廉·韦德：《行政法》，徐炳等译，中国大百科全书出版社 1997 年版，第 77 页。

〔2〕　[美] 欧内斯特·盖尔霍恩、罗纳德·M. 利文：《行政法和行政程序概要》，黄列译，中国社会科学出版社 1996 年版，第 123 页。

能的过程中对法律赋予的行政职权不规范或者超常规的使用"。[1]简言之,滥用职权就是行政裁量权限范围内的权力恣意,以致造成显失公正的局面。结合现行《行政诉讼法》对"明显不当"情形的规定,为维护司法审查标准之间的和谐,滥用职权的标准应当限于行政机关违背法律目的、恶意行使权力而具体表现为徇私枉法、打击报复、任性专横及反复无常等情形。其中的"恶意"应当是广义的,既可以是行政机关对行使权力不正当的动机,也可以将极端轻率任性的行为理解为恶意。

(二) 明显不当

明显不当是在多个版本的行政诉讼法修改意见稿中对合理性问题审查的共识下诞生的。于此,本书将其归纳为明显不合理的行政行为即属明显不当。借此,一些原来通过"滥用职权"标准或其他理由难以判断或无法达到实质性审查的司法监督情形,现在可通过"明显不当"的标准尝试解决问题。其中,"不当"是对行政合理与否的一般性拷问,包括行政主体在作出行政行为的过程中,选择性地考量具体事实因素,打破行政法治实践中已有的行政先例或规则的约束,进而在结果上对行政相对人的实体权利造成不公正的减损影响。[2]"明显"则属于我国司法审查中合理与否的一介标尺,意在强调立法者对法院审判权自我节制、自我约束的旨意。司法权对行政裁量的衡量属于二次判断,一定程度上尊重行政机关的首次判断权是必要的。反之,司法的完全介入会产生司法代替行政的危险。因此,当法官认为行政裁量的不适当达到"明显"的程度时法院才可对行政行为给予评价。

(三) 比例原则

起源于德国的比例原则所揭示的实质是国家公权力的行使要有节制、有限度。它关注的是行政手段与行政目的的关系。一般认为比例原则具体包含了适当性原则、必要性原则、狭义比例原则等三个逻辑自洽、层次递

---

〔1〕 关保英:"论行政滥用职权",载《中国法学》2005 年第 2 期;余凌云:"对行政机关滥用职权的司法审查——从若干判案看法院审理的偏好与问题",载《中国法学》2008 年第 1 期。

〔2〕 何海波:"论行政行为'明显不当'",载《法学研究》2016 年第 3 期。

进的子原则。[1]汇丰实业公司诉哈尔滨市规划局行政处罚案[2]是我国法院适用比例原则的第一案。不足的是,比例原则是被作为显失公正或滥用职权的补充,而非合理性审查项下的独立标准。在德国,学界与行政法院的判例则将比例原则与合理性视作德国法律秩序中独立的一般法律原则。近年来,为丰富、增加合理性原则的内涵,学术界和实务界的主流观点与做法是将其视作合理性原则的一项子原则来看待。这也得到了官方文件的支持——2004年《全面推进依法行政实施纲要》对"合理行政"的要求即是措施和手段应当必要、适当。此外,在多种方式中选择对当事人损害最小的方式。

（四）平等对待

当行政机关面对多个相对人时,它应当在行政管理的过程中遵守平等对待的原则。具体的量化标准可以参照当代学者米尔恩的主张:一是,在特定的场合下,如果某待遇是合适的,那么,与之相等同的所有情况也须得到平等对待——相同情形相同对待;二是,相反,不同情形不同对待——与之不相等同的所有情况须根据具体事实因素给以不平等的差别化对待;三是,所受之待遇的不平等程度,须在某种可量化比对的感知范围内,和相关具体事实情况间不相等同之程度构成符合某种可接受标准的比例。[3]概而言之,也就是我们通常所说的同等情况同等对待、不同情况区别对待和比例对待。[4]与"比例原则"相较,二者在追求公正合理的价值中会产生某些内容上的重合,但是它们又是有区别的。平等对待的合理性来源于对众多人的比较,比例原则的合理性却是在情节与待遇之间的关系中寻得的。[5]

（五）法律的基本原则

布莱克法律词典认为,法律的基本原则是法律的基础性真理或原理,

---

〔1〕 陈新民:《行政法学总论》,三民书局1997年版,第60页。

〔2〕 最高人民法院（1999）行终字第20号判决书。

〔3〕 ［英］米尔恩:《人的权利与人的多样性———人权哲学》,夏勇、张志铭译,中国大百科全书出版社1995年版,第59页。

〔4〕 姜昕:"公法上比例原则研究",吉林大学2005年博士学位论文。

〔5〕 叶必丰:"行政合理性原则的比较与实证研究",载《江海学刊》2002年第6期。

是其他法律规范的基础或本源性规则。[1]具体到行政法的基本原则，可以将其界定为贯穿于行政法始终，并集中体现行政法的目的和价值、指导行政法律规范制定和实施的法律准则。[2]它上承立法目的、下系行政法基本制度与具体法律规范。它在行政法中具有高屋建瓴、无可取代的地位。虽然，各法律部门都或多或少地存在原则化现象，且论者们似乎认为任何重要的东西都是原则。[3]但在行政法基本原则的问题上，学界目前亦尚未取得共识。然而，遏制行政权的专制倾向，同时又要促使其更有效运行的现代行政法任务是明确的。[4]因此，本书认为，以有效的行政权和有限制的行政权作维度，从审查强度的视角入手，为使行政权的行使足以控制社会的基本秩序，防止行政诉讼程序影响行政权运行效率的"司法审查有限性原则"，以及为回应现代行政法保护人权这一终极目标，通过主要且必不可少的司法审查方式来制约行政权的"司法审查必要性原则"仍然应当是现代行政法的基本原则。这也应当成为法院监督行政规范性文件遵守的基本准则。此外，法院还应当对行政权力是否遵守了法之相关的内在规定或要求给以审查。详言之，这些内在规定主要包括但不限于：一是出于法的安定性和政府诚信考虑，要求政府对自己作出的行为或承诺应诚实守信，未经法定事由和程序不得随意撤销、变更或改变的信赖保护原则；[5]二是行政机关行使的行政权是有限的、可数的，必须经过法律授予的行政职权法定原则；三是以正当性为价值取向、以权利保护为中心的行政程序正当性原则；[6]四是作为法之公理的涉及人权、平等、法治等法的基本原则和

---

〔1〕 *Black's Law Dictionary*, West publishing Co., 1979, p. 1074.

〔2〕 章志远：《行政法学总论》，北京大学出版社 2014 年版，第 91 页。

〔3〕 徐国栋：《民法基本原则解释》，中国政法大学出版社 1992 年版，自序第 6 页。

〔4〕 ［法］勒内·达维：《英国法与法国法：一种实质性比较》，潘华仿等译，清华大学出版社 2002 年版，第 117 页。

〔5〕 王振清主编：《行政诉讼案例研究》，中国法制出版社 2008 年，第 124 页。

〔6〕 章剑生：《现代行政法基本理论（上卷）》，法律出版社 2014 年版，第 107 页；朱芒："日本《行政程序法》中的裁量基准制度——作为程序正当性保障装置的内在构成"，载《华东政法大学学报》2006 年第 1 期；赵旭东："程序正义概念与标准的再认识"，载《法律科学（西北政法学院学报）》2003 年第 6 期。

正义、秩序、自由等法之基本价值。[1]

在此,必须澄清的是:细化合理性审查标准并不意味着法院可以任意干涉行政机关的裁量行为。司法对行政的介入必须有一个限度,对行政裁量权进行司法审查的目的并不是以司法权代替行政权,而是司法权对行政权可能出现的滥用、专断等情形的制约。

第三节 走向区分程度的司法审查

面对复杂多变的客观世界与行政案件,我国早期司法审查标准的规定如今已显得有些简单和僵化,难以深入、有效地刻画并约束行政行为。而欲促成多元且宽严有别的弹性审查标准的形成,就需要区分司法审查模式,并在此前提下进一步对影响行政规范性文件审查强度的参数作类型化处理。这个过程的着力重点在于:赋予地方各级法院法律解释权及法律适用的最终决定权、以"法律真实"的诉讼理念指引行政规范性文件的事实审查,以及对正当程序审查标准的确立。

一、破冰之路:区分司法审查的法律审查、事实审查和程序审查模式

司法审查模式的建构不仅是学理研究的尝试,也是法院于个案中大致厘清审查强度的方法所在。[2]可以说,区分审查模式的努力为审查强度的合理选择填充了底色、奠定了基础。此外,审查模式在为司法审查权的行使提供必要指引的同时,反过来也是对司法权恣意的一种自我约束。

(一)法律审查与事实审查的区分

在英美法系国家,陪审团的存在使法官主要针对行政行为所涉法律问

---

〔1〕 [英]詹姆斯:《法律原理》,关贵森等译,中国金融出版社1990版,第40页;舒国滢主编:《法理学导论》,北京大学出版社2006年版,第109~111页;葛洪义主编:《法理学》,中国政法大学出版社2012年版,第45~63页。

〔2〕 石坚强、俞朝凤:"正当程序原则在司法审查中的运用——彭淑华诉浙江省宁波市北仑区人民政府工伤行政复议案评析",载江必新主编、最高人民法院行政审判庭编《中国行政审判指导案例》第1卷,中国法制出版社2010年版,第103~104页。

题的决断，而对行政行为所涉事实问题，则由陪审团决定。这不仅是历史传统的影响，也是作为法律专家的法院和作为事实专家的行政机关在职权分工上的现实要求。即便在传统上并无严格法律问题与事实问题区分的大陆法系国家，面对 WTO 的要求和司法审查实务中行政管理日益专业化、技术化的现实，为求审查的合理、适当，对法律与事实问题区别对待的态度也已渐趋明朗。

（二）程序审查的形成

民主制度的建设水平是评判现代各国法治软实力的重要指标。当主权在民原则受到世界各国普遍奉行时，行政程序是否民主化以及民主化的程度就成为各国民主发展的新方向。司法审查本身即是法院对行政机关在行政程序中所作事实认定和法律适用过程的监督。因此，对行政行为的程序审查不仅是各国民主政治的必要保障，也是评判行政活动合法与否的一个必然阶段。基于行政程序具有将行政过程民主化、行政决定理性化、行政活动结果正当化等功能，[1]程序审查不仅日渐成为各国法院考量行政行为合法性的重要环节，而且，程序审查在我国首例行政规范性文件附带审查的裁判中也得到确认。[2]可以说，新近发展起来的程序审查标准也是在行政程序理念深入人心背景下，司法机关面对高度专业化、复杂化之行政行为的审查方法。[3]

（三）区分法律审查、事实审查、程序审查的意义

行政行为合法与否要从行政机关认定事实的合法性、适用法律的合法性以及有关程序的合法与否给予考量。这也正是行政行为的病症所在。因此，对行政行为的司法监督以及审查强度的确认都有必要从法律问题、事实问题以及程序问题切入。理由在于：（1）法院拥有法律适用问题的解释权及最终裁断权是司法常识和理性的表现。行政行为的司法审查就是要求法院给出行政行为是否合法律的专业意见。（2）作为专司执法权能的行政

---

〔1〕 应松年主编：《行政程序法立法研究》，中国法制出版社 2001 年版，第 34~38 页。

〔2〕 安徽华源医药股份有限公司诉国家工商行政管理总局商标局商标行政纠纷案，（2015）京知行初字第 177 号。

〔3〕 ［日］原田尚彦：《訴えの利益》，弘文堂 1973 年版，第 85 页。

机关，它对执法过程中的基础事实负责。同理，对抽象行政行为的立法事实，一定程度上交由执法专家评议的安排更为合理。（3）当程序要素成为衡量民主水平的新风向，行政行为是否依法定程序或正当程序作出即是新时期行政合法与否的重要标尺。（4）行政行为司法审查模式的厘定将对司法审查标准在强度或程度方面的合理设定产生有益影响。（5）在权力分工协作的制度安排下，这种区分技术一方面可以保证司法说最后一句话的权力，另一方面也是对行政自主权和首次判断权的尊重。[1]于此，在庞杂、专业和技术化的行政时代中，区分法律审查、事实审查和程序审查就成为行政行为司法审查走向合理与深入的技术建构。（6）为调整我国司法权与行政权在纵向范围的关系、预设司法审查强度的情景化模式，以及革除我国行政行为司法审查标准零散而僵化的弊病，借助行政规范性文件附带审查制度得以确立的契机，尝试建立抽象行政行为在法律、事实与程序方面司法审查的框架不仅是接轨世界的举措，也是我国深化司法改革的内在需求。

二、类型化建构：司法审查模式下的审查强度参数

司法审查模式的区分本身其实并非清晰、易辨的。尤其是法律审查与事实审查，许多时候是交叉融合、难以区别的。正如美国联邦最高法院大法官威尔逊所言："法律与事实的区别常常不是令人明白的标准，永远不能自行划清界限"。[2]与此同时，司法审查模式下关涉的审查强度参数也往往处于亦此亦彼的样态，如不确定法律概念，有的被视为事实问题，有的则被归于法律问题之列。这就使得问题的处理更加复杂。然而，对行政规范性文件的司法审查给予模式化建构，并对其框架之下的审查强度参数进行类型化区分，不仅是为实务部门在理解审查标准、拿捏审查强度的个案处理中提供一条可资参考的思路，而且也是规范司法实践的操作、提升

---

[1] 王锴："行政诉讼中的事实审查与法律审查"，载《行政法学研究》2007 年第 1 期。

[2] ［美］施瓦茨：《行政法》，徐炳译，群众出版社 1986 年版，第 599～600 页；傅国云："行政诉讼中的事实审与法律审——司法审查强度探微"，载《浙江刊》2000 年第 2 期。

法院把握与行政权关系的能力，降低当前司法实践中法院对审查强度把握不准甚至不予过问现象的需要。审查强度的区分和运用不仅可以为受到行政权严重影响且重要的私人法益提供更为充分的保障，还可以对司法机关与行政机关在权力监督与尊重的动态关系中给予平衡。当然，针对我国强行政弱司法以及行政行为司法审查在横向与纵向层面不甚理想的监督现状，本书虽强调司法对行政的积极介入，但也并非主张无限制地侵入行政领域的腹地，一味高举司法积极主义的大旗。笔者认为，行政规范性文件司法审查强度的形成应当是法院在恪守司法权与行政权应有界限的基础上，循着司法审查模式的大致框架，结合具体个案，根据行政机关的裁量空间、立法旨意、限制权益的类型和效果[1]以及法院的分工和能力等因素予以综合权衡的结果。换言之，对于审查强度参数的类型化处理，本书的努力更多的是一种学理性的探讨，具体如何操作还需依赖实践中法院对国家司法政策的把握、对行政问题之司法裁判情势的了解，以及对行政行为所展现的最明显或最重要之特质等因素综合考量而给予决定。需要说明的是，审查强度的选择也是一个"目光在事实与规范之间往返流转"的活动，是一个不断调试的过程。下文虽列举了各类影响审查强度的参数，但对法院而言，这仍是一个综合判断、选择和论证的过程。[2]诚如许宗力教授所言，审查强度的选择不可能也不应该像数学公式一样绝对。因为各种参数无法轻易量化，而只能通过个案情况给予评价和权重。[3]

（一）法律审查中的审查强度参数

1. 不确定法律概念

法学研究及个案的司法裁判追寻的是确定性。而形形色色的现实生活

---

〔1〕"对于生命、身体、健康、人身自由、宗教信仰自由等被认为具有高度人权价值的、其保障范围也比较明确的法益，行政活动对其构成侵害时，即使权限行使具有自由裁量的余地，也要进行比较严格的合法性审查。"参见［日］亘理格：《行政裁量の法的统制》，载［日］芝池义一、小早川光郎、宇贺克也编：《行政法の争点》，有斐阁 2004 年第 3 版，第 118 页。

〔2〕蒋红珍：《论比例原则——政府规制工具选择的司法评价》，法律出版社 2010 年版，第 241 页。

〔3〕许宗力："订定命令的裁量与司法审查"，载许宗力：《宪法与法治国行政》，元照出版有限公司 1999 年版，第 217 页。

和具体个案已无法通过一般概念给予形塑和规范。随着立法技术的提高，立法者便通过构造不确定法律概念来达到保障立法旨意实现、将复杂现实给予秩序化的目的。凯尔森指出，法律既不可能也不应该预先为行政机关和法院面对的所有个案正义给出一个唯一正确的答案。法律只是为法的适用划定了一个活动的框架而已。[1]于此，法律文本中出现了大量的不确定法律概念。且在法律文本多数为不确定法律概念的客观事实下，就需要法院建立对不确定法律概念的审查监督权，以确保法律授权与法律拘束处于一体两面的关系之中。[2]因为，"如果行政机关能以下位规范合理地具体化法律，法院能有效地对这种具体化进行审查，则仍在法治国家的框架之内"。[3]

具体而言，不确定法律概念又分为经验性不确定法律概念和价值性不确定法律概念两种类型。前者指授权法中对事物或事实进行描述的法律概念，亦即事实概念或叙述概念。[4]譬如，针对法律要件部分是经验性不确定法律概念的裁量基准类行政规范性文件，一般认为行政机关对不确定法律概念的是非判断是认识行为而非意志行为。行政机关于此之中并不享有对不确定法律概念的裁量权。[5]因而，对包含这种不确定法律概念的行政规范性文件，法院应享有高强度的审查权。从比较法的经验看，这并不会引起任何重大的困难。[6]相反，规范性不确定法律概念则"是与主观之价值观念结合之概念"，[7]是经评价始能阐明其意义的过程。因评价不免内

〔1〕 ［奥］凯尔森：《纯粹法理论》，张书友译，中国法制出版社 2008 年版，第 99~102 页。

〔2〕 黄舒芃：《框架秩序下的国家权力》，新学林出版社 2013 年版，第 7~9 页、第 13 页。

〔3〕 王贵松："行政法上不确定法律概念的具体化"，载《政治与法律》2016 年第 1 期。

〔4〕 翁岳生："论'不确定法律概念'与行政裁量之关系"，载《行政法与现代法治国家》，台湾大学法学丛书编委会 1990 年版，第 75 页。

〔5〕 有的德国学者主张行政机关对不确定法律概念的判断只是一种认识体。因而，对这种行政行为的裁判只能由法院言说。参见翁岳生："论'不确定法律概念'与行政裁量之关系"，载《行政法与现代法治国家》，台湾大学法学丛书编委会 1990 年版，第 65 页。有的德国学者则主张不确定法律概念部分的某些具有专业性的法律事实，行政机关也享有一定程度的判断余地。

〔6〕 ［印］M. P. 赛夫：《德国行政法》，五南图书出版社 1991 年版，第 234 页。

〔7〕 翁岳生："论'不确定法律概念'与行政裁量之关系"，载《行政法与现代法治国家》，台湾大学法学丛书编委会 1990 年版，第 70 页。

含着行政机关或基于专业或基于经验等的主观性判断，因而，法院的审查强度不宜过高。换言之，行政主体对经验性不确定法律概念一般不享有判断余地，但对价值性不确定法律概念所作出的具体化结论则蕴含着行政机关自主意志的发挥，应得到司法机关的有限审查。[1]

2. 法律解释权

解志勇教授指出：法院对行政行为的法律问题享有完全解释的权力和审查决定的权力几乎是所有现代法治国家的通行做法。依此，解教授认为我国法院对行政诉讼中的法律问题也应当适用高强度的完全审查标准。这种智识是非常宝贵的，但尚有商榷的空间。当下，法治较发达国家的行政机关也分享了部分法律解释权，且法院或对其须予以考虑[2]或在一定条件下也须遵从行政机关的解释。[3]尤其是针对我国强行政弱司法的实际状况，目前致力的方向是逐步推动各级法院对行政行为法律问题的解释权以及审查决定的权力。

行政机关在提供服务与管理的过程中必然需要对法律问题进行解释。此时，具有长期工作经验且拥有专业和技术优势的行政机关是可以胜任此项工作的。而所谓的行政解释是指"行政主体对法律、行政法规、行政规章和其他规范性文件含义、界限所作的说明；对法律概念、法律原则、规则、立法意图所作的说明；对事实所作的说明等"。[4]在国外，法院一般享有对法律问题解释的决定权。而对一定情况下的行政解释，法院也须予

---

〔1〕 伏创宇："行政判断余地的构造及其变革——基于核能规则司法审查的考察"，载《华东政法大学学报》2014年第5期；尹建国："行政法中不确定法律概念的类型化"，载《华中科技大学学报（社会科学版）》2010年第6期。

〔2〕 如德国。虽然德国法官和学者都坚持行政机关的法律解释是不能约束法院的，但他们同时也承认法院需要对行政机关的解释给予适当考虑。参见［德］G. 平特纳：《德国普通行政法》，朱林译，中国政法大学出版社1999年版，第67页。

〔3〕 如美国。在"谢弗朗判例"中，美国法院确立了对行政行为法律问题审查的"合理尊重标准"。该标准规定：在立法机关对不确定法律概念没有明确的情况下，法院必须对行政机关作出的合理范围内的法律解释给予接受和遵从。

〔4〕 高秦伟："政策形成与司法审查——美国谢弗林案之启示"，载《浙江学刊》2006年第6期；章志远、黄娟："我国行政法规范解释司法审查的反思与重构"，载《苏州大学学报（哲学社会科学版）》2012年第4期。

以尊重。具体而言,本书所指称的"一定情况下的行政解释"是指关涉行政机关专业与经验性判断或与政策密切相联,再或是计划性的行政规范性文件中行政机关对有关法律的阐释。另外,因这类行政规范性文件的解释不仅关系到公民的切身利益,往往还涉及重大公共利益,所以法院也应当享有监督权。在克服法院自身审查能力局限性的基础上,笔者认为应当适用较宽松的审查标准以跟进此类行政权的发展。因为,尽最大可能确定行政行为的合法性是法治国家的基本原则。[1]

3. 人权保障

"权力与权利的重新定位,在相当程度上是通过诉讼程序完成的,权利对权力的控制实际上是通过程序对权力主体及其权力行为的约束。"[2]然而,行政诉讼制度功能的发挥更取决于人权保障这个核心理念的影响。一般而言,涉及人身权益、非常重大的其他公民基本权利范畴的事项,如对公民生命、健康及财产等重大法益施加了迫切且具体的危险因素时,法院应当对行政行为实施严格的审查和限制。这也是旨在改进权利体系以约束权力、保障权利之宪法的根本要求。[3]另外,是否以及多大程度上造成个人权利的实质性损害一直是法院论证的重点,也是明显影响法院审查强度的标准之一。因此,对私人利益影响越大,法院的审查也应当越严。如行政机关设定和实施行政处罚要"与违法行为的事实、性质、情节以及社会危害程度相当"。[4]而一旦行政相对人违法的性质恶劣、情节严重以及具有很大社会危害性,行政机关将会苛以较重的处罚。相关的司法审查中,法院也会对行政行为的合法性从更严格的方向把握、评判。

---

〔1〕［德］埃贝哈德·施密特·阿斯曼等:《德国行政法读本》,于安等译,高等教育出版社2006年版,第347页。

〔2〕樊崇义主编:《诉讼原理》,法律出版社2003年版,第149页;杨海坤、蔡翔:"行政行为概念的考证分析和重新建构",载《山东大学学报(哲学社会科学版)》2013年第1期;贾媛媛:"建设服务型政府,期待司法审查强度的提升——以桂林法院的行政审判为分析样本",载《人民司法》2009年第7期。

〔3〕夏勇:"中国宪法改革的几个基本理论问题",载《中国社会科学》,2003年第2期。

〔4〕《行政处罚法》第4条。

4. 规则缺位

在缺乏明确法律规则加以调节的事项中，法院应通过平等原则、比例原则或信赖保护等在实践中应用较多的法律原则来监督行政规范性文件的合法性。[1]如行政机关对某一产品或生产者的审查较宽松，而对类似产品或生产者采取不同待遇的情况，就涉及对平等原则的违反。司法机关应当对这种执法行为给予更为严格的审查。通过这种方式，法院将勾勒出行政规范性文件最低限度的监督标准。

5. 行政规范的效力级别

依照我国司法权与行政权的关系，理论上，法院是可以对行政规范给予监督的。只是规范的类型或效力级别不同，监督的强度亦有不同。有学者主张，对行政法规、规章这类由法定较高级别的行政机关作出的行政规范，法院应当给予"高度尊重"。除此以外的行政规范性文件则给予"一般尊重"。换言之，对行政规范性文件应当给予较严格审查，即明显违法或违背上位法精神的，法院应当作出不予适用的裁判；对于缺乏合理性或合理性依据说服力不足的，法院可以根据自己对立法旨意的理解作出裁判。[2]应当说，这是行政诉讼区分审查强度的法理所在。

从我国法源的形成和位阶看，行政规范渊源的性质与地位取决于行政职权的纵向等级性。具体到行政规范性文件的性质或曰效力级别问题，虽然从形式标准看它并不属于法的渊源，但这并不能抹去它依然受制于行政职权这一实质。可知，在整个行政规范体系中，行政规范性文件与行政立法一样，都在行政职权所构成的纵向等级序列中被标识。也就是说，当我们判断行政规范性文件彼此间的效力等级时，就需要将其还原到制定主体的样貌。[3]至今，这种制度设计已为行政法学理论界和司法机关所接受。

---

〔1〕 "仓山白湖印刷厂诉国家商标局复审行为违法案"，载最高人民法院中国应用法学研究所编：《人民法院案例选（2004年行政·国家赔偿专辑）》，人民法院出版社2005年版，第165页。

〔2〕 沈岿："解析行政规则对司法的约束力——以行政诉讼为论域"，载《中外法学》2006年第2期。

〔3〕 朱芒："论行政规定的性质——从行政规范体系角度的定位"，载《中国法学》2003年第1期。其中的"行政规定"与本书所研究的对象"行政规范性文件"同义。

因此，对行政规范性文件效力级别的判断以及司法审查强度的选择都是依其背后的职权而做最终定论的。换言之，行政规范性文件制定的主体在行政职权体系中级别越高，法院就应当给予越多的尊重。反之，法院的尊重程度相对就低。需要再次申明的是，司法审查强度的适用在不同时代、不同法系，甚至同一国家的不同时期也会有不同变化。在我国行政诉讼的现实语境中，"高度尊重"和"一般尊重"之间实际上也没有固定不变的界线。

（二）事实审查中的审查强度参数

我国的事实审查除了要对行政行为是否有"可定案"的证据进行审查，即"从用以佐证的事实裁定的证据中能合理推导出事实的存在"[1]的审查外，还包括法官一定程度下依职权进行复审、调查和取证的过程。[2]为从比较中得到更为全面、客观的认知，我们从域外经验中考察到：与对事实问题进行合理性审查的英美国家有异曲同工之效的是，即便在职权主义盛行的大陆法系国家如德国和日本，对专业、技术等事实问题的审查也持有限监督的标准。而我国的许多法官对《行政诉讼法》第5条"以事实为根据、以法律为准绳"的理解往往存在着误读。"法官大多以为这一原则使得他们可以对事实和法律都进行全面审查，其实不然。该条所提及的事实其实是指已经经过了证明标准判断后被认定的事实，而非授权法官对行政机关认定的事实成立与否进行替代性的判断。"[3]因此，笔者认为，一般情况下，我国法院对行政规范性文件事实问题的审查应以合理性标准为原则，即判断行政主体对事实的认定是否是一个理性的人可以接受的标准。法院应当在事实认定的关键——证明标准方面推行高于民事诉讼优势证据标准，低于刑事诉讼排除一切合理怀疑的标准。但需要强调的是：（1）与英美国家不同，我国没有对事实问题进行专门审查的陪审团制度。（2）在程序法制建设尚未完成、正当程序审查标准也未正式确立的情况下，可以说行政行为的程序规制还是非常粗陋和浅显的。（3）与民事诉讼

---

〔1〕　[美] 施瓦茨：《行政法》，徐炳译，群众出版社1998年版，第556页。

〔2〕　傅国云："行政诉讼中的事实审与法律审——司法审查强度探微"，载《浙江学刊》2000年第2期。

〔3〕　韩春晖："美国行政诉讼的证明标准及其适用"，载《法商研究》2011年第5期。

和刑事诉讼相较，在双方当事人利用诉讼资料的能力和途径存在较大差距的行政诉讼中，赋予法院一定情况下依职权调查取证的职能更利于查清事实并保护原告和第三人的合法权益。因而，对尚未成熟的事实问题的审查一定程度上还有赖于法院的解决。事实审查问题在我国司法审查的模式中仍占有相当比重。所以，我国法院对行政机关事实认定的尊重也应当是相对的。在坚持合理性审查标准的基础上，法院还需要根据争执点和行政程序保障状况等要素辅之必要的法院调查取证权。[1]

对于行政规范性文件的事实审查强度问题，考虑到司法审查具体制度的建构在整体上还处于理论研究与实践摸索的阶段，且在规范的三段论层面上，每一个行政行为的作出都是在查明事实和解释法律的前提下，通过对事实的确认而适用法律得出结论的综合过程。[2]因此，本书暂将行政行为内容之一的行政规范性文件的事实审查强度类比具体行政行为的事实审查强度给予框架性探讨。具体而言，影响事实审查强度的参数主要有以下几个方面。

1. 行政裁量

在成熟的法治时代，随着司法审查制度的完善，不受法院监督的行政裁量行为不再可能。这一点在法治发达的国家已是不争的事实。一般而言，行政裁量不是没有界限的，当它被超越——即突破授权规定、一般法律原则等外在界限，以及滥用——即对内在界限的超越，如对必要限度的超越、[3]严重不合理构成根本违法等情况下，均可予以审查。[4]我国《行政诉讼法》第 70 条规定，对于超越或滥用职权的，法院可以作出撤销的判决。第 72 条规定，行政机关不履行法定职责的，人民法院可以责令其

〔1〕 朱新力："论行政诉讼中的事实问题及其审查"，载《中国法学》1999 年第 4 期。

〔2〕 胡建淼主编：《行政违法问题探究》，法律出版社 2000 年版，第 305 页。

〔3〕 石坚强、俞朝凤："正当程序原则在司法审查中的运用——彭淑华诉浙江省宁波市北仑区人民政府工伤行政复议案评析"，载最高人民法院行政审判庭编《中国行政审判指导案例》第 1 卷，中国法制出版社 2010 年版，第 103~104 页。

〔4〕 王伟："执法机关严重违反比例原则暂扣车辆给当事人造成损失的应当承担赔偿责任——王丽萍诉河南省中牟县交通局交通行政赔偿案评析"，载最高人民法院行政审判庭编《中国行政审判指导案例》第 1 卷，中国法制出版社 2010 年版，第 249~253 页。

履行。可见,对这种基于客观现实需要或立法授权的行政裁量,法院要给予最低限度的审查。

2. 立法事实

立法事实是立法者用来形成规范基础的那些有关现实情况、社会科学或自然科学等可确定因素的实际假设。它主要是指涉及一般性、抽象性的事实状态。[1]实际上,不只立法者在制定法律规范时需要事实基础,就是法院、行政机关在"适用"法律规范时也需要事实认定。从德国司法审判的实际看,最常见的立法事实载体有官方报告、统计数据、鉴定结论、公共意见调查报告以及必要时由专家出庭所衍生的事实性材料等。可以说,立法事实的提出和审查是不同审查强度之阶层化发展的关键。

从德国法院以下经验来看,(1)类似经济政策性立法事实方面存在"明显错误"时,司法机关才能加以指责的"明显性审查"标准;(2)对立法者一般事实的判断或预测只要合乎事理并且是可以支持的"可支持性审查";以及(3)在基本法益等重要价值领域中,法院要对立法者的预测进行具体而详细的"强烈内容审查",我们可以将决定审查强度选择的参数归类为:(1)行政规范性文件所限制的权利类型若不属于特别重要的基本权利,或受到限制比较轻微的权利的话,那么法院审查就相对宽松。反之,如果行政规范性文件限制了生命、人身自由等具有高度宪法价值的权利时,法院则会进行严格审查。(2)行政规范性文件对权利限制的程度、效果,以及对公民权利的实质性伤害情况等都是影响法院对立法事实审查强度选择的因素。(3)从行政规范性文件对公益的促进及公益保护本身的迫切性看,如果公共利益所还原的具体宪法权利在价值位阶上越重要,则意味着行政规范性文件所欲保障的权利越重要、行政干预的正当性也就越高。如此,司法就应当放宽对行政的干涉力度。如在"堕胎案"中,法院认为,国家有保护成长中的生命免受他人违法侵害的义务。一般而言,立法者对采取何种方式有利于保护成长中的生命有决定的自由。因此,法院

---

〔1〕 〔美〕威廉·F. 芬克、理查德·H. 西蒙:《行政法:案例与解析》,中信出版社 2003 年版,第 280 页。

的审查就应当相对宽松。[1]反之，公益价值位阶越低，司法审查的力度也就应当越强。另外，如果公益保护的迫切性程度越高，那么政府采取的管制措施就可能越严厉——如2003年"非典"时期，为保障公众安全和社会秩序，国家采取了许多涉及实质性身体强制的管制措施。虽然，有些措施存在形式违法的嫌疑，但是依然具有紧急状态中的正当性。此时，司法对行政的干预应当是宽松的。反之，一旦紧急状态有所缓和，司法介入行政的力度就将趋于严格。（4）如果政府对有关经济政策、技术性评估等复杂而难以预见的领域已尽到法律效果的预测责任，那么，司法机关就应当采用较为宽松的审查态度。反之，如果政府政策涉及的内容较为明确和可确定，就意味着政府要严格遵守法律规范的明确约束。此时，政府立法形成的自由变小、制发抽象行政行为的能动空间缩小，法院的审查就应当更为严格。进言之，随着科技的发展以及市场经济、社会关系的日渐精细化，现代行政实务的复杂性和技术性、专门性问题也随之大量涌现。法院在对此类行政问题的司法能力把握不足时，就应当采取较为宽松的审查态度。反之，司法对行政的控制能力越强则审查强度越强。

3. 事实认定与法律目的

对事实合法性的认定是行政规范性文件合法性的前提。行政机关在不符合法定事实的情况下制发的行政规范性文件必然是违法的。此时，司法机关将采取严格的审查态度。此外，违反法律具体目的或公共利益等一般目的的行政规范性文件，如有关核能安全、公共安全的案件也将受到司法机关的严格评价，从而保障行政目的与法律目的一致性。

4. 行政内容的专业性

行政关涉的领域极为庞杂和专业。其中，有许多核心事项具有很强的技术性，往往需要专家行政的介入，如表现较为明显的反倾销领域。[2]这

---

〔1〕 BverfGE 39, 1 (59). 转引自蒋红珍：《论比例原则——政府规制工具选择的司法评价》，法律出版社2010年版，第238页。

〔2〕 Egger, "The Principle of Proportionality in Community Anti-Dumping Law", *European Law Review*, 18 (1993), 367.

时，司法与行政所擅长的不同知识领域和评估能力的差异性就凸显出来。一般而言，如果一项行政规范性文件的内容涉及专家行政所要求的技术高度，那么，法院就应当更多地尊重行政当局的决定。除非出于明显错误，法院一般不宜对行政规范性文件的内容给予严格审查。

5. 施政文件

在我国的行政实践中，存在着一种上级政府赋予下级政府一定量的裁量权以发展地方的"行政发包"现象。[1]这个过程中，地方拥有了依照抽象模糊的法律精神和原则来填充、细化规则的权力。此时，基于政策以及本地经济和社会发展等全局，地方政府往往会制定一系列地方政府的总体施政策略。基于法院当前的政治格局以及对这种全局性、政治性规则缺乏相应判断能力的缘故，法院常常对此保持较高的尊重和谦抑。

6. 司法僭越的危险

对于涉及行政处罚、行政强制以及行政许可等具有强制性内容的行政规范性文件，笔者认为，法院原则上应当保持克制。否则，当该类文件受到法院高强度审查时，以此作为依据的具体行政行为就可能受到法院更强烈的监督。亦即作出违法具体行政行为的行政机关将可能面临法院撤销并责令重新作出行政行为的判决。如此，司法权代替行政权的危险将更为凸显。但对于关涉行政裁决类的行政规范性文件，因行政裁决的特点在于有权行政机关是以第三方身份对平等主体之间的民事争议进行的判断，此时，支持法院对当事人补充材料、更新证据的做法，甚至一定程度下法院依职权调取证据以查明事实的态度，不仅有利于法院分流诉讼，还有助于彻底解决相关民事纠纷。因此，对行政裁决类规范性文件的审查，法院也不应局限于卷宗等限制。相反，施以较强的审查标准更有益于该文件指导下之具体行政行为的充分发挥。

（三）提升程序审查强度，廓清适用程序审查事项的参数类型

对于行政规范性文件的程序审查，基于程序法的欠缺及司法资源紧张等因素，有意见认为不宜由法院而应当交由备案机关给予全面审查。而另

---

[1]　周黎安："行政发包制"，载《社会》2014年第6期。

外的意见则认为，作为行政权运行的常规方式，行政规范性文件的程序审查不仅影响结果正义，而且还可促进形式正义，使人的尊严得到极大保护和尊重。[1]对于行政规范性文件的程序审查，笔者还是持肯定态度的。而且，未来我国应当制定统一的《行政程序法》，并在不断完善"法定程序"审查标准的基础上，将"正当程序"作为基本原则加以明示，在程序审查的模式下赋予法院更为强大而弹性的监督权。理由主要有以下几点。

（1）虽然我国目前尚未有统一、明确的行政规范性文件制定程序规定，但这并不意味着实践中法院没有审查的标准或对其程序审的不可能。事实上，2008 年湖南省率先制定的《湖南省行政程序规定》已标志着关于行政程序的专门文件在局部地方试水。另外，我国省级政府以及部分国务院部门也都已制定了有关行政规范性文件制定程序的相关法规、规章或规范性文件。虽然其中具体制度的设计和效力略有不同，但整体上都是对《全面推进依法行政实施纲要》以及《国务院关于加强法治政府建设的意见》中公开征求意见、政府常务会议或部门领导班子会议集体讨论、公布等核心程序内容的反映。在程序法典化的过程中，法院可以此作为参照对行政规范性文件进行合法性审查。

（2）如果因为担心行政规范性文件的程序审查会大量牵涉司法资源，使得法院疲于应对，从而排除规范性文件程序审查的话，可谓一叶障目、因小失大。与民事诉讼和刑事诉讼相较，行政诉讼受案范围窄且存在立案难的现实困境。这一点可以从 2009 年全国法院新收各类一审案件 668 万多件，而行政案件数量仅占其中 2% 的数据推之。[2]可以说，行政诉讼化解行政争议的制度功能远未实现。[3]而行政规范性文件的程序审查不仅有助于肃清具体行政行为违法源头，清新社会风气，整顿社会秩序，还为行政

---

〔1〕 余凌云：《行政法讲义》，清华大学出版社 2014 年版，第 102 页。

〔2〕 杨维汉："最高人民法院决定 5 月 22 日起开展解决行政案件申诉上访专项治理"，载中国法院网，https://www.chinacourt.org/article/detail/2010/05/id/410091.shtml，最后访问时间：2018 年 2 月 20 日。

〔3〕 从 2011 年全国各级法院一审行政案件 13.6 万件与全国县级以上领导干部接待群众来访数 337.2 万人次的对比中可知，对数目庞大的行政争议而言，行政诉讼的贡献非常有限。参见解志勇："行政检察：解决行政争议的第三条道路"，载《中国法学》2015 年第 1 期。

权的运行从时间和空间的维度编制了严密的制度之笼，时时刻刻警醒、规范着行政机关及其工作人员的执法行为。因此，积极建构行政规范性文件的程序审查反而是有限司法资源的充分利用。与头痛医头、脚痛医脚的监督效果相比，日益规范和系统的权力运行监督机制反过来会大大节省司法资源，实现司法审查整体效益的最大化。

（3）对于程序瑕疵可能导致行政行为一律被撤销的做法，现行法已作出合理化修正。《行政诉讼法》第70条第3项虽将"违反法定程序"仍作为行政行为撤销或部分撤销的考量情形。但与修订前不同的是，此处并不包括对原告权利不产生实际影响的程序轻微违法情形。现行法将"违反法定程序"作为一项原则宣告的同时，视瑕疵大小分别对程序违法的行政行为给予撤销或部分撤销以及确认判决的制度性完善。

（4）作为一种控权理念与原则，正当程序在英美法系国家得到普遍奉行。在行政程序法典化于全球范围内浪潮迭起的现代社会，正当程序标准显示出它超越时空的优越性。可以说，对正当程序模式的借鉴已成为重建现代行政法模式的基础。[1]基于WTO的要求以及行政程序对行政行为诸多有益功能的考虑，各国对程序制度给予了普遍关注。面对日益庞杂且专业的行政领域，程序的控制尤其是正当程序理念的树立，不仅保障了相对人的合法权益，而且日益规范的行政活动也重新赢得了公民对政府的信赖。

（5）在《行政诉讼法》修订的过程中，正当程序审查标准也被给予高度关注和讨论。虽然该标准最终未能纳入此次法律的规定内，但根据我国各方面对类似如正当程序的确认实际看，正当程序在我国的建设和发展还是令人振奋的。之于程序性较差的行政规范性文件本身而言，如果不以更灵活且应用范围更广的正当程序路径对其给予审查监督的话，那么难以规范约束的行政规范性文件很可能会给公民生活及政府的法治建设带来极大的侵害和影响。因此，笔者认为正当程序审查标准的确立在行政行为司法

---

〔1〕 孙笑侠:《法律对行政的控制》，山东人民出版社1999年版，第134页；赵素艳:"论行政自由裁量权的行使与监督"，载《云南行政学院学报》2009年第3期。

审查的进程中是一项亟需解决的重要问题。

（6）面对司法机关难以把握但仍有义务审查监督的关涉政策性、预测性、科技性以及专业性的行政规范性文件，法院不必从实体问题切入，而应当从法定程序、程序正义等角度入手。因为，程序审查"可以间接地保证行政判断的公正性，促进行政意思形成过程的公正化、透明化和民主的法律秩序的形成"。[1]

（7）程序正义是落实法规规章及行政规范性文件的前提和基础。程序正义的基本要旨就是行政立法及具有普遍约束力之行政规范性文件制定过程符合正当法律程序。对于行政规范性文件的程序审查，法院可将《规章制定程序条例》中有关公布、征求意见、举行听证会等方式作为程序正义的基本标准给以参照运用。[2]姜明安教授认为，正当法律程序要求行政决策应该公开、透明。[3]这有如美国的一般性政策声明，因其具有拘束力，从而就须接受《美国联邦行政程序法》规定的告知和评论等程序。[4]可以说，行政规范性文件的制定是否履行了正当法律程序应当是司法评断不可缺少的必要标准。

为厘清适用程序审查的行政规范性文件类型，方便法院参考以及理论上的进一步研究，笔者初步将典型的行政规范性文件程序审查归纳为如下几种。

（1）政治问题。因政治问题涉及国家主权和利益，应遵循民主主义的政治原理。因而，政治问题应当由代表民意的人民代表大会或国会机构来解决。法律是对具体纷争的化解，是对与错的判断，对于宏观和超越对错的政治问题法律不宜过问，这不符合司法居中裁判的身份和地位。但若政治问题转化为法律问题，如美国司法对总统竞选的监督情况下，法院还是

〔1〕 ［日］原田尚彦：《行政法要论》，学阳书房2005年版，第153页；王贵松："论行政裁量的司法审查强度"，载《法商研究》2012年第4期。

〔2〕 刘德敏："政策正义的司法保障——以行政规章及其他规范性文件的司法审查为视角"，载万鄂湘主编：《探索社会主义司法规律与完善民商事法律制度研究——全国法院第23届学术讨论会获奖论文集（上）》，人民法院出版社2011年版，第381页。

〔3〕 姜明安："正当法律程序：扼制腐败的屏障"，载《中国法学》2008年第3期。

〔4〕 高秦伟："美国行政法上的非立法性规则及其启示"，载《法商研究》2011年第2期。

可以通过对选举程序的监督实现该类问题合法性的审查。

（2）专业问题。对于极强的技术性、专业性问题，因行政机关对此解释的比较优势更大，因而，法官往往只能通过程序审查来考量该类行政行为的合法性而不宜进行实质审查。这也是各国的通行做法。该种行政规范性文件作用的领域主要包括：①对于不明朗事项的预测性决定和具有风险性的评估。②对个人在能力、品行、个性等方面的评价性规定。③对类似如学术自治领域的基于高度人身性之专业意见。④涉及经济性政策的立法措施。⑤涉及复杂的经济和技术性评估的措施。[1]

（3）政策问题。对该类情况，在我国，司法一般不予过问。但在美国，法院已经可以将对公民权利义务产生影响的政策性行政规范性文件纳入监督。当然，这是一个不断演变、发展的过程。最初，对于行政规范性文件的司法审查，联邦法院强调的只是授权与否。在 20 世纪 60 年代初，随着行政规则的大规模兴起，法院开始对规则的程序与实体内容进行审查。最终，在 Abbott Laboratories v. Gardner 案中，最高法院开辟了规则实施前的审查先河。同时，最高法院认为，颁布了的规则就使行政政策确定而不再抽象。从而，联邦法院可以在规则未开始实施但已经产生潜在的损坏时即可介入。然而，基于行政政策的复杂性和面向未来的不可知性等因素，法官难以作出优于行政机关的判断。因而，从程序方面给予监督规范成为法院审查的切入点。

三、着力重点：赋予法院法律解释权、确立法律真实的指导理念与正当程序标准

（一）逐步赋予地方各级法院法律解释权及法律适用的最终决定权

"二战"后，西方法律思潮发生了绝对法律确定论向相对法律确定论的转变。这使得行政机关有机会触及法律解释领域的同时，打破了法院对

---

[1] 李鑫："法律原则的适用方式：类型化之研究——以比例原则为例"，载《法律方法》2011 年第 00 期；Paul Craig, *EU Administrative Law*, Oxford University Press, 2006, pp. 1025-1042; Robert Thomas, *Legitimate Expectations and Proportionality in Administrative Law*, Hart Publishing, 2000, pp. 79-80.

法律问题的专享地位。各国在此问题的差异也只是行政机关与司法机关所分配和调整的幅度不同而已。但法院不仅应当享有法律解释权，而且还应当在法律适用问题上拥有最后决定权，这种基本理念仍为法治国立法与司法所普遍奉行。

然而，我国的立法机关并未赋予地方各级人民法院法律解释权。且根据我国行政行为司法审查的实践看，对于行政解释的问题法院也往往表现出认可的态度。笔者认为，与其说这是对行政行为高度专业性、技术性或政策性的尊重，不如说是地方各级法院在无法律解释权，而部分地方政府却借助行政立法手段使其"部门利益法制化"的现状下，[1]对集规则创制和执法身份为一体的行政权的一种无奈与退让。于此，笔者认为：在改革和完善我国现行行政立法制度的基础上，树立法院对法律问题的权威地位、强调法院对法律问题的最终判断权是司法权与行政权关系合理化必须坚持的方向。对此，我们应着力于以下几个方面。

（1）澄清法律解释制度。法律解释是法院对法律规范的内容给予辨明和澄清，以消除法律规范的矛盾，明确法律规定的效力范围。它是一种媒介行为。借此，解释者将他认为有异议文本的意义，变得可以理解。[2]笔者认为，我国现有的法律解释制度混淆了立法与法律解释的关系。依理，事后的、基于个案要求对法律所做的阐释是法律解释。那种事前的、享有立法权主体所制定或事后修订的并非基于个案的所谓法律解释应当属于立法行为。因为立法主体在对法律规范进行事后修订时所采取的程序还是立法模式的程序，在效力上也仍等同于所立之法，与事前立法的本质并无二致，可理解为广义立法。但具体到行政立法中出现的、享有立法权的行政机关事后并非通过法规规章的立法程序所制定的行政规范性文件则不宜被

---

〔1〕 行政机关借行政立法之机扩张部门利益的局面使得行政权力在部门化、利益化的同时还得以法制化。参见舒小庆："部门利益膨胀与我国的行政立法制度"，载《江西社会科学》2007年第12期。

〔2〕 ［德］卡尔·拉仑茨：《法学方法论》，陈爱娥译，商务印书馆2003年版，第19页；陈金钊："案例指导制度下的法律解释及其意义"，载《苏州大学学报（哲学社会科学版）》2011年第4期。

归入制定法的范畴。一方面，该种行政规范性文件并未遵守严格的立法程序。另一方面，根据《立法法》第 92 条规定，国务院和国务院部委所制定的行政规范性文件数量远远多于行政法规和部委规章，如果按照"特别规定与一般规定不一致的适用特别规定；新的规定与旧的规定不一致的，适用新的规定"的规则处理的话，行政法规和部委规章的权威性将可能受到很大挑战。同理，较高级别的地方政府规章的权威也面临着同样的问题。此外，根据《宪法》《立法法》要求地方性法规的制定不得与宪法、法律、行政法规抵触的规定，并没有提及国务院的行政规范性文件。也就是说，行政规范性文件和相应的法规规章不可同日而语。因此，该类法规规章的相关解释性文件在本质上仍属行政规范性文件的一种而非立法。司法审查过程中，法院对该类行政规范性文件应当享有一定程度的监督权。

（2）现行《行政诉讼法》第 64 条规定由制定机关处理违法行政规范性文件的做法值得反思。现代国家权力监督与制约或分立与制衡的原理与实践表明，司法权与行政权的合理分工或分立是一个基本共识，是对司法权与行政权运行规律的遵守。因此，我认为有必要对法院之于法律问题的解释权和最终裁判者的地位给予保障。而只有在法院享有法律解释权的情况下，面对行政规范性文件不具有直接、明确的上位法依据，以及个案法规则具有不圆满的情形时，法官才能通过选择符合法律意图或整体法秩序的解释给以修复、作出裁判。这种法院通过法律解释从而作出裁判的过程也并不会对权力之间的平衡带来干扰。正所谓"解释法律的基本原则，在于救济其穷，不在于心存破坏"。[1]反之，由行政机关对其所涉行政行为给予解释并最终裁夺的做法则有悖于司法最终的原则。此外，从重在追求现实意义的法律解释目的来看，由法院对个案引发的法律问题进行解释从而作出裁判要比制定机关一般性的解释和决定更接近正义。

（3）立法须逐步赋予各级法院法律解释权及解释的最终效力。因为"任何一种人类语言，都不可能将某个法律规定表达得精确到可以排除法

---

[1]　National Labor Relation Board v. Jones and Laughlin Steel Company, 301 U. S. 30, 1936. 转引自余军、张文："行政规范性文件司法审查权的实效性考察"，载《法学研究》2016 年第 2 期。

官在解释和适用它时的自由裁量权。"〔1〕而且，司法乃是法院对法律适用的过程。如果法院没有法律解释权，那么很大程度上对法律概念的解释和应用的司法活动就无法进行。正如"宪法解释权是违宪审查权的前提，没有宪法解释权就无法审查规范性文件是否与宪法相抵触"的逻辑一样，〔2〕没有法律解释权的司法审查也可能面临无法审查行政规范性文件合法性的结果。因此，承认法院对法律规范或具有普遍约束力之行政规范性文件的监督权，就需要赋予法院法律解释权。否则，没有法律解释权的司法审查无法触及合法性判断的实质。于此之下，法院难以真正监督行政权的运行。而司法裁判化解行政争议、输出司法正义之功能的发挥也将大受影响。此外，为落实我国《宪法》第 127 条有关上级法院监督下级法院的规定，考虑到地方各级司法机关尤其是各省、自治区和直辖市的高级人民法院通过制定各种地方"司法解释"以及其他规范性文件对某一类案件或事项进行统一指导的普遍实践，我们可以将《宪法》第 127 条理解为默示司法机关拥有制定包括抽象性司法解释在内的规范性文件的权力也未尝不可。〔3〕由此，一定程度上说，除最高人民法院外，我国地方法院也拥有了事实上的法律解释权。随着法治的深入和司法权威的提升，笔者认为，从立法上逐步明确并扩大地方各级法院的法律解释权不仅符合法律的精神，也暗合了我国上级法院监督下级法院的制度需要和各地司法实务的需求。

（二）以"法律真实"的诉讼理念指引行政规范性文件的事实审查

与域外在"法律真实"诉讼理念之下，法院对行政机关行政行为事实问题区分审查强度处理的态度不同，马克思的辩证唯物主义认识论是我国诉讼活动所秉持的世界观和方法论。同时，受苏联浓厚的职权主义法律制度影响，我国行政诉讼活动在"客观真实"的证明任务和要求下，过分强调了法院对案情事实完全查明的义务。根据《行政诉讼法》第 5 条以事实

---

〔1〕　［英］彼得·斯坦、约翰·香德：《西方社会的法律价值》，王献平译，中国人民公安大学出版社 1990 年版，第 47 页。

〔2〕　王克稳："我国违宪审查制度建立的主要法律障碍"，载《现代法学》2000 年第 2 期。

〔3〕　黄金荣："'规范性文件'的法律界定及其效力"，载《法学》2014 年第 7 期。

为根据、以法律为准绳的统领，第39条人民法院有权要求当事人提供或者补充证据，以及第40条第1款人民法院有权调取证据的规定可知，我国倾向于大陆法系国家如德国式的职权探知主义态度。于此之下，我国形成的是对行政行为事实审查的证据是否确凿、充分的标准。

反观域外经验，英国早期，法院通常不审查行政行为所涉的纯事实问题。美国联邦最高法院也曾对行政机关事实方面的裁定不予审查。相反，法国行政法院对事实问题则是全面审查，体现了极强的职权主义色彩。然而随着法治的发展和各国对公民权益的重视，英美法系国家法院认为，不审查事实问题的司法监督无法对公民权益给予充分救济。因此，根据行政权力的大小及违法的程度等因素，美国分别建立了事实审查的三重标准，即实质性证据标准、滥用裁量权标准和重新审查标准。[1]英国法院则依据无证据规则和错误事实根据原则对事实问题是否客观合理进行审查。与此同时，随着行政任务专业化、技术化的趋势，基于行政机关的专家身份，大陆法系国家法院也对其所认定的事实开始给予尊重，并将事实问题的全面审查向有限审查的方向调整。可以说，两大法系代表国家的事实审查标准正经历着由差异巨大到不断融合的过程。这均与这些国家司法审查的事实审查标准背后所秉持的"法律真实"的诉讼理念有关。从认识论的角度来看，事实本身是不以人的意志为转移的。行政机关所认定的事实也是行政主体在对证据给予一系列判断和取舍的基础上，依法通过内心确认所形成的具有明显主观色彩的过程。因此，这种事实属于法律意义上的事实而并不完全等同于客观真实，[2]更遑论法院对行政机关认定事实的客观真实审查。在此形势之下，笔者认为，只有确立我国行政规范性文件事实审查的"法律真实"的指导理念，才可能促成更加科学、可操作的及更符合诉讼规律和法治国家发展经验的事实审查标准的形成。理由主要有以下几点。

（1）根据绝对真理和相对真理的辩证关系，"客观真实"的要求是无

---

[1]　王名扬：《美国行政法》，北京大学出版社2016年版，第506~517页。

[2]　周少华、高鸿："试论行政诉讼对事实审查的标准"，载《法商研究》2001年第5期。

法达到的。因为，相对真理中包含着绝对真理，而绝对真理在另外一个意义上又是相对真理。[1]任何一个真理性的认识都不可能是对物质世界的全部的理解。而只能是在一定范围和程度上的事实。反之，即便是正确反映客观事物的真理性认识，基于认识主体的局限性，这种反映也总是有限的。在绝对真理和相对真理的关系背后是无限的物质世界和有限的人类思维能力无法调和的矛盾。[2]因而，"客观真实"的证明要求是不合理的，它只能成为行政案件证明任务的努力方向。

（2）一切案件都是已经发生了的、过去的、不能再重新上演的事实。未目睹案发经过的办案人员也只有通过对案件相关证据进行收集、审查并判断的过程才能查清案件事实。这其中，不仅存在办案人员自身认知能力的影响，即他将以什么态度、按照什么规律、途径和方法来认识案情，还存在因案件事实的复杂性而使得案件客观事实的呈现将是一个曲折、复杂甚至只能是相对可知的情况。可知，受到客观和主观因素影响的案件事实难以达到"客观真实"的境地。诚如樊崇义教授所言，"理论研究和实践证明，我们再也不能用一个深不可测的所谓'客观真实'的抽象口号，作为衡量刑事诉讼证明的标准了，而是要寻找一个既符合实际又易于操作的标准来指导证明活动"。[3]对于同样要遵循诉讼活动规律的行政诉讼而言，也当如此。

（3）波斯纳认为，求真的目的会与其他目的相互竞争。[4]因为司法程序所追求的价值目标是多元的。事实真相并不能成为唯一。此外，辩证唯物主义的认识论指出，人的认识是主体和客体的矛盾运动。[5]具体在诉讼

〔1〕 曹光章："60年代初关于真理标准问题的讨论：当代中国思想史上被忽略的一个片段"，载《毛泽东邓小平理论研究》2015年第11期。

〔2〕 蔡英田："真理观初探"，载《吉林大学社会科学学报》1995年第3期。

〔3〕 樊崇义："客观真实管见——兼论刑事诉讼证明标准"，载《中国法学》2000年第1期；薛爱昌："重回认识论：再论司法中的'真实'"，载《法律方法》2016年第2期。

〔4〕 ［美］理查德·A.波斯纳：《法理学问题》，苏力译，中国政法大学出版社2002年版，第259页。

〔5〕 ［德］马克思、恩格斯：《马克思恩格斯选集》（第1卷），中共中央马克思恩格斯列宁斯大林著作编译局编译，人民出版社1995年版，第54页。

活动中就应当是办案人员这个认识主体与证据、案件事实这个客观事物的对立和统一过程。"在坚持这一观点的前提下，马克思主义哲学更强调的是人对客体的改造是认识的首要基础。"[1]因此，在行政诉讼的证明活动中，不应当过分强调、追求客观因素而忽视了司法工作人员这个认识主体本身的情况。事实上，要求认识主体全面、准确地将已经发生的案件事实给予还原并不现实。理想的状态也只能是接近客观真实的描述和刻画。因认识主体在素质、能力和视角等方面的不同，很有可能对案件事实产生或全面与偏狭，或对与错的理解。如此，面对实践性和操作性都很强的司法活动，要求具有主观性、局限性且不同水平的司法工作人员通过努力而达到"客观真实"这一笼统、原则的理想目标并不现实。

因此，我们应当在行政诉讼中确立一种更实用的、操作性更强的、不会造成太大歧义的"法律真实"的指导理念，以更科学而务实的认识论指引我国行政规范性文件的事实审查。

（三）确立正当程序标准

1．"正当程序"理念的形成

建立正当程序的司法审查标准不可能一蹴而就，需要一个渐进的过程。英国自然公正与美国正当程序标准的形成即是最好的脚注。

在英国，自然公正原则的精神和理念在《英国大宪章》中就有体现。到英王爱德华一世时就有相关条例给予规定，主要指对于贡税或补助金若不经大主教等不同身份、等级的人以及平民中的自由人同意，国王就不得在本国内课征的情况。爱德华三世时代国会也曾制定法律进行规定。1628年，为争取自由和权利，英国国会通过了著名的《权利请愿书》。一种意味着天然是非观的原则——自然公正原则被不断发展起来。尤其是在法院判例的解释下，形成了两项核心的标准，即"任何人不能作为自己案件的法官"和"人们的辩护必须公平地听取"。[2]基于英国自然公正原则而逐

---

〔1〕　陶富源："论实践主导的辩证唯物主义——马克思主义哲学本质精神新解"，载《马克思主义研究》2014 年第 4 期。

〔2〕　江必新："论行政程序的正当性及其监督"，载《法治研究》2011 年第 1 期。

渐形成、发展起来的美国正当法律程序标准的建立也有一个过程。它亦是经过美国宪法规定以及美国联邦与州法院的司法判例丰富起来的。尤其在1856年的"怀尼哈默案"后，正当程序审查标准的内涵从程序向实质拓展。最终，该原则的适用范围不断扩大并被集中体现于美国一系列的行政程序法典中。

以"罗马不是一天建成的"典故来刻画英国自然公正原则和美国正当法律程序标准的形成过程可谓恰如其分。更为重要的是，形成后的"正当程序"标准在内涵上并没有僵化、固守。它仍然保持着与社会生活共命运的鲜活生命力。在对社会生活客观反映的过程中，它不断作出调试并与社会生活的客观要求相适应。虽然我国目前在行政程序的建设上已有很大进展，但在行政相对人处于被动地位的行政决定中，面对日益专业化、复杂化的行政行为，可以说，相对人维权的过程并未因此变得更为容易。我国的程序价值和程序法原本就根基较浅，还需进一步追寻高品质和高标准的行政程序。因此，在制定统一《行政程序法》的同时，我们还须克服一劳永逸和浅尝辄止的认知习惯，不断将我国所追寻的正当程序内涵加以深入和丰富，使之真正成为一个活的理念和标准。

2. 正当程序标准的基本内涵

从执法层面看，国务院发布的《全面推进依法行政实施纲要》对正当程序给予了权威和明确的规定。它的主要内容是：（1）行政机关实施行政管理的过程要公开，并须听取公民、法人及其他组织的意见；（2）要严格遵守为公民提供了知情、参与和救济机会的法定程序；（3）对于和行政管理相对人存在利害关系的履职人员要求回避。从学理层面看，法院的正当程序审查应当包括[1]：（1）自己不做自己案件法官、信息公开和平等对待的程序公正原则；（2）行政规范性文件所规定的具有强制性的措施应与法律的授权目的相符，且二者应达到相应相称的程度；（3）行政规范性文件规定的程序须为大多数人所接受，其正当性方得以被认可；（4）行政规范性文件的内容是否具有必要的稳定性和可预期性。如果行政规范性文件的规

---

[1] 江必新："行政程序正当性的司法审查"，载《中国社会科学》2012年第7期。

定将导致反复无常或出现因人而异的情况，则会降低行政程序的可预期程度和稳定性，将被认为是"潜规则"规范而破坏程序严肃性。此外，从司法层面看，最高人民法院以司法解释的形式创新了我国对程序审查标准的实践，如在有关房屋征收、补偿的司法解释中，[1]法院将严重违反法定程序与正当程序视为选择关系。也就是说，二者一定程度上是可等量齐观的。

有学者认为，应当设置最起码的程序价值标准，以此才能尽量减少或者克服明显的非正义的情况。[2]这些标准就是正当程序的底线。本书所提出的正当程序标准也是在这个意义上言说的。期待建构一个最低限度且标准统一的行政程序制度也正是行政程序立法的目的所在。[3]本书认为，从英国自然公正原则与美国正当法律程序标准的形成史可以说明，正当程序的内涵和基本要求是在不断丰富和与时俱进的。这与人们对它殷切的追求、社会分工的不断细化和一国行政法治的进步密切相关。因此，在行政规范性文件司法审查制度的初步建构中，首先应当确立最低限度的正当程序标准，这是未来司法审查程序审纵深发展、成熟的基础。结合《国务院关于加强法治政府建设的意见》（已失效）中关于行政规范性文件应当遵循的程序规定，再从执法部门、学界和司法机关的认识提取"公因数"，笔者认为，宜将我国司法审查中最低限度的正当程序标准初步理解为是否公开征求意见、对相对人影响重大的事项中是否给予适宜的听证形式、是否经政府常务会议或者部门领导班子会议集体讨论决定以及是否公布等体现法的基本原则和精神的要素。

3. 确立行政规范性文件的正当程序标准

现代行政法上，不确定法律概念与行政裁量权的广泛存在构成了行政过程浓厚的底色。行政实体法对其在行政过程中的横溢有时无能为力。

---

〔1〕　最高人民法院《关于办理申请人民法院强制执行国有土地上房屋征收与补偿决定案件若干问题的规定》第6条。

〔2〕　陈瑞华：《刑事审判原理论》，北京大学出版社1997年版，第58~59页。

〔3〕　应松年："中国行政程序法立法展望"，载《中国法学》2010年第2期。

"而行政程序法则可以担当规范这种'底色'随意蔓延的重任。"[1]20世纪中叶开始，世界范围内掀起了行政程序法典化浪潮。美国、德国和日本等国家及地区都颁布实施了统一的行政程序法。

在国外，正当程序原则一般在行政程序法中都会得到明示和突出。在我国，出于人们对"法就是制定法的条文"的根深蒂固的观点及执法司法人员心中只有法律条文没有法律精神的认识，笔者认为，以宪法明示正当程序价值，并在统一《行政程序法》制定的过程中明确正当程序的原则是更新认识并完善现有行政程序制度诸多漏洞及不合理问题的有益尝试。

第四节　建议司法当转型、法院应有裁判权

我国《行政诉讼法》分别于第七章"审理和判决"以第63条和第64条对行政规范性文件的审理依据和裁判态度作出了规定。由此观之，司法审查中的行政规范性文件地位独特。一方面，它的地位比较低，并非审判的根据，也非审判的参照，而是审判的对象。另一方面，法院对违法行政规范性文件以司法建议的方式给予回应又凸显了行政权的强势。因为判决具有明显的导向性，"行政诉讼的存在及相应判决的创立就可能影响到行政机关未来的行动"。[2]《行政诉讼法》对行政规范性文件司法处理的规定并未触及司法权对行政权的实质性制约。而面对日益扩张的行政权和大量涌现的行政裁量现象，过分自抑和克制的司法权反倒会为行政权的放任、专断甚至滥用留下空间。笔者认为，在全面推进依法治国的战略中，法院应当具有更高的荣誉和权威。法治的时代和法治梦的实现离不开强司法对强行政的制衡与监督。因此，在司法审查的出口上，将有关行政规范性文件的法律争议交由地位超然、程序严密且裁决公正透明的法院解决不

---

〔1〕　章剑生：《现代行政法总论》，法律出版社2013年版，第231页。

〔2〕　Carol Harlow & Richard Rawlings, *law and Administration*, Butterworth's a Division of Reed Elsevier Ltd, 1997, p. 537.

仅是司法最终原则[1]的要求,也是人们最为信赖的追寻正义的方式。诚如亚里士多德所言——法官就是活生生的正义。[2]

一、当下:落实司法建议的可能路径

(一) 配套司法建议处理结果公示制度,助力个案"不予适用"审查结论的拓展

司法建议是法院对行政行为给予审查后,进一步监督行政机关的一种方式。[3]因宣布无效的裁判将可能引发较大的变动,为避免不稳定因素出现,《行政诉讼法》采用了司法建议这种较为缓和的形式来减小影响。在行政规范性文件司法审查具体制度初步建构的背景下,司法建议在当下不失为一种更合理、更符合我国法治要求的选择。可以说,这种处理方式"既防止违法的行政规范性文件长期存在且侵害人民权益,又防止废弃行政规范性文件出现行政管理的漏洞、无序,同时亦尊重行政机关的决策形成自由。"[4]

而从完善《行政诉讼法》所确立的"判决回应——纠纷预防"型这种司法建议的角度看,为防止行政规范性文件制定机关对司法建议置之不理从而使这一方式流于形式,[5]以司法审查倒逼行政机关从源头上规范"红头文件"的制发和清理工作,[6]应当配套司法建议处理结果的公示制度。一般情况下,对法院的司法建议,行政规范性文件的制定机关当作出同意

---

〔1〕 司法最终原则表明:司法救济是整个权利救济体系中最核心也是最终的救济方式。它具有终局性效力。坚持司法最终原则不仅是因为其符合现代法治理念和救济方式的要求,而且是因为司法救济能够满足权利救济途径完整性、公平性、有效性的功能。参见王天林:"中国信访救济与司法最终解决原则的冲突——以涉诉信访为中心",载《学术月刊》2010年第10期。

〔2〕 〔古希腊〕亚里士多德:《政治学》商务印书馆1965年版,第163页。

〔3〕 从功能主义的立场出发,行政诉讼中的司法建议可分为:(1) 裁判引导型;(2) 裁判补充型;(3) 纠纷预防型;(4) 裁判执行型四类。参见章志远:"我国行政诉讼司法建议制度之研究",载《法商研究》2011年第2期。

〔4〕 江水长:"论行政规范性文件的司法审查",中国政法大学2004年硕士学位论文。

〔5〕 马怀德主编:《行政诉讼原理》,法律出版社2003年版,第469页。

〔6〕 程琥:"司法附带审查让'红头文件'不再任性",载光明网,http://theory.gmw.cn/2015-08/20/content_16740230.htm,最后访问时间:2019年6月6日。

或不同意的回复。同意就意味着它将被修改或废止；不同意则需要制定机关作出充分的说明。制定机关应当将此过程在一定期限内以合理方式向社会公示，并明确不予公示的法律责任。可以说，在信息公布、更新及查询的技术支持下，这种在行政机关内部寻求行政规范性文件立、改、废的激活方式是目前与现行法规定匹配度最高的举措。[1]在美国，法院对行政规定的审理结果也不具有对世效力。但因美国是判例法国家，法院对个案的判决事实上也将对后期的审理产生约束力。有鉴于此，笔者认为，配套司法建议处理结果的公示制度不仅有助于司法建议的落实，一定程度上还将有益于个案"不予适用"效力的普遍化。

（二）连通权力机关与司法、行政的监督机制，全方位促进司法建议的推行

从法院对行政规范性文件审查后的处理方式看，相较《行政诉讼法》第64条对违法行政规范性文件不作认定并向制定机关提处理建议的规定看，《最高人民法院关于适用〈中华人民共和国行政诉讼法〉的解释》更具体。一方面，司法解释要求法院对不予适用的行政规范性文件在裁判理由中给予阐明，有助于提升司法裁判说理论证的水平。另一方面，该司法解释在《行政诉讼法》的基础上，还规定了将"司法建议"抄送给"制定机关的同级人民政府"或"上一级行政机关""监察机关及规范性文件的备案机关"的举措，有助于促进司法监督和行政监督、监察机关和备案机关之间的衔接，并激活对违法行政规范性文件有权给予改变或撤销的行政内部监督程序。

为连通《行政诉讼法》与原有监督机制之间对行政规范性文件的良好互动，并促进司法审查"不予适用"之效力的落实，笔者认为，在联动司法与行政的机制外，还应当引入权力机关的审查，即法院可以将司法建议书面呈送权力机关，启动人大监督程序对违法行政规范性文件予以纠正。翁岳生大法官认为，具有个案效力的美国联邦最高法院的判决如要产生长

---

〔1〕 夏雨："行政诉讼中规范性文件附带审查结论的效力研究"，载《浙江学刊》2016年第5期。

足的效果也离不开立法机关和行政机关的配合。[1]而在法院处理与其他机关衔接的问题上,当出现三方机构对同一行政规范性文件监督意见不一致的情况时,应当遵循的原则是:"如果行政机关对违法文件已经撤销的,应当尊重行政机关的内部决定;如果有权撤销文件的行政机关认为不违法而法院认为文件违法的,行政机关应当服从法院的审查决定,因为法院是裁判机构。权力机关虽然一般不对行政规范性文件的违法性进行审查,但一旦它进行审查并且与法院的意见不一致时,法院则应当服从权力机关的决定。"[2]

二、未来:建构行政规范性文件的判决形式

随着司法体制改革的推进,司法本身将逐渐回缚于其所赖以存在和运行的社会。"常识与理性"的司法逻辑和规律也将随之回归。当司法权威得以不断提升之时,司法与行政的关系也将日趋合理。在二者地位渐次平衡的过程中,司法介入行政的程度也将达至应有的界限。于此,建议型司法模式也将逐渐转向对抗型司法。从域外经验看,尽管各国因宪政体制、历史文化及法律传统的不同而使得各国对司法审查这一传统法律概念的理解不尽相同。但法院审查立法机关法律文件的合法性以及行政机关行政行为合法性的本质内容是相通的。各国司法审查的理论与实践所贯彻的两个原则是:一方面,法院有权宣告违宪立法无效;另一方面,法院可以宣告违宪的行政立法无效。[3]从法理维度看,也只有赋予法院一定程度的处理权,使法院对违法行政规范性文件的有关条款给以认定并作出撤销或确认判决,才是名副其实的审查,也才能真正起到监督的效果。如此,其他法律规范的效力不仅不受影响,还不至于造成对人大和政府监督的冲击。这不仅避免了行政管理的动荡和不必要的浪费,还有助于国家权力之间良性互动的实现。[4]此外,以行政诉讼的判决形式对行政规范性文件合法与否

---

[1]　翁岳生:《行政法》(上册),中国法制出版社 2002 年版,第 618 页。
[2]　刘松山:《违法行政规范性文件之责任研究》,中国民主法制出版社 2007 年版,第 105 页。
[3]　龚祥瑞:《比较宪法与行政法》,法律出版社 1985 年版,第 455~456 页。
[4]　上官丕亮:"论抽象行政行为的不可诉性与可附带司法审查性",载《西南政法大学学报》2005 年第 3 期。

给以终局宣示是司法权得以影响行政权的最直接形式，同时也是法院在案件处理结果方面对当事人权利救济的需要。因此，从司法权与行政权关系的角度研究行政规范性文件判决形式的作出，能更好地达到行政管理目标的实现与当事人合法权益保护之间的平衡。[1]

（一）法院应有裁判权的理由

（1）司法审查有限性原则的重要意义在于确立司法权与行政权运作的合理框架。而法院对行政规范性文件司法裁判的作出并不会比对具体行政行为变更的判决更有可能产生司法权替代行政权的危险。相反，对行政行为包括抽象行政行为的审查及裁判原本乃是行政诉讼的题中之意，也为现代世界各国司法审查的主流所肯认。

（2）根据司法审查必要性原则，以异质权力制约行政权，确保行政权在法律范围内活动，由法院对行政权进行监控仍然是现代行政法上主要的且必不可少的机制。[2]因而，对行政规范性文件的司法裁判是司法权监督行政权在输出环节的必要组成，不可或缺。

（3）从长远看，《行政诉讼法》第64条以司法建议的方式处理违法行政规范性文件的规定应当废止。因为法院对外发出的唯一具有司法权威文书的只能是裁判文书。[3]况且，该种与司法权性质的法理抵触、缺乏法律效力的司法建议本身在适用范围和程序规范等方面存在着不统一和缺乏跟踪、监督的问题。

（4）2012年最高人民法院公布的第5号指导案例的裁判要点认为："地方政府规章违反法律规定设定许可、处罚的，人民法院在行政审判中不予适用的，'不予适用'应当具有脱离个案的法规范性质。"[4]作为比规章位阶更低，在行政审判中也只是"援引"地位的行政规范性文件而言，

---

〔1〕 刘峰："论行政诉讼判决形式的重构——从司法权与行政权关系的角度分析"，载《行政法学研究》2007年第4期。

〔2〕 章剑生：《现代行政法基本理论》，法律出版社2014年版，第107页。

〔3〕 徐昕："司法建议制度的改革与建议型司法的转型"，载《学习与探索》2011年第2期。

〔4〕 "鲁潍（福建）盐业进出口有限公司苏州分公司诉江苏省苏州市盐务管理局盐业行政处罚案"，最高人民法院2012年发布的指导案例5号，《最高人民法院公报》2012年第12期（总第194期）。

笔者认为，司法权的介入力度应当比规章更进一步。因此，在充分尊重行政自主性的前提下，先以对司法权与行政权关系不会造成太大影响的判决方式，对行政规范性文件附带审查结论的效力做一个突破与提升是可期待的。在国外，不仅违反宪法的行政立法可被宣告无效，就是违反宪法的法律亦可被宣告无效。

（二）行政诉讼判决的基本形式

反观我国"政策实施型"的法院系统，[1]基于科层化法院体制[2]以及司法权的行政化所形成的司法审查能力不足的现实境遇，[3]考虑到行政规范性文件附带审查制度初步推行的情况，因"变更判决"和"履行判决"存在代替政府作出决策并可能在范围和内容上侵越行政机关的嫌疑，笔者认为，未来可先以行政诉讼发展初期常使用的撤销判决和具有宣誓性的确认判决来回应行政规范性文件司法裁判形式的建构论题。此外，基于"驳回诉讼请求判决"与"撤销判决""确认判决"一样，都是对被诉行政行为效力简单否定或肯定的裁判形式。因此，本书也将该类裁判方式引入行政规范性文件的司法裁判中。详言之，行政规范性文件的基本裁判形式主要有以下几种。

（1）驳回原告诉讼请求的裁判。经过法院的实体审查，参照《行政诉讼法》第69条的规定，笔者认为，如果行政规范性文件是经过法定程序作出的，事实根据客观、合理且适用法律也合法的，那么行政规范性文件应当是合法有效的，法院应当作出驳回原告诉讼请求的判决。需要说明的

---

[1] 时飞："最高人民法院政治任务的变化——以1950—2007年最高人民法院工作报告为中心"，载《开放时代》2008年第1期。

[2] 科层化法院体制将法官分为不同等级并置于一个服从的链条之中。在保持一致和上级检查等机制的压力下，法官们在审理案件过程中普遍恪守着一种消极的行为逻辑，即遇到稍复杂的案件或没有具体法律规定的案件，法官往往习惯性地层层请示，等待上级法院的批复、解释以获得现成的结论。在某些案件的审理中，甚至出现了没有上级法院的批复或指示就"不会办案"或"不办案"的现象。同时，在制度上，最高人民法院及地方各级人民法院针对下级法院的频频请示，也通过各类具体的或抽象的指令给予了回应和认可。参见陈林林、许杨勇："司法解释立法化问题三论"，载《浙江社会科学》2010年第6期。

[3] 余军、张文："行政规范性文件司法审查权的实效性考察"，载《法学研究》2016年第2期。

是，当法院对行政机关所作行政规范性文件可得出多种结论，即可作合法解释也可作非法解释时，从尊重行政权、防止司法不当干涉行政的角度考虑，笔者认为，只要行政机关的决策是依据法律得出的合理的结论、行政机关能够对自己的行为作出充分的说明，法院就不宜用自己的结论取代行政机关的决策，而应当选择认定该文件合法有效。

（2）撤销行政规范性文件的裁判。对违法的法规条例，两大法系基本一致的做法是通过撤销判决来宣告违法条例的部分或全部无效。对此，我国也可吸收、借鉴。对于程序违法的，可以参照德国经验，即将程序分为强制性程序和指导性程序。只有在违反强制性程序时才涉及被撤销的后果。而明显轻微的违法情形，法院只需要通知制定机关及时修改即可。对于实体违法的情况，如果存在事实或法律适用方面的不合理或违法，包括超越权限、下位法违反上位法、内容违法或明显不当等因素时，法院可通过撤销判决对违法行政规范性文件的一部分或全部予以无效宣告。

（3）确认行政规范性文件违法的裁判。根据《行政诉讼法》第74条之精神，类比具体行政行为，对于：①应当撤销但人大与行政监督又没有积极履行监督职能，同时，法院行使撤销权可能会给国家利益、社会公共利益造成重大损害的，笔者认为，人民法院宜判决确认该种规范性文件违法。②行政规范性文件的程序存在轻微违法但对原告权利不产生实际影响的，也应当以确认违法的形式给以宣告。③对于被告改变原违法具体行政行为法律依据，原告仍要求确认原规范性文件违法的，法院不需要撤销而宜进行确认违法判决。

（4）确认行政规范性文件无效的裁判。当法院审查后认为：①行政规范性文件违反法定程序或因违反正当程序原则而侵害到原告权利的；②行政规范性文件本身已经失效，即由于上位法律规范的修改、废弃或撤销导致被告作出具体行政行为时，其所依据的行政规范性文件已经失效的；③制定行政规范性文件的立法事实错误或不存在的；④行政规范性文件与上位法冲突、抵触的；⑤按照《行政诉讼法》第75条之精神，当行政规范性文件的制定发布主体不具有行政主体资格，或者该规范性文件没有依据等重大且明显违法情形的，如果原告申请确认无效的，人民法院判决确认无效。[1]

（5）对于行政规范性文件在行政行为作出时处于尚未生效或已经失效、无效的特殊情形，因附带审查没有可能或没有必要进行，法院宜作出终止审查的裁判。

三、延伸：违法行政规范性文件的溯及力与国家赔偿

对于违法行政规范性文件被判决撤销的溯及力问题，笔者认为，不应当产生溯及既往的效力，且依违法行政规范性文件作出的具体行政行为效力也不宜发生改变。一方面，具体行政行为涉及面广、数量巨大，若由法院对此逐一受理、审查，不仅程序繁琐还会严重损耗司法资源。另一方面，涵盖面广、具有高度专业性，并在一定程度上与国家政策紧密相关的行政规范性文件，其所关涉的行政管理关系无论是量还是质的变动，都有可能产生社会秩序的动荡。因此，违法行政规范性文件及据此作出的具体行政行为被撤销或被确认无效的，不必进行重新处理。当然，考虑到当事人为维护自己合法权益的诉讼目的，以及行政救济制度的创设本质，笔者认为，对违法行政规范性文件引发的具体行政行为侵权问题，行政机关应当赔偿。否则，与权责一致的行政法原则和有权利就有救济的司法救济理念不符。

具体到国家赔偿，它包括行政赔偿和司法赔偿。违法行政规范性文件造成公民法定权益遭受损害而产生的国家赔偿责任是行政赔偿。在国家赔偿要件中，损害要件最具显著性。无论其属于何种形态，"一般应具备如下特征：现实性与确定性、特定性与异常性、非法性与可估量性等"。[2]而作为行政职权表现形式之一的行政规范性文件，因其是对法律规范的执行，所以它必然涉及对一定范围内主体之权利与义务的调整和分配。"这种经过行政机关分配的权利与义务关系基于行政机关的地位而具有了确定性，并且这种确定性是以国家权威作为最终保证的。所以，我们认为这种损害是现实

---

〔1〕 梁凤云："行政协议案件适用合同法的问题"，载《中国法律评论》2017年第1期。

〔2〕 郭庆珠："论行政规范性文件制定不作为的法律救济"，载《学术论坛》2010年第2期。

的、确定的。具有现实性的损害往往也具有直接性。"[1]因此，对于违法的行政规范性文件，相对人也可以主张国家赔偿。[2]在申请国家赔偿中，要注意的是：①是否在作出具体行政行为之日起算的追索期限内；②是否属于法定的受赔偿当事人范围；③对于符合国家赔偿条件的当事人，若在规定期限内并未主张赔偿请求权，则视同放弃赔偿请求权。

〔1〕 马怀德：《完善国家赔偿立法基本问题研究》，北京大学出版社 2008 年版，第 133 页；周兰领："部分抽象行政行为纳入国家赔偿范围研究"，载《黑龙江省政法管理干部学院学报》2008 年第 2 期；朱海波："论行政立法不作为的内涵、认定及责任"，载《云南行政学院学报》2013 年第 4 期。

〔2〕 侯丹华："新《行政诉讼法》中几种特殊类型诉讼的判决方式"，载《法律适用》2016 年第 8 期。

结　论

随着传统禁止授权原则的衰落，行政规则大量涌现。作为行政法领域的焦点，日益勃兴的行政规则逐渐成为社会治理的重要方式。这也使人们不禁产生法律治理沦为行政治理的担忧，尤其是面对汪洋大海般数目浩繁且与公民利益息息相关、频繁活跃于执法一线的行政规范性文件。因其存在"权力无边界、程序不规范、主体常越界、落实无监管"等弊病，实践中，一些僭越法律底线、公权"打劫"并突出部门本位和部门利益的行政规范性文件不仅侵蚀着文件本身的权威性，更降低了行政效率、削弱了政府的公信力。于此，如何监督行政规范性文件依法运行，从而保障行政法治和人权，实现行政领域的民主、公正和效率，就成为理论研究和实务部门亟需解决的一项重大课题。

依照《宪法》《组织法》《行政诉讼法》《行政复议法》以及全国各地有关行政规范性文件备案审查的规章等规定，我国形成了对行政规范性文件来自权力机关、行政机关和司法机关的监督体系。虽然，各种监督方式都不同程度地存在一些问题，但不可否认的是，在我国人民代表大会制度的政体下，国家权力机关是行政法制监督最重要也最根本的主体。国家行政机关是具有专门知识和经验，且高效便捷的内部审查主体。作为国家司法机关重要组成部分的人民法院，则是实现司法权监督行政权不可缺少的外部审查主体。而"行政权必须受到法律约束"意味着行政权必须依法行使并受到司法审查。这亦是我国行政诉讼制度创设的缘由。在对行政规范性文件进行传统的备案审查和行政复议的监督外，我国《行政诉讼法》从国家法律层面正式宣示了行政规范性文件司法审查从理念到制度的回归。作为修法内容之一，附带审查被认为是仅次于保障当事人诉讼权利的第二大重要问题，其重要性毋庸置疑。与此同时，这也为问题的解决带来了新的机遇和前景。由此，法院对行政规范性文件应当进行何种程度的审查以及如何建构相关保障机制则将问题进一步引向纵深。为推动行政规范性文件附带审查制度良好、有效地运行，以司法审查强度为论域，对行政规范性文件司法审查的保障机制展开基本研究和初步建构就成为本书的最终诉求。

本书通过研究，提出如下观点与建议：

（1）通过对280件相关行政诉讼案例的梳理和类型化分析，并反观传统监督机制所面临的各种问题和困境，本书认为，与人大监督和行政监督相较，司法审查的路径虽在审查强度和规则运行的刚性方面存在不足，但仍然发挥着不可替代的作用。且从行政诉讼制度创设的初衷、权力制衡的要求、行政行为司法审查的要义、司法最终的法理以及抽象行政行为更具危害性也更应加强监督、行政诉讼与行政复议制度衔接的视角分析，法院应当是权利的最好庇护者。此外，如何落实现行《行政诉讼法》所确立的附带审查制度也是行政法学面临的现实任务和问题。尤其是在全面推进依法治国的基本方略下，司法机关的地位更不容轻视。法治的信仰不应成为口号、标语。正如伯尔曼的精辟论断——法律必须被信仰，否则它将形同虚设。因此，本书认为有关附带审查的立法规定应当得到配套落实，否则它将成为一纸空文。

（2）在行政规范性文件的概念和识别目前尚未出现统一界定和标准的情况下，本书分别从学理和立法规定两个维度对其展开比较，并指出不同背景、立场、目的等视角下的行政规范性文件内涵亦有不同。然而其根本的属性是共通的。于此，结合我国现行法秩序下法院地位的"制度现状"，本书将司法审查场域中的行政规范性文件限定于为使法律和政策得以落实而由行政机关依法制定的，除行政立法以外的对公民、法人和其他组织权利义务产生实质影响的所有行政规范。此外，本书还探讨了授权组织、国务院制定的行政规范性文件，以及内部行政规范性文件、乡镇一级人民政府、县一级人民政府工作部门级别的行政规范性文件是否应当纳入司法审查的问题。

（3）对于司法如何发挥作用既可合理适切地保护权利，又可恰当保持对行政主动性、创造性之尊重的问题，不仅关涉行政自主性与司法最终的关系，还是世界各国行政法学研究都面临的重大课题。于此，审查强度理论的探讨至关重要。一般情况下，法官应在有限审查原则的基础上，结合司法审查的模式、具体案件所涉权利的属性及问题的专业性、政策性等情形，在司法权介入行政权之"过"和"不及"的双重危险下，选择恰当的审查强度以妥善解决行政争议。在此基础上，鼓励我国法官积极发挥司法能动性的价值立场，并在一定情况下调适行政规范性文件司法审查强度的做法更贴合我国实际的需要。

（4）作为司法审查的入口，级别管辖制度的配置是集中体现司法权与行政权博弈的第一场域。该项内容若得不到较好安排，法官的独立性和权威性将面临来自行政权的较大冲击。考虑到司法地方化的客观情况，为提高司法审查的质量、保障审判的公平正义，本书提出应在下一次修法时将行政规范性文件纳入管辖规定，并主张审查行政规范性文件的案件应由中级人民法院管辖。但出现立法规定的"重大、复杂"情形时，宜适当提高法院的审级。此外，对于国务院部委或省一级地方人民政府制定的专业性、政策性更强的行政规范性文件，或关系国计民生等重大问题的行政规范性文件宜按照跨行政区域管辖的行政案件处理。

（5）作为司法审查的核心技术，审查原则与具体审查标准的设定决定着司法权对行政权的介入程度。反观两大法系代表国家与 WTO 在合理性审查标准方面形成的共识，基于我国形式法治背景下合法审查标准的局限性，我国应当在立法上确立行政规范性文件的"合理性审查标准"。此外，应当区分审查标准与审查强度。审查标准是审查强度的名目，审查强度则是审查标准要达到的论证程度。最后，法院应当根据不同情况谨慎地决定审查的强度。因此，"走向区分程度的司法审查"、建立我国行政规范性文件的法律审查、事实审查和程序审查的司法审查模式，并进一步对影响审查强度的参数进行类型化处理，有助于为实务部门在审查标准的理解与审查强度的拿捏方面提供一条可资参考的思路。

（6）作为诉讼程序出口的司法裁判，体现的是法院对案件实体与程序问题的终局结论。从纵向层面审视，法院是否拥有完整的审查权，法院能否在"司法审查结果"方面给予当事人最为直接而充分的救济，其背后是司法权与行政权的关系问题。司法建议是当下更贴近我国法治实际的较为缓和的方式。未来，随着我国司法体制改革的推进，参照域外法院可以宣告违宪的行政立法无效的司法审查理论与实践经验，基于我国科层化的法院体制以及司法审查能力不足等现实，结合我国行政规范性文件附带审查制度初步推行的情况，考虑到"变更判决"和"履行判决"存在代替政府作出决策或可能在范围、内容上侵越行政机关的嫌疑，我国可先考虑将争议不大的"确认判决""驳回诉讼请求判决"和"撤销判决"这几种对被诉行政行为效力简单否定或肯定的裁判方式引入行政规范性文件的司法裁判中。此外，被确认无效或撤销的违法行政规范性文件不应产生溯及既往的效力。依此作出的具体行政行为效力也不当改变。对违法行政规范性文件造成的损失，可以在法定时限内，积极要求国家赔偿。

参考文献

一、中文著作

1. 《邓小平文选》（第 2 卷），人民出版社 1994 年版。

2. 陈春生：《行政法之学理与体系（一）——行政行为形式论》，三民书局 1996 年版。

3. 陈丽芳：《非立法性行政规范研究》，中共中央党校出版社 2007 年版。

4. 陈瑞华：《刑事审判原理论》，北京大学出版社 1997 年版。

5. 陈新民：《中国行政法学原理》，中国政法大学出版社 2002 年版。

6. 崔卓兰、于立深：《行政规章研究》，吉林人民出版社 2002 年版。

7. 樊崇义主编：《诉讼原理》，法律出版社 2003 年版。

8. 冯玉军主编：《新〈立法法〉条文精释与适用指引》，法律出版社 2015 年版。

9. 傅思明：《中国司法审查制度》，中国民主法制出版社 2002 年版。

10. 甘文：《行政诉讼法司法解释之评论——理由、观点与问题》，中国法制出版社 2000 年版。

11. 高家伟：《公正高效权威视野下的行政司法制度研究》，中国人民公安大学出版社 2013 年版。

12. 高秦伟：《行政法规范解释论》，中国人民大学出版社 2008 年版。

13. 郝明金：《行政行为的可诉性研究》，中国人民公安大学出版社 2005 年版。

14. 何海波：《行政诉讼法》，法律出版社 2015 年版。

15. 何海波：《实质法治——寻求行政判决的合法性》，法律出版社 2009 年版。

16. 何永红：《现代行政法》，浙江大学出版社 2014 年版。

17. 胡建淼主编：《行政诉讼法修改研究：〈中华人民共和国行政诉讼法〉法条建议及理由》，浙江大学出版社 2007 年版。

18. 胡峻：《行政规范性文件绩效评估研究》，中国政法大学出版社 2013 年版。

19. 黄启辉：《行政救济构造研究——以司法权与行政权之关系为路径》，武汉大学出版社 2012 年版。

20. 江必新、梁凤云：《最高人民法院新行政诉讼法司法解释理解与适用》，中国法制出版社 2015 年版。

21. 姜明安主编：《行政法与行政诉讼法》，北京大学出版社、高等教育出版社 2019 年版。

22. 蒋红珍：《论比例原则——政府规制工具选择的司法评价》，法律出版社 2010 年版。

23. 强世功：《法制与治理》，中国政法大学出版社 2003 年版。

24. 解志勇：《论行政诉讼审查标准——兼论行政诉讼审查前提问题》，中国人民公安大学出版社 2009 年版。

25. 廖义铭：《行政法基本理论之改革》，翰芦图书出版有限公司 2002 年版。

26. 刘东亮：《行政诉讼程序的改革与完善——行政行为司法审查标准问题研究》，中国法制出版社 2010 年版。

27. 刘俊祥主编：《抽象行政行为的司法审查研究》，中国检察出版社 2005 年版。

28. 刘莘主编：《行政立法原理与实务》，中国法制出版社 2014 年版。

29. 刘松山：《违法行政规范性文件之责任研究》，中国民主法制出版社 2007 年版。

30. 罗豪才主编：《中国司法审查制度》，北京大学出版社 1993 年版。

31. 马怀德：《完善国家赔偿立法基本问题研究》，北京大学出版社 2008 年版。

32. 马怀德主编：《行政诉讼原理》，法律出版社 2009 年版。

33. 马怀德主编：《司法改革与行政诉讼制度的完善：〈行政诉讼法〉修改建议稿及理由说明书》，中国政法大学出版社 2004 年版。

34. 茅铭晨：《行政行为可诉性研究——理论重构与制度重构的对接》，北京大学出版社 2014 年版。

35. 舒国滢主编：《法理学导论》，北京大学出版社 2019 年版。

36. 孙笑侠：《法律对行政的控制》，光明日报出版社 2018 年版。

37. 汪庆华、应星编：《中国基层行政争议解决机制的经验研究》，上海三联书店 2010 年版。

38. 王宝明等：《抽象行政行为的司法审查》，人民法院出版社 2004 年版。

39. 王敬波：《法治政府要论》，中国政法大学出版 2013 年版。

40. 王麟、王周户编著：《行政诉讼法》，法律出版社 2005 年版。

41. 王名扬：《法国行政法》，北京大学出版社 2007 年版。

42. 王名扬：《美国行政法》，北京大学出版社 2016 年版。

43. 王名扬：《英国行政法》，北京大学出版社 2007 年版。

44. 王名扬主编：《外国行政诉讼制度》，人民法院出版社 1991 年版。

45. 王万华：《中国行政程序法立法研究》，中国法制出版社 2005 年版。

46. 王振清主编、北京市高级人民法院行政审判庭编：《行政诉讼案例研究》，中国法制出版社 2008 年。

47. 翁岳生：《法治国家之行政法与司法》，月旦图书出版有限公司 1997 年版。

48. 翁岳生主编：《行政法》，中国法制出版社 2009 年版。

49. 巫宇甦主编：《证据学》，群众出版社 1983 年版。

50. 吴庚：《行政法之理论与实用》，中国人民大学出版社 2005 年版。

51. 夏勇：《人权概念起源》，中国政法大学出版社 1992 年版。

52. 夏勇：《中国民权哲学》，生活·读书·新知三联书店 2004 年版。

53. 向忠诚：《WTO 与中国行政诉讼制度改革》，湖南人民出版社 2006 年版。

54. 萧公权：《民主与宪政》，清华大学出版社 2006 年版。

55. 徐国栋：《民法基本原则解释》，中国政法大学出版社 1992 年版。

56. 薛刚凌主编：《中央与地方争议的法律解决机制研究》，中国法制出版社 2013 年版。

57. 杨伟东：《行政行为司法审查强度研究——行政审判权纵向范围分析》，中国人民大学出版社 2003 年版。

58. 杨小君：《行政诉讼问题研究及制度改革》，中国人民公安大学出版社 2007 年版。

59. 叶必丰、周佑勇：《行政规范研究》，法律出版社 2002 年版。

60. 应松年主编：《〈中华人民共和国行政诉讼法〉修改条文释义与点评》，人民法院出版社 2015 年版。

61. 游戈主编：《理性之光：法兰西 公元 1660—1800》，江苏教育出版社 2014 年版。

62. 余凌云：《行政自由裁量论》，中国人民公安大学出版社 2013 年版。

63. 余凌云：《行政法讲义》，清华大学出版社 2014 年版。

64. 袁杰主编、全国人大常委会法制工作委员会行政法室编著：《中华人民共和国行政诉讼法解读》，中国法制出版社 2014 年版。

65. 袁曙宏主编：《建构法治政府——全面推进依法行政实施纲要读本》，法律出版社 2004 年版。

66. 张步洪、王万华编著：《行政诉讼法律解释与判例述评》，中国法制出版社 2000 年版。

67. 张光宏：《抽象行政行为的司法审查研究》，人民法院出版社 2008 年版。

68. 张千帆：《宪法学导论》，法律出版社 2008 年版。

69. 张树义：《中国社会结构变迁的法学透视——行政法学背景分析》，中国政法大学出版社 2002 年版。

70. 张文显主编：《法理学》，高等教育出版社 2018 年版。

71. 张文显主编：《良法善治：民主、法治与国家治理》，法律出版社 2015 年版。

72. 章剑生：《现代行政法基本理论》，法律出版社 2014 年版。

73. 章剑生：《现代行政法总论》，法律出版社 2014 年版。

74. 郑春燕：《现代行政中的裁量及其规制》，法律出版社 2015 年版。

75. 周佑勇：《行政裁量治理研究：一种功能主义的立场》，法律出版社 2008 年版。

76. 朱力宇主编：《法理学》，科学出版社 2013 年版。

77. 朱芒：《功能视角中的行政法》，北京大学出版社 2004 年版。

78. 朱新力：《司法审查的基准：探索行政诉讼的裁判技术》，法律出版社 2005 年版。

二、外文译著

1. ［奥］凯尔森：《纯粹法理论》，张书友译，中国法制出版社 2008 年版。

2. ［德］埃贝哈德·施密特·阿斯曼等：《德国行政法读本》，于安等译，高等教育出版社 2006 年版。

3. ［德］K. 茨威格特、H. 克茨：《比较法总论》，潘汉典等译，法律出版社 2003 年版。

4. ［德］迪特里奇·科拉德："绪言"，载［印］M. P. 赛夫：《德国行政法——普通法的分析》，周伟译，山东人民出版社 2006 年版。

5. ［德］哈特穆特·毛雷尔：《行政法学总论》，高家伟译，法律出版社 2000 年版。

6. ［德］黑格尔：《法哲学原理》，范扬、张企泰译，商务印书馆 2009 年版。

7. ［德］卡尔·拉伦茨：《法学方法论》，陈爱娥译，商务书馆 2003 年版。

8. ［德］拉德布鲁赫：《法学导论》，米健、朱林译，中国大百科全书出版社 1997 年版。

9. ［德］马克思、恩格斯：《马克思恩格斯选集》（第 1 卷），中共中央马克思恩格斯列宁斯大林著作编译局编译，人民出版社 1995 年版。

10. ［法］达维：《英国法与法国法：一种实质性比较》，潘华仿等译，清华大学出版社 2002 年版。

11. ［法］孟德斯鸠：《论法的精神》，许明龙译，商务印书馆 2012 年版。

12. ［法］让·里韦罗、让·瓦利纳：《法国行政法》，鲁仁译，商务印书馆 2008 年版。

13. ［法］托克维尔：《论美国的民主》（上卷），董果良译，商务印书馆 2013 年版。

14. ［古希腊］亚里士多德：《政治学》，吴寿彭译，商务印书馆 1981 年版。

15. ［美］E·博登海默：《法理学：法律哲学与法律方法》，邓正来译，中国政法大学出版社 2004 年版。

16. ［美］昂格尔：《现代社会中的法律》，吴玉章、周汉华译，中国政法大学出版社 1994 年版。

17. ［美］本杰明·卡多佐：《司法过程的性质》，苏力译，商务印书馆 2009 年版。

18. ［美］理查德·A. 波斯纳：《联邦法院：挑战与改革》，邓海平译，中国政法大学出版社 2002 年版。

19. ［美］伯纳德·施瓦茨：《行政法》，徐炳译，群众出版社 1986 年版。

20. ［美］德沃金：《自由的法——对美国宪法的道德解读》，刘丽君译，上海人民出版社 2001 年版。

21. ［美］汉密尔顿、杰伊、麦迪逊：《联邦党人文集》，商务印书馆 2009 年版。

22. ［美］加里·沃塞曼：《美国政治基础》，陆震纶等译，中国社会科学出版社 1994 年版。

23. ［美］杰罗姆·巴伦、托马斯·迪恩斯：《美国宪法概论》，刘瑞祥等译，中国社会科学出版社 1995 年版。

24. ［美］理查德·A. 波斯纳：《法理学问题》，苏力译，中国政法大学出版社 2002 年版。

25. ［美］约翰·罗尔斯：《政治自由主义》，万俊人译，译林出版社 2000 年版。

26. ［美］麦克斯·J. 斯基德摩、马歇尔·卡特·特里普：《美国政府简介》，张帆、林琳译，中国经济出版社 1998 年版。

27. ［美］米尔依安·R. 达玛什卡：《司法和国家权力的多种面孔》，郑戈译，中国政法大学出版社 2004 年版。

28. ［美］托马斯·R. 戴伊：《理解公共政策》，彭勃等译，华夏出版社 2004 年版。

29. ［美］威廉·F. 芬克、理查德·H. 西蒙：《行政法：案例与解析》，中信出版社 2003 年版。

30. ［日］阿部照哉等编著：《宪法》（上册），周宗宪译，中国政法大学出版社 2006 年版。

31. ［日］大木雅夫：《比较法》，范愉译，法律出版社 1999 年版。

32. ［日］谷口安平:《程序的正义与诉讼》,王亚新、刘荣军译,中国政法大学出版社 2002 年版。

33. ［日］芦部信喜、高桥和之:《宪法》(第三版),林来梵、凌维慈、龙绚丽译,北京大学出版社 2006 年版。

34. ［日］南博方:《日本行政法》,杨建顺、周作彩译,中国人民大学出版社 1988 年版。

35. ［日］猪口孝、［英］爱德华·纽曼、［美］约翰·基恩编:《变动中的民主》,林猛等译,吉林人民出版社 2011 年版。

36. ［日］滋贺秀三等著:"清代诉讼制度之民事发源的概括性考察",载王亚新、梁治平:《明清时期的民事审判与民间契约》,王亚新等编译,法律出版社 1998 年版。

37. ［意］莫诺·卡佩莱蒂:《比较法视野中的司法程序》,徐昕、王奕译,清华大学出版社 2005 年版。

38. ［英］J. S. 密尔:《代议制政府》,汪瑄译,商务印书馆 2007 年版。

39. ［英］M. J. C. 维尔:《宪政与分权》,苏力译,生活·读书·新知三联书店 1997 年版。

40. ［英］阿克顿:《自由与权力》,侯健、范亚峰译,商务印书馆 2001 年版。

41. ［英］戴雪:《英宪精义》,雷宾南译,中国法制出版社 2001 年版。

42. ［英］丹宁:《法律的训诫》,杨百揆、刘庸安、丁健译,法律出版社 2011 年版。

43. ［英］弗里德利希·冯·哈耶克:《自由秩序原理》(上),邓正来译,生活·读书·新知三联书店 1997 年版。

44. ［英］卡罗尔·哈洛、理查德·罗林斯:《法律与行政》,杨伟东等译,商务印书馆 2004 年版。

45. ［英］洛克:《政府论》(下篇),叶启芳、瞿菊农译,商务印馆 2005 年版。

46. ［英］米尔恩:《人的权利与人的多样性———人权哲学》,夏勇、张志铭译,中国大百科全书出版社 1995 年版。

47. ［英］威廉·韦德:《行政法》,徐炳等译,中国大百科全书出版社 1997 年版。

48. ［英］约翰·密尔:《论自由》,顾肃译,译林出版社 2010 年版。

三、期刊论文

1. ［英］威廉·韦德:"论英国法治的几个原则问题",徐炳译,载《法学译丛》1992 年第 3 期。

2. 卞建林、郭志媛：“论诉讼证明的相对性”，载《中国法学》2001 年第 2 期。

3. 曹祜：“论法律的确定性与不确定性”，载《法律科学（西北政法学院学报）》2004 年第 3 期。

4. 常健、饶常林：“论法治国家、法治政府、法治社会一体建设的基本路径”，载《南通大学学报（社会科学版）》2016 年第 4 期。

5. 陈良刚：“行政规则司法审查研究——美国联邦法院的经验与启示”，中国政法大学 2014 年博士学位论文。

6. 城仲模：“论法国及德国行政法之特征”，载城仲模：《行政法之基础理论》，三民书局股份有限公司 1980 年版。

7. 程琥：“行政案件跨行政区域集中管辖与行政审判体制改革”，载《法律适用》2016 年第 8 期。

8. 程琥：“新《行政诉讼法》中规范性文件附带审查制度研究”，载《法律适用》2015 年第 7 期。

9. 董皞：“论行政审判对行政规范的审查与适用”，载《中国法学》2000 年第 5 期。

10. 樊崇义：“客观真实管见——兼论刑事诉讼证明标准”，载《中国法学》2000 年第 1 期。

11. 范进学：“‘法治中国’析”，载《国家检察官学院学报》2014 年第 4 期。

12. 冯静：“美国司法积极主义哲学论”，上海交通大学 2012 年博士学位论文。

13. 傅国云：“行政诉讼中的法律审与事实审——司法审查强度探微”，载《浙江学刊》2000 年第 2 期。

14. 甘文：“WTO 与司法审查”，载《法学研究》2001 年第 4 期。

15. 高鸿钧：“现代西方法治的冲突与整合”，载高鸿钧主编：《清华法治论衡》，清华大学出版社 2000 年版。

16. 高秦伟：“行政行为司法审查范围的比较研究”，载《湖北行政学院学报》2003 年第 5 期。

17. 高秦伟：“美国行政法上的非立法性规则及其启示”，载《法商研究》2011 年第 2 期。

18. 高秦伟：“宪政建构的理性主义与经验主义”，载《河北法学》2004 年第 8 期。

19. 公丕祥：“能动司法与社会公信：人民法官司法方式的时代选择——‘陈燕萍工作法’的理论思考”，载《法律适用》2010 年第 4 期。

20. 顾培东：“能动司法若干问题研究”，载《中国法学》2010 年第 4 期

21. 关保英："论行政滥用职权"，载《中国法学》2005 年第 2 期。

22. 郭修江："行政诉讼集中管辖问题研究——《关于开展行政案件相对集中管辖试点工作的通知》的理解与实践"，载《法律适用》2014 年第 5 期。

23. 韩春晖："美国行政诉讼的证明标准及其适用"，载《法商研究》2011 年第 5 期。

24. 何海波："行政行为的合法要件——兼议行政行为司法审查根据的重构"，载《中国法学》2009 年第 4 期。

25. 何海波："论行政行为'明显不当'"，载《法学研究》2016 年第 3 期。

26. 何永红："美国法规审查的双重标准——法理的反思性重构与借鉴"，载《浙江大学学报（人文社会科学版）》2009 年第 4 期。

27. 侯丹华："新《行政诉讼法》中几种特殊类型诉讼的判决方式"，载《法律适用》2016 年第 8 期。

28. 胡锦光："乙肝歧视第一案与宪法救济"，载《宪政与行政法治评论》2005 年第 0 期。

29. 胡晓玲："论内部行政行为纳入受案范围之必要性及其具体建构"，载《学习论坛》2015 年第 6 期。

30. 黄昭元："宪法权利限制的司法审查标准：美国类型化多元标准模式的比较分析"，载《台大法学论丛》2004 年第 3 期。

31. 姬亚平："论行政诉讼审查标准之完善"，载《甘肃政法学院学报》2009 年第 2 期。

32. 季卫东："合宪性审查与司法权的强化"，载《中国社会科学》2002 年第 2 期。

33. 贾媛媛："建设服务型政府，期待司法审查强度的提升——以桂林法院的行政审判为分析样本"，载《人民司法》2009 年第 7 期。

34. 江必新："司法审查强度问题研究"，载《法治研究》2012 年第 10 期。

35. 姜明安："扩大受案范围是行政诉讼法修改的重头戏"，载《广东社会科学》2013 年第 1 期。

36. 姜明安："正当法律程序：扼制腐败的屏障"，载《中国法学》2008 年第 3 期。

37. 姜昕："公法上比例原则研究"，吉林大学 2005 年博士学位论文。

38. 蒋红珍："论适当性原则——引入立法事实的类型化审查强度理论"，载《中国法学》2010 年第 3 期。

39. 解志勇："行政法院：行政诉讼困境的破局之策"，载《政法论坛》2014 年第 1 期。

40. 解志勇："行政检察：解决行政争议的第三条道路"，载《中国法学》2015 年第 1 期。

41. 李步云："关于法哲学的几个问题"，载《中国社会科学研究院研究生院学报》2006 年第 2 期。

42. 李大勇："最高法院行政诉讼司法政策之演变"，载《国家检察官学院学报》2015 年第 5 期。

43. 李富莹："加强行政规范性文件监督的几点建议"，载《行政法学研究》2015 年第 5 期。

44. 李红勃："在裁判与教谕之间：当代中国的司法建议制度"，载《法制与社会发展》2013 年第 3 期。

45. 李丽："红头文件不能违背国法——31 省级政府建备案审查制"，载《法制日报》2005 年 8 月 23 日。

46. 李鑫："法律原则的适用方法：类型化之研究——以比例原则为例"，载《法律适用》2011 年第 00 期。

47. 刘东亮："我国行政行为司法审查标准之理性选择"，载《法商研究》2006 年第 2 期。

48. 刘莘："法规文件并非没有监督途径"，载《检察日报》2007 年 4 月 30 日。

49. 刘松山："违法行政规范性文件之责任追究"，载《法学研究》2002 年第 4 期。

50. 刘兆兴："论德国行政机关的裁量权和司法控制"，载《环球法律评论》2001 年第 4 期。

51. 柳砚涛："我国行政规范性文件设定权之检讨——以当下制度设计文本为分析对象"，载《政治与法律》2014 年第 4 期。

52. 卢群星："论规范性文件的审查标准：适当性原则的展开与应用"，载《浙江社会科学》2010 年第 2 期。

53. 马怀德："修改行政诉讼法需重点解决的几个问题"，载《江苏社会科学》2005 年第 6 期。

54. 梅一波："备案审查制度的若干缺陷及其完善"，载《法律方法》2016 年第 2 期。

55. 莫于川："以现代法治精神推动行政诉讼法修改"，载《国家检察官学院学报》2013 年第 3 期。

56. 潘福仁、金泽刚："行政案件之法律审与事实审辨析"，载《政治与法律》2001 年第 1 期。

57. 潘荣伟："行政诉讼事实问题及其审查"，载《法学》2005 年第 4 期。

58. 庞凌："法院如何寻求司法能动主义与克制主义的平衡"，载《法律适用》2004 年第 1 期。

59. 戚建刚："WTO 与我国行政行为司法审查制度的新发展"，载《法学》2001 年第 1 期。

60. 上官丕亮："论抽象行政行为的不可诉性与可附带司法审查性"，载《西南政法大学学报》2005 年第 3 期。

61. 沈岿："解析行政规则对司法的约束力——以行政诉讼为论域"，载《中外法学》2006 年第 2 期。

62. 石坚强、俞朝凤："正当程序原则在司法审查中的运用——彭淑华诉浙江省宁波市北仑区人民政府工伤行政复议案评析"，载最高人民法院行政审判庭编《中国行政审判指导案例》（第 1 卷），中国法制出版社 2010 年版。

63. 舒小庆："部门利益膨胀与我国的行政立法制度"，载《江西社会科学》2007 年第 12 期。

64. 苏力："关于能动司法与大调解"，载《中国法学》2010 年第 1 期。

65. 苏彦图："立法者的形成余地与违宪审查——审查密度理论的解析与检讨"，台湾大学法律研究所 1997 硕士论文。

66. 陶富源："论实践主导的辩证唯物主义——马克思主义哲学本质精神新解"，载《马克思主义研究》2014 年第 4 期。

67. 童之伟、伍瑾、朱梅全："法学界对'议行合一'的反思与再评价"，载《江海学刊》2003 年第 5 期。

68. 汪国华、张倩："论行政判决的反射效力及其强度"，载《法律科学（西北政法大学学报）》2013 年第 1 期。

69. 汪国华："常识与理性（十）：司法技术与司法政治之法理及其兼容"，载《河北法学》2011 年第 12 期。

70. 王贵松："行政法上不确定法律概念的具体化"，载《政治与法律》2016 年第 1 期。

71. 王贵松："论行政裁量的司法审查强度"，载《法商研究》2012 年第 4 期。

72. 王红卫、廖希飞："行政诉讼中规范性文件附带审查制度研究"，载《行政法学研究》2015 年第 6 期。

73. 王欢："抽象行政行为司法审查制度探析"，载《湖南社会科学》2011 年第 4 期。

74. 王敬波等："法治中国·国家治理现代化"，载《暨南学报（哲学社会科学版）》2017 年第 2 期。

75. 王锴："行政诉讼中的事实审查与法律审查——以司法审查强度为中心"，载《行政法学研究》2007 年第 1 期。

76. 王庆廷："行政诉讼中其他规范性文件的异化及其矫正"，载《上海政法学院学报（法治论丛）》2011 年第 2 期。

77. 王天华："裁量收缩理论的构造与边界"，《中国法学》2014 年第 1 期。

78. 王天华："框架秩序与规范审查——'华源公司诉商标局等商标行政纠纷案'一审判决评析"，载《交大法学》2017 年第 1 期。

79. 王万华："统一行政程序立法的破冰之举——解读《湖南省行政程序规定》"，载《行政法学研究》2008 年第 3 期。

80. 王伟："执法机关严重违反比例原则暂扣车辆给当事人造成损失的应当承担赔偿责任——王丽萍诉河南省中牟县交通局交通行政赔偿案评析"，载最高人民法院行政审判庭编《中国行政审判指导案例》（第 1 卷），中国法制出版社 2010 年版。

81. 王学栋、张学亮："试论我国行政行为司法审查标准的完善"，载《云南行政学院学报》2005 年第 1 期。

82. 王振民："关于民主与宪政关系的再思考"，载《中国法学》2009 年第 5 期。

83. 王振宇、郑成良："对自由裁量行政行为进行司法审查的原则和标准"，载《法制与社会发展》2000 年第 3 期。

84. 魏灵："对行政不作为的司法审查"，载《人民司法》2011 年第 19 期。

85. 魏胜强："行政机关的法律解释权评析"，载《政治与法律》2013 年第 2 期。

86. 吴华："行政诉讼类型研究"，中国政法大学 2003 年博士学位论文。

87. 吴偕林："论行政合理性原则的适用"，载《法学》2004 年第 12 期。

88. 夏勇："中国宪法改革的几个基本理论问题"，载《中国社会科学》2003 年第 2 期。

89. 夏雨："行政诉讼中规范性文件附带审查结论的效力研究"，载《浙江学刊》2016 年第 5 期。

90. 肖金明："论行政合理性"，载《中国行政管理》2000 年第 4 期。

91. 徐肖东："行政诉讼规范性文件附带审查的认知及其实现机制——以陈爱华案与华源公司案为主的分析"，载《行政法学研究》2016 年第 6 期。

92. 徐昕："司法建议制度的改革与建议型司法的转型"，载《学习与探索》2011 年第 2 期。

93. 薛刚凌："能动司法是社会稳定的重要保障"，载《人民法院报》2011 年 7 月 28 日。

94. 严存生："法的合法性问题研究"，载《法律科学》2002 年第 3 期。

95. 杨蔼、陈良刚："WTO 与我国司法审查标准"，载《比较法研究》2002 年第 2 期。

96. 杨伟东："越权原则在英国的命运"，载《政法论坛》2000 年第 3 期。

97. 杨小军："内外行政法律关系的理论与实践"，载《法学研究》1993 年第 1 期。

98. 叶必丰、刘道筠："规范性文件的种类"，载《行政法学研究》2000 年第 2 期。

99. 叶必丰："行政规范法律地位的制度论证"，载《中国法学》2003 年第 5 期。

100. 叶必丰："行政行为的分类：概念重构抑或正本清源"，载《政法论坛》2005 年第 5 期。

101. 尹建国："行政法中不确定法律概念的类型化"，载《华中科技大学学报》2010 年第 6 期。

102. 于立深："行政立法不作为研究"，载《法制与社会发展》2011 年第 2 期。

103. 余军、张文："行政规范性文件司法审查权的实效性考察"，载《法学研究》2016 年第 2 期。

104. 余凌云："对行政机关滥用职权的司法审查——从若干判案看法院审理的偏好与问题"，载《中国法学》2008 年第 1 期。

105. 余凌云："英国行政法上的合理性原则"，载《比较法研究》2011 年第 6 期。

106. 俞祺："上位法规定不明确之规范性文件的效力判断——基于 66 个典型判例的研究"，载《华东政法大学学报》2016 年第 2 期。

107. 袁曙宏："建设法治政府的行动纲领——学习《全面推进依法行政实施纲要》的体会"，载《国家行政学院学报》2004 年第 3 期。

108. 袁勇："行政规范性文件的鉴别标准——以备案审查为中心"，载《政治与法律》2010 年第 8 期。

109. 张晋藩："中华法系特点再议"，载高鸿钧等编：《比较法学读本》，上海交通大学出版社 2011 年版。

110. 张娟："论行政规范性文件立法备案制度的问题与完善"，载《新疆大学学报（哲学·人文社会科学版）》2010 年第 3 期。

111. 张锟盛："从权力分立论司法对行政行为之审查密度"，台北大学前中兴法商学院法律学研究所 1996 年硕士学位论文。

112. 张倩："《行政诉讼法》的变与不变——以司法审查为侧重"，载《学习与实践》2006 年第 1 期。

113. 张树义、张力："迈向综合分析时代——行政诉讼的困境及法治行政的实现"，载《行政法学》2013 年第 1 期。

114. 张运萍："行政规范性文件附带审查制度之缺陷与完善"，载《理论月刊》2009 年第 5 期。

115. 章剑生："论人民法院在行政诉讼中的司法变更权"，载《法学与实践》1990 年第 2 期。

116. 章剑生："论司法审查有限原则"，载《行政法学研究》1998 年第 2 期。

117. 章志远："行政指导新论"，载《法学论坛》2005 年第 5 期。

118. 章志远："我国行政诉讼司法建议制度之研究"，载《法商研究》2011 年第 2 期。

119. 赵旭东："程序正义概念与标准的再认识"，载《法律科学（西北政法学院学报）》2003 年第 6 期。

120. 郑成良、杨云彪："关于正当程序的合法性与合理性思考——兼及中国宪政制度的反思"，载《法制与社会发展》1999 年第 3 期。

121. 周兰领："部分抽象行政行为纳入国家赔偿范围研究"，载《黑龙江省政法管理干部学院学报》2008 年第 2 期。

122. 周杉杉："抽象行政行为的司法审查标准研究"，浙江工商大学 2013 年硕士学位论文。

123. 周少华、高鸿："试论行政诉讼对事实审查的标准"，载《法商研究》2001 年第 5 期。

124. 周佑勇："裁量基准的正当性问题研究"，载《中国法学》2007 年第 6 期。

125. 周佑勇："裁量基准司法审查研究"，载《中国法学》2012 年第 6 期。

126. 周佑勇："行政法的正当程序原则"，载《中国社会科学》2004 年第 4 期。

127. 周佑勇："行政法基本原则的反思与重构"，载《中国法学》2003 年第 4 期。

128. 朱芒："规范性文件的合法性要件——首例附带性司法审查判决书评析"，载《法学》2016 年第 11 期。

129. 朱芒："日本《行政程序法》中的裁量基准制度——作为程序正当性保障装置的内在构成"，载《华东政法学院学报》2006 年第 1 期。

130. 朱新力："论行政诉讼中的事实问题及其审查"，载《中国法学》1999 年第 4 期。

四、网络资料

1. 周琳、朱翃："全国压缩文件 190 万，泛滥"文山"下多少越权错位?"，载人民网，http://politics.people.com.cn/n/2014/1102/c70731-25956372.html，最后访问时间：2020 年 7 月 21 日。

2. "中共中央关于全面推进依法治国若干重大问题的决定",载人民网,http://cpc. people. com. cn/n/2014/1029/c64387-25927606. html,最后访问时间:2020 年 6 月 6 日。

3. 习近平:"努力让人民群众在每一个司法案件中都感受到公平正义",载人民网,http://politics. people. com. cn/n/2013/0224/c70731-20581921. html,最后访问时间:2019 年 12 月 15 日。

五、英文资料

1. Paul Craig, *EU Administrative Law*, Oxford University Press, 2006.

2. Robert Thomas, *Legitimate Expectations and Proportionality in Administrative Law*, Hart Publishing, 2000.

3. Egger, "The Principle of Proportionality in Community Anti-Dumping Law", *European Law Review*, 18 (1993).

4. *Black's Law Dictionary*, West publishing Co. , 1979.

5. Randall Peerenboom, "Ruling the Country in Accordance with Law: Reflection on the Rule and Role of Law in Contemporary China", *Cultural Dynamics*, 3 (1999).

6. "Let One Hundred Flowers Bloom, One Hundred Schools Contend: Debating Rule of Law in China", *Michrgan Journal of International Law*, 23 (2002).

7. Jeremy Kirk, "Constitutional Guarantees, Characterisation and the Concept of Proportionality", 21 Melb. U. L. Rev. , 1 (1997).

8. H. W. R. Wade, *Administrative Law*, Oxford University Press, 1988.

9. C. McCormick, *Hand book of the Law Evidence* § (2ed. 1972).

10. Paul Craig, *EU Administratixe Law*, Oxford University Press, 2006.

11. Charles H. Koch, "Judicial Review of Administrative Discretion", *George Washington Law Review*, May, 1986.

12. Ann Woolhandler, "Judicial Deference to Administrative Action-A Revisionist History", *Administrative law Review*, 43 (1991).

13. Jacques Delisle, "Security First-Patterns and Lessons from China's Use of Law to Address National Security Threats", *Journal of National Security Law & Policy*, 4 (2010).

14. R. Brazier, *Constitutional and Administrative Law*, Penguin Law, 7th edn. , 1994.

15. William R. Andersen, "Judicial Review of state Administrative Action—Designing the

Statutory Framework", *Administrative Law Review*, Summer, 44 (1992).

16. Richard A. Posner, "The Meaning of Judicial Self−Restraint", *Indiana Law Journal*, 1 (1983).

17. Ronald Dworkin, *Taking Rights Seriously*, Harvard University Press, 1977.

18. Hans Kelsen, *Pure Theory of Law*, trans. , Max Knight, University of California Press, 1967.

后　记

　　本书是以我的博士论文为基础修改而成的。时隔两年多，比照当年无数次"想象"完成博士论文那一刻要拥抱并祝福全世界每一个人的激动，而"实际"则是经历一番孤寂、几处迷惘和不停歇的摸索熬炼后，内心一片平和与宁静。"当下"，正值人生第一部著作即将出版时，借用苏翁的那句"回首向来萧瑟处，归去，也无风雨也无晴"刻画这一段岁月，可谓恰如其分。

　　三十多岁的我，初有顿悟，方才长大。终等到翅膀长出了、盼到她结实了，也才开始尽情拥抱天空、尽意亲吻自由了！这一路，可贵在于：总是后知后觉并慢动作的我，并没有在奔流不止且瞬息万状的生活大河中对自己失去耐心。反倒是，因着对教书育人事业的情有独钟、对自我成长的渴望、对生活的敬意与好奇，令我在读博求知的生涯中，更晓得了追求与持守的意义，也更明白了心地单纯的幸与福。

　　读博的生活和写作的过程其实是享受的，也是珍贵的。稍有遗憾的是：现在想来，竟有"此情可待成追忆，只是当时已惘然"的味道。在此专将这一心曲讲出来，是期待能与还在写作博士论文的或在路上的各位亲爱的朋友们共勉。如果，当时的我能少些忧虑和无助，多些坦然和勇气，并领会生活原本是多种音符和谐共振的华丽乐章，不可能将读万卷书和行万里路剥离对待的道理，那么，我就会尽情享用那一段孕育思想、雕塑精神、青春洋溢的流金岁月了。庆幸的是，我已明白：夜深人静的上下求索、平日里的淡泊明志，生活中的柴米油盐、工作中的全神贯注本是紧密联系，并在一定情况下交融促进的。犹如育儿亦在育己的道理。此刻，即便我身再有更多任务，在完成"后记"的一点时间里，我就是惬意和欢愉的。这一段，它已属于我，夫复何求？

在求学的道路上、在成家立业的奋斗中、在追寻理想并不断靠近他的过程中，我感谢书籍，他是我进步的阶梯。我也更要感谢一些可亲可敬的人，正是他们，给予我支持和给养！

非常感谢我的博士生导师中国政法大学朱维究教授！是她，以女性亦刚亦柔的魅力不断地支持着我以自己的方式为国效力、建设大北疆的家国情怀。我也想从心底最深处对西北政法大学的王周户教授道声感谢！您对学生和爱人一直以来的眷顾和指引使我们如沐春风、心中光明。在学生心目中，您是恩师亦如至亲！另外，我也想借此机会向多年来一直心系我和爱人学业、发展，并作为我们爱情见证人，志存高远、宁静淡泊的安子明老师道声感谢，感谢您一直的守护！

在此，我还想特别感谢王玉梅阿姨。您就是我们这个家的天使。关键时刻，冥冥中自有天意般，您像一道光出现在我们面前。您总是温和的、笑意盈盈，偶尔脸上还挂着孩童般的天真与可爱。而优雅、大气和稀有的爱人之心是您尊贵荣耀的底色。非常感谢您因着对我和永岗的爱惜，弹指间并未多言即帮我们解决了安身落户的大事！衷心感谢母校中国政法大学及出版社，感谢出版社领导和工作人员的肯定和辛勤付出，感谢杨红师姐每次在重要事情上的鼎力相助！

此时此刻，当我已从学生转变为教师、从小家庭走向大生活的当下，我还要特别感谢张术麟院长！您对我非常的认可和十足的信任，真是我这三年忘我投入工作的重要源泉。我所取得的成绩，也要归功于您这份沉甸甸的爱护！另外，我还想对亲爱的王乐宇教授说一声：您对育人事业的热忱和投入、您做事精益求精的态度、您为人的那份至真至善令我感佩！我当一直向您求教、学习！此处，我还想对我那志同道合、追求卓越的小伙伴，我辈人中出色代表——杜青松同学表达感谢！同样是热血青年的你我，为做一番实在有益的事业并肩作战，真是既欣喜欣慰又酣畅淋漓，友谊地久天长！

最后，由衷地向与人为善、厚道老实，一直无私为家站岗、倾注了无限爱的父母致敬，你们是平凡中的伟大！我也要对在外大丈夫般顶天立地、从不言苦，在家却小暖男般体贴周到、无微不至的爱人说一声：谢谢您，如此守护我！对懂事的儿子说声：妈妈爱你！对一直默默尽自己力量支持我的总有一颗感恩心肠的弟弟说声：你足够好，足够棒！家就是我温暖的港湾，你们就是我的至宝！

就让这充盈在我内心的感恩都逐一落实到行动吧！即便到了落花之时，也要有化作春泥更护花的姿态！即便到了老骥伏枥的年纪，也要有千里之志！大好时节，正是播种耕耘的好时候，选择了方向，就踏实做事！谨以此，向一路给过我温暖、帮助、感动的人儿们致谢、致敬！祝福大家平安、喜乐！